# 하나님 사랑의 책

# 길라잡이

## -아가서-

하나님 사랑의 책
길라잡이
-아가서-

초판 1쇄    인쇄 2025년 9월 05일
            발행 2025년 9월 10일


편  역    변순복
펴낸이    김정희
펴낸곳    하임(the 하임)
등록일    2017년 9월 14일

등록번호    816-91-00330
주소    서울시 마포구 성암로5길 12 101동 1301호
전화    02-307-1007
팩스    02-307-1009
이메일    chaim1007@hanmail.net

디자인    하임디자인
표지    하연 디자인 <IMAGE 셔터스톡>

ISBN    979-11-991282-2-4

값 33,000원

# 하나님
# 사랑의 책
# 길라잡이

## 아가서

가장 아름다운 사랑의 노래,
그 사랑의 길로 당신을 초대합니다

저자 · 변순복

# 아가서를 펼치면서

아침 햇살이 성전의 금빛 문을 부드럽게 스칠 때, 제사장의 입술에서 은은한 노래가 흘러 나옵니다. 그 노래는 단순한 음률이 아니라, 수천 년을 건너 오늘까지 이어져 온 사랑의 고백 입니다.

사람들은 그 노래를 "노래 중의 노래"라 불렀습니다. 왜냐하면, 그 어떤 시나 찬가보다 높고 귀하며, 영원한 사랑의 정수를 담고 있기 때문입니다.

아가서는 인간의 사랑 이야기를 넘어, 하나님과 그의 백성, 곧 그리스도와 교회의 관계를 가장 아름답게 비유하는 거룩한 서사입니다. 본문 속 단어 하나, 문장 하나마다 고대 히브리어 의 색채와 시적 울림이 살아 있으며, 유대 전통과 교회의 신학이 이를 깊이 해석해 왔습니다.

이 책은 그러한 원문 해석과 어휘 분석, 신학적 통찰을 담아, 독자가 본문의 깊은 강물 속으 로 직접 발을 들일 수 있도록 안내합니다.

성도 여러분께는, 아가서가 낯설고 난해한 책이 아니라, 하나님과의 첫사랑을 회복하는 생명의 통로가 되기를 바랍니다. 매일의 기도와 찬양, 말씀 속에서 '최고의 노래'를 주님께 드리는 기쁨을 맛보시길 소망합니다.

교역자와 설교자 여러분께는, 설교와 강해 준비를 위한 신뢰할 수 있는 자료와 본문 분석을 제공하여, 하나님의 말씀이 성도들의 가슴 속에 살아 숨쉬도록 돕고자 합니다.

아가서는 사랑의 기원을 가르칩니다. 그 사랑은 하나님께서 시작하셨고, 하나님의 성품을 비추며, 평화의 왕이신 예수 그리스도 안에서 완성됩니다.

그러므로 아가서를 공부하는 일은 단순한 지식 습득이 아니라, 믿음의 중심을 사랑 위에 세우는 영적 여정입니다.

이제, 그 노래를 우리의 삶으로 이어 부를 때입니다.

하나님 사랑의 노래로 우리의 하루를 물들이며, 우리가 선 모든 자리를 예배의 현장으로 채우는 성도가 되기를 소망합니다.

변순복

# 하나님 사랑의 책 길라잡이

## 아가서

가장 아름다운 사랑의 노래,
그 사랑의 길로 당신을 초대합니다

# content

# 구약성경 둘러보기

## 1. 구약성경 배열의 두 가지 전통

1) 히브리어 성경(마소라 본문)의 배열 - 24권
   히브리어 성경은 유대교 전통의 성경 배열이며, 예수님 시대에도 사용된 구조입니다.
   크게 세 부분으로 나뉩니다.

   토라(Torah) - 율법서
   창세기, 출애굽기, 레위기, 민수기, 신명기
   모세를 통해 주어진 하나님의 율법과 언약, 구원의 기초 이야기

   너비임(Neviim) - 선지서
   전선지서(역사 중심): 여호수아, 사사기, 사무엘, 열왕기
   후선지서(예언 메시지 중심): 이사야, 예레미야, 에스겔, 열두 소선지서
   이 배열은 이스라엘 역사 속에서 하나님의 말씀과 경고가 이어진 흐름을 보여줍니다.

   커투빔(Ketuvim) - 성문서
   시편, 잠언, 욥기,
   다섯 두루마리(머길로트: 아가서, 룻기, 애가, 전도서, 에스더),
   다니엘, 에스라-느헤미야, 역대기,
   시가와 지혜문학, 그리고 공동체 신앙생활과 절기에 맞춰 읽는 책들이 포함됩니다.

   다섯 두루마리(머길로트)의 순서는 절기 예배와 관련됩니다.
   아가서 - 유월절, 룻기 - 칠칠절(오순절), 예레미야 애가 - 아브월 9일(성전 파괴 기념일),
   전도서 - 초막절, 에스더 - 부림절.

히브리어 성경에서 아가서는 커투빔의 머길로트 중 첫 번째에 위치하며, 유월절에 읽힙니다. 유월절은 출애굽과 언약의 갱신을 기념하는 절기이므로, 하나님과 백성의 언약적 사랑을 상징하는 아가서가 이 자리에 배치되었습니다.

2) 기독교 구약성경(개역한글, 개역개정)의 배열 - 39권
기독교 전통의 구약 배열은 헬라어 칠십인역(LXX)의 순서를 기반으로 하며, 로마 카톨릭과 개신교 모두 이 흐름을 따릅니다. 그리고 책을 역사적·문학적 장르에 따라 배열하였습니다.

율법서(모세오경) - 창세기 ~ 신명기
  창조, 인간의 타락, 아브라함과 언약, 이스라엘의 탄생과 율법 수여

역사서 - 여호수아 ~ 에스더
  가나안 정복, 사사 시대, 왕국 시대, 포로기, 귀환기까지 시간 순 배열

시가서·지혜서 - 욥기, 시편, 잠언, 전도서, 아가서
  시와 지혜문학을 묶어 신앙과 삶의 교훈을 제공

아가서는 전도서 뒤, 시가서의 마지막 책으로 위치합니다. 이유는 솔로몬 전승에 따라 잠언(지혜), 전도서(인생 성찰), 아가서(사랑)의 흐름을 이루도록 한 것에 있습니다.

선지서 - 이사야 ~ 말라기
  대선지서(이사야, 예레미야, 예레미야 애가, 에스겔, 다니엘)와
  소선지서(호세아 ~ 말라기)로 구성되며,
  이스라엘의 멸망과 회복, 메시아의 예언까지 연결됩니다.

## 2. 왜 순서가 다른가?

히브리어 성경의 순서는 기능과 사용 목적에 따른 것입니다.
토라는 율법과 언약의 기초이고,
너비임은 역사 속 하나님의 말씀과 예언,
커투빔은 시가·지혜·절기 낭독서 등 예배 공동체 생활과 연결됩니다.

머길로트의 순서는 절기 달력에 맞추어 배치되었으며, 아가서는 유월절에 읽히기 때문에 맨 앞에 옵니다.

기독교 성경의 순서는 초대 교회가 사용한 칠십인역의 전통을 따른 것입니다. 책을 주제별·문학 장르별로 묶었고, 시가서 안에서 아가서는 솔로몬 전승과 주제적 흐름 속에서 마지막에 배치되었습니다.

## 3. 비교 표

| 구분 | 히브리어 성경(마소라 본문) | 한글 성경(개역) |
|---|---|---|
| 기본 구조 | 토라 - 너비임 - 커투빔 | 율법서 - 역사서 - 시가서 - 예언서 |
| 총 권수 | 24권(내용 동일) | 39권(세분화) |
| 아가서 위치 | 커투빔 - 머길로트 첫 번째 | 시가서 마지막(전도서 뒤) |
| 낭독 전통 | 유월절 때 읽음 | 절기 규정 없음 |
| 배열 이유 | 절기 순서와 언약 신학 | 문학 장르와 솔로몬 전승 |

## 4. 아가서 위치의 신학적 의미

히브리어 성경에서는 출애굽과 언약을 기념하는 유월절에 읽음으로써 하나님과 이스라엘의 언약적 사랑을 회상하게 합니다.

기독교 성경에서는 지혜문학의 결론으로 배치하여 인생과 신앙의 궁극이 사랑임을 강조합니다.(고전13:13 참조)

# 오축(다섯 두루마리) 개론

히브리어 성경의 성문서(커투빔, כְּתוּבִים) 안에는 특별한 다섯 권의 책이 있습니다. 이를 히브리어로 하메이쉬 머길로트(חֲמֵשׁ מְגִלּוֹת), 곧 '다섯 두루마리'라고 부릅니다. 이 명칭은 이 책들이 회당에서 각각의 유대 절기에 낭독되던 전통에서 비롯되었습니다. 오축은 단순히 문학 장르로 묶인 것이 아니라, 절기 예배와 공동체 기억을 담아낸 특별한 모음집입니다.

## 1.오축의 구성

다섯 두루마리의 구성은 다음과 같습니다:
룻기 - 샤부오트(칠칠절, 오순절)에 낭독
아가서 - 유월절에 낭독
전도서 - 초막절에 낭독
예레미야 애가 - 아브월 9일(예루살렘 멸망 기념일)에 낭독
에스더 - 부림절에 낭독
이 배열 순서는 절기 달력에 따라 형성된 것으로, 성경 본문 안의 역사 순서와는 다릅니다.

## 2. 배열 원리와 특징

오축의 배열은 유대 절기 예배와 밀접한 관계가 있습니다. 히브리어 성경에서 성문서의 다른 책들과 달리, 오축은 하나의 예배 순환 주기 속에서 읽히는 책들로 묶였습니다.

문학적 특징: 대부분 짧고, 시적·서사적 형태를 띱니다. 두루마리 형태로 제작하기에
　　　　　적합했습니다.
예전적 특징: 각 책이 특정 절기와 사건을 해석하는 신학적 메시지를 담고 있습니다.
공동체적 특징: 절기 때마다 낭독됨으로써 세대를 넘어 공동체의 정체성을 형성했습니다.

## 3. 절기와의 연관성

### 1) 룻기 - 샤부오트(칠칠절)

샤부오트는 출애굽 이후 시내산에서 율법을 받은 사건을 기념합니다. 룻기의 내용은 추수 시기 배경을 가지며, 이방인 룻이 이스라엘 공동체 안으로 들어오는 이야기를 통해, 율법 수여의 은혜와 언약 공동체의 확장을 상징합니다.

### 2) 아가서 - 유월절

유월절은 출애굽 사건을 기념하는 절기입니다. 아가서는 신랑과 신부의 사랑 노래로, 하나님과 이스라엘 사이의 언약적 사랑을 은유적으로 표현합니다. 출애굽을 통한 하나님의 구원 사랑과 언약 갱신의 기쁨이 강조됩니다.

### 3) 전도서 - 초막절

초막절은 광야 생활을 기억하며 하나님의 공급을 감사하는 절기입니다. 전도서는 인생의 덧없음을 강조하면서, 하나님을 경외하는 것이 참된 삶의 의미임을 상기시킵니다. 초막절의 기쁨 속에 참된 만족의 근원이 하나님임을 가르칩니다.

### 4) 예레미야 애가 - 아브월 9일

아브월 9일은 유대 전통에서 성전 파괴와 민족적 비극을 기억하는 금식일입니다. 예레미야 애가는 예루살렘의 멸망을 애통하는 시로, 회개와 회복의 소망을 담고 있습니다.

### 5) 에스더 - 부림절

부림절은 하만의 음모에서 유대 민족이 구원받은 사건을 기념합니다. 에스더는 하나님의 이름이 직접 언급되지 않지만, 섭리와 구원의 메시지를 담고 있어 부림절의 기쁨과 감사의 핵심 본문이 됩니다.

## 4. 히브리어 성경에서의 위치

오축은 성문서(커투빔) 안에서 하나의 묶음으로 자리 잡습니다. 성문서는 시편, 욥기, 잠언 과 같은 지혜·시가서, 그리고 역사서적 성격을 가진 역대기 등과 함께 구성되는데, 오축은 그 안에서 절기와 예배 중심의 독특한 위치를 차지합니다.

배열은 보통 다음과 같습니다:

시편 - 욥기 - 잠언 - 룻기 - 아가서 - 전도서 - 예레미야 애가 - 에스더 - 다니엘 - 에스라-
느헤미야 - 역대기

## 5. 한글 성경(개신교)에서의 배열과 차이

개신교 한글 성경은 헬라어 70인역(LXX)의 배열을 따라갑니다. 오축이라는 개념 자체가
부각되지 않고, 이 책들은 각기 다른 위치에 흩어져 있습니다.

예: 룻기: 사사기 뒤,

아가서: 전도서 뒤,

전도서: 잠언 뒤,

예레미야 애가: 예레미야 뒤

에스더: 느헤미야 뒤)

이러한 배열은 절기 중심의 예배 전통이 약한 기독교에서는, 역사·문학·신학적 범주에 따라
재배치되었기 때문입니다.

## 6. 신학적·교육적 의미

1) 공동체 기억의 유지

오축은 절기마다 반복적으로 낭독되어, 민족의 구속사와 하나님의 성품을 세대에 걸쳐
전승했습니다.

2) 삶과 신앙의 통합

절기와 본문이 연결되어, 역사적 사건이 단순한 기념일이 아닌 현재적 신앙 고백으로
새롭게 해석됩니다.

3) 성경 배열의 다양성 이해

성경 배열은 고정된 것이 아니며, 전통과 목적에 따라 다르게 형성될 수 있음을
보여줍니다.

## 7. 결론

오축은 히브리어 성경의 독특한 묶음으로, 유대 절기와 예배 전통 속에서 특별한 역할을 감당해 왔습니다. 이 구조와 의미를 이해하면, 아가서를 비롯한 각 책의 신학적 메시지를 더 깊이 이해할 수 있습니다.

또한, 성경 배열의 다양성을 알게 되면 우리가 가진 한글 성경의 배열이 유일한 형태가 아님을 깨닫고 성경 해석에 더 넓은 시각을 가질 수 있습니다.

# 아가서 개론

## 1. 서론

아가서는 성경 안에서 독특한 위치를 차지하는 사랑의 노래입니다. 히브리어 제목은 "쉬르 하 쉬림(שִׁיר הַשִּׁירִים)"으로, '노래 중의 노래'라는 뜻이며, 이는 '가장 뛰어난 노래'라는 히브리어 관용적 표현입니다. 성경에서 가장 시적이고 감각적인 표현을 담고 있으며, 인간 사랑을 소재로 삼아 하나님의 언 약적 사랑을 은유적으로 드러내는 책입니다.

## 2. 저자와 기록 연대

### 1) 전통적 견해
저자: 전통적으로 솔로몬(히브리어 שְׁלֹמֹה)으로 알려짐.(아 1:1)
연대: 솔로몬 시대(기원전 10세기경)로 추정함.

### 2) 하문적 견해
언어와 문체에서 후기 히브리어의 특징이 발견된다는 점에서, 포로기 이후(기원전 6-4세기)로 보는 견해도 있습니다. 솔로몬 이름은 저자라기보다 '솔로몬적 전통과 지혜문학의 권위'를 나타내는 표지일 수 있습니다.

## 3. 히브리어 성경과 한글 성경에서의 위치

### 1) 히브리어 성경
성문서(כְּתוּבִים) 안의 오축(다섯 두루마리) 중 하나.
배열: 룻기 - 아가서 - 전도서 - 예레미야 애가 - 에스더.
절기: 유월절에 회당에서 낭독.

2) 한글 성경(개신교)

　시가서 분류에 포함되며, 잠언 - 전도서 - 아가서 순서.

　오축 개념 없이, 주제별·문학별 배열함.

3) 배열 차이 이유

　히브리어 성경은 절기 낭독 전통에 따라 묶었고, 한글 성경(서방 전통)은 헬라어 70인역 배열을 따라 시가·지혜문학 범주로 분류했기 때문입니다.

## 4. 구성과 구조

1) 장별 개요

　1-2장: 사랑의 선언과 첫 만남.

　3-4장: 신랑의 찬미와 사랑의 갈망.

　5-6장: 사랑의 시련과 재회.

　7-8장: 사랑의 완성, 언약의 확증.

2) 문학적 구조

　대화 형식(신랑, 신부, 친구들)

　시적 병행법, 은유, 자연 이미지 다수 사용.

　순환 구조: 갈망 → 만남 → 갈등 → 재회.

## 5. 문학적 특징

　시적 병행법: 같은 의미를 반복하거나, 점층적으로 확장.

　감각적 이미지: 후각, 시각, 미각, 촉각이 모두 동원됨.

　자연 상징: 동물, 식물, 계절, 산과 들을 사랑의 비유로 활용.

　대화 드라마 형식: 무대극처럼 등장인물 간의 대화가 교차.

## 6. 해석사 개관

1) 유대 전통
    하나님(신랑)과 이스라엘(신부)의 언약적 사랑의 비유로 해석.
    유월절 낭독은 출애굽과 언약 관계의 회복을 상징함.

2) 기독교 전통
    알레고리적 해석: 그리스도(신랑)와 교회(신부)의 사랑을 말함.
    윤리·실천적 해석: 순결과 결혼, 사랑의 귀함을 강조함.
    문학·자연주의 해석: 고대 이스라엘의 사랑 시가집.

## 7. 신학적 메시지

1) 하나님의 언약 사랑
    조건 없는 헌신, 열정, 그리고 변치 않는 사랑.

2) 사랑의 거룩성
    성적 사랑조차 창조 질서 안에서 거룩한 것으로 묘사함.

3) 하나님과 백성의 친밀함
    형식적 관계를 넘어 깊은 친밀함과 기쁨.

4) 재회와 완성
    시련 후 재회는 종말론적 구속 완성을 예표함.

## 8. 현대적 적용

1) 결혼관 회복 – 사랑과 결혼이 단순한 계약이 아닌 언약적 헌신임을 교육함.

2) 하나님과의 친밀성 – 형식적 신앙생활에서 벗어나, 사랑의 관계로 하나님을 경험함.

3) 예배 속 사랑 고백 – 찬양과 기도를 통해 신앙의 '사랑 언어'를 회복함.

## 9. 결론

아가서는 단순한 연애시가 아니라, 창조 질서 속에서 주어진 사랑의 아름다움과, 하나님과 그 백성 사이의 언약적 사랑을 시적으로 노래한 책입니다. 히브리어 성경에서는 절기와 함께, 한글 성경에서는 지혜문학 안에서 발견되지만, 그 핵심 메시지는 동일합니다.

아가서를 읽는 것은 곧 사랑의 본질과, 하나님의 구속사 속에서 완성될 영원한 사랑을 미리 맛보는 일입니다.

# 아가서의 성경 내 위치 - 히브리어 성경과 한글 성경 비교

아가서는 구약 성경 가운데 독특한 위치를 차지하는 책입니다. 그 이유는 단순히 내용이 사랑 노래이기 때문만이 아니라, 성경 배열에서의 위치가 히브리어 성경과 한글 성경(개신교, 구약)에서 서로 다르기 때문입니다. 오늘 우리는 이 위치의 차이를 비교하며, 왜 이런 차이가 생겼는지, 그리고 그것이 주는 의미를 살펴보겠습니다.

## 1. 히브리어 성경에서의 위치

히브리어 성경, 곧 마소라 본문은 세 부분으로 구성됩니다.
첫째는 토라(율법), 둘째는 너비임(선지서), 셋째는 커투빔(성문서)입니다.

아가서는 이 세 번째 부분, 성문서 안에 위치하며, 특히 다섯 두루마리(חָמֵשׁ מְגִלּוֹת)에 속합니다. 다섯 두루마리는 룻기, 아가서, 전도서, 예레미야 애가, 에스더로 구성되며, 각 책은 유대교 절기 예배에서 특정 시기에 낭독됩니다.

아가서는 유월절 절기에 회당에서 읽히는 전통이 있습니다. 이 때문에 히브리어 성경에서는 아가서가 성문서 중, 다섯 두루마리 안에서 유월절 순서에 맞춰 배치됩니다. 예배 전통이 배열 원리의 핵심이기 때문입니다.

## 2. 한글 성경에서의 위치

한글 성경은 개신교 구약의 배열을 따르며, 이 배열은 고대 헬라어 70인역(Septuagint, LXX)을 기반으로 합니다. 70인역은 히브리어 성경과 달리, 책들을 장르와 주제의 흐름에 따라 재배치했습니다.

아가서는 여기서 시가서(지혜문학)에 속합니다. 시가서는 보통 욥기, 시편, 잠언, 전도서, 아가서 순서로 배치됩니다. 이 배열은 절기 예전이 아니라, 문학적·신학적 주제 흐름을 중시합니다.

예를 들어, 욥기는 고난, 시편은 찬양, 잠언은 지혜, 전도서는 인생의 허무, 그리고 아가서는 사랑과 헌신을 노래합니다. 이런 주제적 연속성 속에서 아가서는 전도서 바로 뒤에 위치하게 된 것입니다.

## 3. 왜 위치가 다른가?

차이의 근본적인 이유는 정경 형성의 역사와 배열 원리의 차이에 있습니다.

### 1) 배열 원리
히브리어 성경: 절기 예배 낭독 순서를 기준으로 배열.
한글 성경: 문학 장르와 주제 흐름을 기준으로 배열.

### 2) 역사적 배경
히브리어 성경의 배열은 유대교 회당 예배에서의 사용 전통을 반영했습니다.
한글 성경은 헬라어 70인역을 따랐는데, 70인역은 당시 헬라 세계의 독자들이 이해하기 쉽게 역사·시가·예언이라는 큰 틀로 재구성했습니다.

### 3) 예배와 교육의 우선순위 차이
유대교는 공동체 예배와 절기 전통을 우선합니다.
기독교는 성경 교육과 교리 전달의 체계성을 우선합니다.

## 4. 두 전통의 순서 비교

### 1)히브리어 성경(마소라 본문)
토라 → 선지서 → 성문서(시편, 욥기, 잠언, 룻기, 아가서, 전도서, 예레미야 애가, 에스더, 다니엘, 에스라-느헤미야, 역대기)

2)한글 성경(개신교)

　　율법서 → 역사서 → 시가서(욥기, 시편, 잠언, 전도서, 아가서) → 대선지서 → 소선지서

## 5. 이해 포인트

　정리하면, 유대교에서는 아가서를 절기용 다섯 두루마리 중 하나로 보며 유월절에 읽는 사랑의 노래로 위치시킵니다. 반면, 기독교에서는 아가서를 지혜문학의 일부로 보아 전도서 뒤에 두고, 사랑과 헌신을 주제로 한 시가서로 이해합니다.

　이 차이는 단순한 배열 차이가 아니라, 성경을 읽고 사용하는 전통의 차이를 보여줍니다. 따라서 아가서를 공부할 때, 이 두 전통의 배경을 함께 설명하면, 성경의 역사와 전통을 더 깊이 이해하는 데 도움이 됩니다.

## 6. 맺는말

　아가서의 위치를 비교하는 일은 단순히 '책 순서'를 외우는 차원이 아닙니다. 그것은 성경이 형성된 역사, 유대교와 기독교의 전통 차이, 그리고 성경을 읽는 방식의 다양성을 보여 줍니다. 이 배경을 알고 나면, 아가서를 읽을 때 그 의미와 쓰임새가 더 풍성하게 다가올 것입니다.

# 아가서 각 장 개론

## 1장 - 사랑의 서곡

 1) 핵심 주제: 사랑의 갈망과 첫인상의 고백

2) 내용 요약: 아가서는 신부의 강렬한 사랑 고백으로 시작됩니다.
　　　　　　신부는 신랑의 사랑이 포도주보다 달콤하고,
　　　　　　그의 이름이 향기로운 기름 같다고 노래합니다.
　　　　　　신랑과의 친밀한 관계를 사모하며,
　　　　　　자신이 겪은 삶의 고난과 피부색(햇볕에 그을린)에 대한 언급을 통해 겸손함을
　　　　　　드러냅니다. 신랑은 신부를 아름다운 말에 비유하며 칭찬하고, 사랑의 교감이
　　　　　　오갑니다.

 3) 신학적 메시지: 사랑의 시작은 서로의 존재를 귀히 여기는 고백에서 출발합니다.
　　　　　　　하나님과의 관계도 은혜와 매력을 발견하는 데서 자라납니다.

## 2장 - 봄의 초대

 1) 핵심 주제: 사랑의 계절과 부르심

2) 내용 요약: 신랑은 봄이 왔다며 신부를 부르러 옵니다. 겨울이 지나고 꽃이 피고 노래
　　　　　　소리가 들리는 계절에, 신랑은 "일어나 함께 가자" 는 초대의 말을 건넵니다.
　　　　　　신부는 자신을 '샤론의 수선화, 골짜기의 백합'이라 표현하고,
　　　　　　신랑을 사과나무에 비유합니다.

3) 신학적 메시지: 하나님은 우리를 새로운 생명의 계절로 부르십니다.

　　　　　　　　회복과 새출발은 하나님의 초대에 응답할 때 시작됩니다.

## 3장 - 찾고 만난 사랑

1) 핵심 주제: 사랑의 갈망과 재회

2) 내용 요약: 신부는 밤에 사랑하는 이를 찾지만 보이지 않아 거리를 헤맵니다.

　　　　　　　경비병을 만납니다.

　　　　　　　그 후 사랑하는 이를 발견해 놓치지 않습니다.

　　　　　　　이어서 솔로몬의 화려한 가마와 혼인 행렬 장면이 묘사됩니다.

3) 신학적 메시지: 신앙의 여정에서 하나님을 찾는 갈망은 하나님을 반드시 만나게 하는

　　　　　　　　동력입니다.

　　　　　　　　기다림과 추구 끝에 주어지는 만남은 언약의 확증입니다.

## 4장 - 신랑의 찬미와 사랑의 완성 예고

1) 핵심 주제: 사랑의 찬미와 결혼의 절정

2) 내용 요약: 신랑은 신부의 눈, 머리카락, 입술, 목 등을 세밀히 묘사하며 칭찬합니다.

　　　　　　　신부는 봉인된 동산으로 묘사되며, 그 순결과 귀함이 강조됩니다.

　　　　　　　신랑은 동산에 들어가고자 하며, 사랑의 완성이 가까워집니다.

3) 신학적 메시지: 하나님은 그의 백성을 귀히 여기며, 순결한 헌신을 기뻐하십니다.

　　　　　　　　사랑의 완성은 상호 헌신과 개방 속에서 이루어집니다.

## 5장 - 사랑의 시련

1) 핵심 주제: 사랑의 부재와 그리움

2) 내용 요약: 신부는 신랑이 찾아왔으나 문을 늦게 열었고, 그사이 신랑은 떠납니다.
뒤늦게 그를 찾지만 만날 수 없고, 경비병들에게 학대까지 당합니다.
그때 여인들이 왜 그를 그리워 하느냐 묻자, 신부는 신랑의 아름다움과
탁월함을 길게 묘사합니다.

3) 신학적 메시지: 영적 나태함은 하나님과의 교제를 잃게 합니다.
그러나 그 부재는 사랑을 더 깊이 갈망하게 하는 계기가 됩니다.

## 6장 - 재회와 사랑의 승리

1) 핵심 주제: 찾음과 기쁨

2) 내용 요약: 신랑의 위치를 묻는 여인들에게 신부는 그가 동산에 있다고 답합니다.
신랑은 다시 신부를 찬양하며, 전무후무한 아름다움과 매력을 칭송합니다.
사랑은 다시 회복되고, 관계는 더욱 깊어집니다.

3) 신학적 메시지: 하나님은 떠나셨다가도 찾는 자를 만나 주십니다.
회복된 사랑은 더 강하고 견고해집니다.

## 7장 - 사랑의 기쁨과 연합

1) 핵심 주제: 사랑의 절정과 연합의 기쁨

2) 내용 요약: 신랑은 신부의 아름다움을 발끝에서 머리까지 묘사합니다.
신부는 신랑을 들로, 포도원으로 가자고 초대하며 사랑의 즐거움을 나눕니다.

3) 신학적 메시지: 하나님과의 연합은 기쁨과 만족, 사랑의 관계는 함께하는 삶으로 완성됩니다.

## 8장 - 사랑의 영원성

1) 핵심 주제: 사랑의 불멸과 언약의 확증

2) 내용 요약: 신부는 신랑과 가족 같은 친밀함을 원합니다.
　　　　　　　사랑은 죽음보다 강하고,
　　　　　　　많은 물도 끌 수 없는 불길로 묘사됩니다.
　　　　　　　마지막은 신부의 형제들과 결혼 준비,
　　　　　　　그리고 신랑의 부름으로 끝납니다.

3) 신학적 메시지: 참된 사랑은 죽음과 시련을 이기는 영원한 언약입니다.
　　　　　　　　하나님의 사랑은 끊을 수 없는 불멸의 사랑입니다.

아가서 1 장

# 제 1 장 <sub></sub>(개역개정)

1  솔로몬의 아가라

2  내게 입맞추기를 원하니 네 사랑이 포도주보다 나음이로구나

3  네 기름이 향기로워 아름답고 네 이름이 쏟은 향기름 같으므로 처녀들이
   너를 사랑하는 구나

4  왕이 나를 그의 방으로 이끌어 들이시니 너는 나를 인도하라
   우리가 너를 따라 달려가리라
   우리가 너로 말미암아 기뻐하며 즐거워하니 네 사랑이 포도주보다 더 진함이라.
   처녀들이 너를 사랑함이 마땅하니라

5  예루살렘 딸들아 내가 비록 검으나 아름다우니 게달의 장막 같을지라도
   솔로몬의 휘장과도 같구나

6  내가 햇볕에 쬐어서 거무스름할지라도 흘겨보지 말 것은 내 어머니의 아들들이
   나에게 노하여 포도원지기로 삼았음이라 나의 포도원을 내가 지키지 못하였구나

7  내 마음으로 사랑하는 자야 네가 양 치는 곳과 정오에 쉬게 하는 곳을 내게 말하라 내가
   네 친구의 양 떼 곁에서 어찌 얼굴을 가린 자 같이 되랴

8  여인 중에 어여쁜 자야 네가 알지 못하겠거든 양 떼의 발자취를 따라
   목자들의 장막 곁에서 너의 염소 새끼를 먹일지니라

9  내 사랑아 내가 너를 바로의 병거의 준마에 비하였구나

10  네 두 뺨은 땋은 머리털로, 네 목은 구슬 꿰미로 아름답구나

11  우리가 너를 위하여 금 사슬에 은을 박아 만들리라

12  왕이 침상에 앉았을 때에 나의 나도 기름이 향기를 뿜어냈구나

13  나의 사랑하는 자는 내 품 가운데 몰약 향주머니요

14  나의 사랑하는 자는 내게 엔게디 포도원의 고벨화 송이로구나

15  내 사랑아 너는 어여쁘고 어여쁘다 네 눈이 비둘기 같구나

16  나의 사랑하는 자야 너는 어여쁘고 화창하다 우리의 침상은 푸르고

17  우리 집은 백향목 들보, 잣나무 서까래로구나

# 제 1 장
(Song of Songs [kjv])

1. The song of songs, which is Solomon's.

2. Let him kiss me with the kisses of his mouth: for thy love is better than wine.

3. Because of the savour of thy good ointments thy name is as ointment poured forth, therefore do the virgins love thee.

4. Draw me, we will run after thee: the king hath brought me into his chambers: we will be glad and rejoice in thee, we will remember thy love more than wine: the upright love thee.

5. I am black, but comely, O ye daughters of Jerusalem, as the tents of Kedar, as the curtains of Solomon.

6. Look not upon me, because I am black, because the sun hath looked upon me: my mother's children were angry with me; they made me the keeper of the vineyards; but mine own vineyard have I not kept.

7. Tell me, O thou whom my soul loveth, where thou feedest, where thou makest thy flock to rest at noon: for why should I be as one that turneth aside by the flocks of thy companions?

8. If thou know not, O thou fairest among women, go thy way forth by the footsteps of the flock, and feed thy kids beside the shepherds' tents.

9. I have compared thee, O my love, to a company of horses in Pharaoh's chariots.

10. Thy cheeks are comely with rows of jewels, thy neck with chains of gold.

11. We will make thee borders of gold with studs of silver.

12. While the king sitteth at his table, my spikenard sendeth forth the smell thereof.

13. A bundle of myrrh is my wellbeloved unto me; he shall lie all night betwixt my breasts.

14. My beloved is unto me as a cluster of camphire in the vineyards of En-gedi.

15. Behold, thou art fair, my love; behold, thou art fair; thou hast doves' eyes.

16. Behold, thou art fair, my beloved, yea, pleasant: also our bed is green.

17. The beams of our house are cedar, and our rafters of fir.

# 아가서 1장 1절

שִׁיר הַשִּׁירִים אֲשֶׁר לִשְׁלֹמֹה׃

직역: "노래들 중의 노래, 솔로몬의 것"

해석적 의역: "가장 뛰어난 노래, 솔로몬이 지은" 혹은 "솔로몬에게 속한 최고의 노래"

## 1. 핵심 어휘 해설

שִׁיר – "노래"

어근: שׁ-י-ר, '노래하다, 읊조리다'

형태: 남성 단수, 절대형

의미: 음악적 또는 시적인 작품, 기쁨·찬양·사랑을 표현하는 장르

유대 문헌: 미드라쉬 라바(Shir HaShirim Rabbah)는 이 단어를
'하나님과 이스라엘의 사랑을 노래한 영적 시'로 해석한다.

신학적 의미: 단순한 연애시가 아니라 하나님과 백성의 관계를 비유하는 신성한 찬가이다.

הַשִּׁירִים – "노래들"

형태: 남성 복수, 정관사 포함

의미: 여러 노래들 중의 복수형

문학적 특징: 히브리어의 겹겹 구조 - ' ~ 중의 ~' 는 최상급 표현이다.
(예: קֹדֶשׁ הַקֳּדָשִׁים, '지성소')

결론: '가장 뛰어난 노래'라는 최상급 강조이다.

אֲשֶׁר – " ~의, ~한"

관계대명사로 저자·소유자·속성을 연결한다.

시적 문맥에서는 소유와 저작권을 나타낸다.

לִשְׁלֹמֹה – "솔로몬의"

　어근: שָׁלוֹם(샬롬, 평화) → '평화로운 자'

　형태: 전치사 לְ(소유·목적) + 고유명사

　유대 전통 해석:

　　미쉬나·탈무드(Bava Batra 15a)- 저자를 실제 솔로몬으로 보기도 한다.

　　라쉬(Rashi)는 '솔로몬'을 메시아의 예표로 해석한다.(하나님의 평화로 다스리는 분)

　신학적 의미: 역사적 인물인 솔로몬뿐 아니라,

　　　　　　　장차 오실 참된 '평화의 왕'(메시아)을 가리킬 수 있다.

## 2. 전체 구조 요약표

| 구절 | 히브리어 | 직역 | 문학적/신학적 의미 |
|---|---|---|---|
| 1:1 | שִׁיר הַשִּׁירִים | 노래들 중의 노래 | 최상급 사랑 노래, 최고의 찬가 |
| | אֲשֶׁר לִשְׁלֹמֹה | 솔로몬의 것 | 저자·주제·상징적 메시아성 |

## 3. 신학적 의미와 교훈

1) 사랑의 본질은 하나님께로부터 온다.

　아가서는 단순히 인간 사랑시가 아니라, 유대 전통과 교부 신학에서

　하나님과 그의 백성(이스라엘/교회)의 언약적 사랑으로 읽힌다.

　하나님은 사랑의 근원이자 창시자이시며, 참된 사랑은 그분의 성품을 반영한다.(요일 4:8)

2) 최고의 사랑은 "구별된 사랑"이다.

　'노래 중의 노래'는 단순 비교가 아니라 절대적·전무후무한 가치를 강조하는

　히브리어 표현이다.

　이것은 하나님과의 사랑이 다른 어떤 사랑보다 우월하다는 신학적 선언이다.

3) 솔로몬(평화의 왕)과 메시아적 예표

　솔로몬의 이름이 들어간 이유는 역사적 배경과 동시에 메시아의 모형을 드러내기 위함이다.

　유대 랍비 문헌에서 '솔로몬'은 장차 올 왕, 곧 하나님이 보내실 평화의 통치자를 가리키는

　은유로 사용되었다.

4) 예배와 삶의 중심은 '최고의 찬가'로 시작된다

아가서는 서두에서부터 예배의 방향성을 제시한다:

사랑의 고백 → 하나님 중심의 노래 → 삶의 모든 영역에서 하나님을 향한 친밀함.

## 4. 현대교회와 공동체에 주는 적용

1) 하나님과의 관계를 "최고의 우선순위"로 두라.

적용: 인생에서 가장 중요한 가치는 하나님과의 사랑이며, 그 관계를 최우선으로 삼기.

실천: 매일 기도·말씀·찬양 시간을 다른 일정보다 먼저 정하고,

시간표에 '하나님과의 시간 고정하기.

2) 사랑의 언어를 하나님께 자주 표현하라.

적용: 아가서가 사랑을 '표현'하는 책이듯, 하나님과의 사랑도 표현하며 더욱 깊어지기.

실천: 하루에 한 번 이상 "주님 사랑합니다"라고 입술로 고백하기.

가정과 공동체 예배에서 하나님께 찬양하는 문화를 세우기.

3) 예배를 "최고의 노래"로 준비하라.

적용: 예배는 형식적 참여가 아니라 최고의 마음과 정성을 다해 드리기.

실천: 예배 전 미리 성경 본문을 미리 읽고, 찬양 가사를 묵상하며,

복장과 태도를 준비해 하나님께 드릴 '최상의 노래'를 세우기.

4) 평화의 왕이신 주님을 삶 속에서 드러내라.

적용: 솔로몬(평화로운 자)처럼, 예수 그리스도의 평화를 직장·가정·교회에 전하는

사명 세우기.

실천: 갈등 상황에서 먼저 화해를 시도하고, 용서와 격려의 말을 선택적으로 표현하기.

5) 신앙의 첫걸음을 "사랑"에서 시작하라.

적용: 모든 신앙적 헌신은 의무나 두려움이 아닌 사랑에서 출발하기.

실천: 사역·봉사를 시작하기 전 "주님, 사랑합니다. 이 마음으로 섬깁니다"라고 고백하기.

## 5. 결론

아가서 1장 1절은 단순한 책 제목 이상의 의미를 지닙니다. 이는 하나님과의 사랑이 가장 높고 귀한 가치임을 선포하는 서론이며, 또한 모든 예배·찬양·삶의 중심이 되어야 할 방향을 제시합니다.

유대 전통은 이를 이스라엘과 하나님의 사랑 이야기로, 기독교 전통은 그리스도와 교회의 신랑·신부 관계로 보아왔습니다.

오늘 우리도 '최고의 노래'를 주님께 드리는 인생을 살아야 합니다. 그 노래는 곡조나 악기가 아니라, 우리의 전 존재와 삶으로 부르는 사랑의 찬가입니다.

# 아가서 1장 2절

יִשָּׁקֵנִי מִנְּשִׁיקוֹת פִּיהוּ כִּי־טוֹבִים דֹּדֶיךָ מִיָּיִן׃

직역: "그가 그의 입맞춤들로 나에게 입맞추게 하라. 네 사랑이 포도주보다 더 좋도다"
해석적 의역: "그의 달콤한 입맞춤으로 나를 입맞추게 하소서. 당신의 사랑이 포도주보다
          더 즐겁습니다."

## 1. 핵심 어휘 해설

יִשָּׁקֵנִי – "그가 나에게 입맞추게 하라"
  어근: נ־שׁ־ק, '입맞추다, 맞대다'
  형태: 미완료 3인칭 남성 단수 + 1인칭 단수 목적어 접미사 '그가 나를'
  유대 문헌: 미드라쉬 라바(Shir HaShirim Rabbah 1:2)에서 '입맞춤'은
          하나님이 시내산에서 율법을 주신 사건(출 19장)에서 말씀을 직접 주심을
          비유하는 것으로 해석한다.
  시적 의미: 단순 감각적 행위가 아니라 관계의 친밀함과 언약적 결합을 표현이다.

מִנְּשִׁיקוֹת – "입맞춤들"
  복수형: 단일 사건이 아닌 지속적이고 반복적인 친밀한 관계를 강조한다.
  고대 유대 해석: 하나님의 '여러 번의' 계시와 말씀을 상징한다.(토라·예언·성문서)

פִּיהוּ – "그의 입"
  의미: 말하는 기관 → 말씀과 계시의 상징이다.
  랍비들은 이것을 '하나님의 입' = 하나님의 직접적 말씀으로 해석한다.

דֹּדֶיךָ – "네 사랑들"
  어근: דּוֹד, '사랑, 애정, 애인'
  복수형: 사랑의 다양한 표현(행위·말·약속)을 포함한다.
  유대 전통: 하나님의 '사랑들' = 구속·보호·인도 등 하나님의 역사적 은혜 사건들.

מִיָּיִן – "포도주보다"

포도주는 고대 이스라엘 문화에서 기쁨·축제·축복의 상징이다.

여기서는 가장 큰 즐거움의 비유 → 하나님의 사랑이 세상의 모든 즐거움보다 뛰어나다.

## 2. 전체 구조 요약표

| 구절 | 히브리어 | 직역 | 문학적/신학적 의미 |
|------|---------|------|------------------|
| 1:2 | יִשָּׁקֵנִי מִנְּשִׁיקוֹת פִּיהוּ | 그가 그의입맞춤들로 나에게 입맞추게 하라 | 하나님과의 깊은 친밀함· 직접 계시 |
|  | כִּי־טוֹבִים דֹּדֶיךָ מִיָּיִן | 네 사랑이 포도주보다 더 좋다 | 하나님의 사랑이 모든 기쁨·축복을 능가함 |

## 3. 신학적 의미와 교훈

1) 하나님의 계시는 "입맞춤" 과 같다.

유대 전통에서 '입맞춤'은 하나님의 말씀(토라)이 시내산에서 이스라엘에게 주어진 사건을 가리키는 은유적 표현이다.(Shir HaShirim Rabbah)

신약적으로는 예수 그리스도 안에서의 말씀이 육신되심(요 1:14)을 통한 친밀한 계시이다.

2) 하나님과의 사랑은 단회적이 아니라 지속적이다.

'입맞춤들'(복수형)은 반복적인 친밀함, 즉 하나님이 매일, 여러 상황 속에서 우리와 사랑을 나누신다는 뜻이다.

신앙생활은 한 번의 은혜 경험이 아니라 지속적인 관계 유지이다.

3) 하나님의 사랑은 세상의 즐거움을 능가한다.

포도주 = 고대의 기쁨과 축제의 절정 → 그러나 하나님의 사랑이 그것보다 '더 좋다'.

신학적으로 세상의 기쁨은 일시적이지만, 하나님의 사랑은 영원하고 변함없다.

4) 영적 친밀함은 하나님의 주도하심에서 시작된다.

   화자는 "그가 나에게 입맞추게 하라"고 청한다 → 하나님의 먼저 오심과 은혜의 주도권자
   임을 인정하는 것이며, 구원·사랑의 관계도 우리가 시작하는 것이 아니라 하나님의 부르심
   이 먼저이다.

5) 사랑의 관계에서 말씀과 경험은 함께 간다.

   '입맞춤' = 말씀(말), '사랑' = 경험된 은혜 → 참 신앙은 지식과 체험이 함께 있는 관계이다.

## 4. 현대교회와 공동체에 주는 적용

1) 매일 말씀 속에서 "하나님의 입맞춤"을 경험하라.

   적용: 성경 읽기를 '정보 습득'이 아니라 하나님과의 친밀한 대화로 여기기.

   실천: 성경 읽기 전 "주님, 저에게 입맞추소서. 이 말씀으로 저를 만나주소서"라고 기도하기.

2) 하나님의 사랑을 세상의 즐거움과 비교하지 말라, 우선하라

   적용: 주말 여가·오락보다 예배·찬양·말씀 묵상을 더 소중히 여기는 생활 리듬 만들기.

   실천: 일정표에서 '말씀 묵상 시간'을 고정시키고, 그 시간을 양보하지 않기.

3) 사랑의 관계를 지속적으로 유지하는 신앙 습관 만들기

   적용: 예배·기도·말씀 묵상에서 주기적인 '갱신 시간'을 만들기.

   실천: 매달 마지막 수일은 하나님과의 관계 점검과 '첫사랑 회복'을 위한 기도 시간으로
         세우기.

4) 하나님이 먼저 사랑하셨음을 기억하라

   적용: 나의 신앙 여정이 '내 결단'이 아니라 '하나님의 부르심'으로 시작되었음을 고백하기.

   실천: 간증이나 나눔 시간에 "하나님이 나를 먼저 찾아오셨습니다"라는 주제를 고백하기.

5) 하나님의 사랑을 공동체 속에서 체험하게 하라

   적용: 교회 모임·소그룹에서 서로를 사랑으로 맞이하고, 격려의 말과 기도로
         하나님의 사랑을 경험하게 하기.

   실천: 모임 시작할 때 1분간 서로 축복의 말씀을 나누는 '영적 인사' 세우기.

## 5. 결론

아가서 1장 2절은 단순한 연인 간의 사랑 고백처럼 보이지만, 유대 전통과 성경적 해석 속에서 하나님과 그의 백성 간의 언약적 사랑을 상징합니다.

'입맞춤'은 하나님의 말씀과 계시를, '포도주보다 좋은 사랑'은 하나님의 은혜와 기쁨을 의미합니다. 오늘 우리도 하나님께 '입맞추소서'라고 기도하며, 말씀과 사랑 속에서 그 분과의 깊은 친밀함을 날마다 새롭게 해야 합니다.

# 아가서 1장 3절

לְרֵיחַ שְׁמָנֶיךָ טוֹבִים שֶׁמֶן תּוּרַק שְׁמֶךָ עַל־כֵּן עֲלָמוֹת אֲהֵבוּךָ:

직역: "네 기름들의 향기로 인해, 네 이름은 쏟아 부어진 향유 같도다.
　　　그러므로 처녀들이 너를 사랑하는도다"
해석적 의역: "네 기름에서 풍기는 향기처럼, 네 이름은 부어진 향유와 같다.
　　　그래서 순결한 이들이 너를 사랑한다."

## 1. 핵심 어휘 해설

### לְרֵיחַ – "향기로 인해"

어근: ר-י-ח, '냄새 맡다, 향기'

명사 רֵיחַ: 향기, 명성, 분위기를 상징.

유대 전통: 미드라쉬 라바는 여기서 하나님의 계명 준수에서 풍기는 '향기'를 언급한다.
　　　경건한 삶이 영적 향기가 된다.(전 7:1 참조)

### שְׁמָנֶיךָ – "네 기름들"

명사 שֶׁמֶן: 기름, 특히 관유(거룩하게 구별된 기름)를 말한다.

복수형은 풍성함과 다양성을 나타낸다.

고대 이스라엘: 기름은 기름부음·치유·향유·축제와 관련된다.

### שֶׁמֶן תּוּרַק – "부어진 기름"

תּוּרַק: 부어짐, 쏟아짐, 퍼짐.

랍비 해석: 하나님의 '이름'이 세상에 널리 퍼짐을 의미한다.

신약적 해석: 성령의 기름부음과 예수 이름의 전파를 의미한다.

שְׁמֶךָ - "네 이름", 이름은 히브리 문화에서 인격·성품·권위를 포함한다.

　하나님의 이름 = 그분의 본질과 명성.(출 34:5-7)

　미드라쉬: 하나님의 이름은 향유처럼 세계에 퍼져 나가며, 그 향기가 사람들을 끌어당김.

עֲלָמוֹת - "처녀들"

　어근: עַלְמָה, '미혼 여인·순결한 여인'

　여기서는 하나님께 마음을 온전히 드린 사람들의 비유이다.

## 2. 전체 구조 요약표

| 구절 | 히브리어 구절 | 직역 | 문학적/신학적 의미 |
|------|--------------|------|---------------------|
| 1:3 | לְרֵיחַ שְׁמָנֶיךָ טוֹבִים | 네 기름들의 향기로 인해 [그것들이] 좋도다 | 하나님의 성품과 은혜의 향기 |
| | שֶׁמֶן תּוּרַק שְׁמֶךָ | 네 이름은 부어진 기름 | 하나님의 이름·명성이 세상에 퍼짐 |
| | עַל־כֵּן עֲלָמוֹת אֲהֵבוּךָ | 그러므로 처녀들이 너를 사랑함 | 순결한 자들이 하나님을 사모함 |

## 3. 신학적 의미와 교훈

1) 하나님의 성품은 향기처럼 드러난다. 향기는 눈에 보이지 않지만 멀리까지 퍼진다.

　하나님의 거룩·사랑·진리는 세상 속에서 은밀히 그러나 강력히 퍼진다.(고후 2:14-15)

2) 하나님의 이름은 능력과 매력을 가진다.

　'이름'은 하나님 자신을 대표한다.

　유대 전통: 하나님의 이름이 선포될 때 사람들은 그 향기에 이끌리듯 다가온다.

　신약: 예수의 이름은 구원의 능력을 나타낸다.(행 4:12)

3) 부어진 기름 = 성령의 기름부음

　구약에서 제사장·왕·선지자에게 부어졌던 기름은 성령의 임재를 상징한다.

　예수님은 성령으로 기름부음을 받은 자 이시다.(눅 4:18)

　오늘날 성령의 기름부음은 교회와 성도에게 동일하게 역사한다.

4) 순결한 자들이 하나님의 향기에 끌린다.

　'처녀들'은 영적 순결을 지킨 자들.(고후 11:2)

　세상 욕망이 아닌 하나님의 향기에 이끌리는 삶.


5) 향기는 나누기 위해 주어진다.

　기름은 부어져야 향기가 퍼진다.

　하나님의 은혜는 붙잡아 두는 것이 아니라, 세상 속에 퍼뜨려야 한다.


## 4. 현대교회와 공동체에 주는 적용

1) 내 삶이 그리스도의 향기가 되도록 하라.

　적용: 말·행동·태도가 주변 사람들에게 은은한 '향기'가 되도록 점검하기.

　실천: 하루 끝에 "오늘 나는 하나님의 향기를 전했는가?" 자가 점검하기.


2) 하나님의 이름을 높이는 습관 만들기

　적용: 대화·간증·SNS에서 하나님의 이름과 그분의 성품을 자주 언급한다.

　실천: 매주 한 번은 '하나님의 성품'을 주제로 나눔 작성 후 공유한다.


3) 성령의 기름부음을 사모하는 기도

　적용: 매일 아침 "하나님, 오늘 제게 기름 부어 주소서, 제 삶이 주의 향기를 나타내게 하소서"

　　　기도한다.

　실천: 예배 전 성령 충만을 위한 5분 기도 시간 갖기.


4) 영적 순결 유지

　적용: 미디어·문화 소비에서 영적 순결을 해치는 요소를 걸러내기.

　실천: 매달 한 번 '미디어 금식' 기간 두기.(영적 재정비)


5) 은혜는 흘려 보낼 때 향기가 난다.

　적용: 받은 은혜·간증·말씀을 소그룹·온라인·가정에서 나누기.

　실천: 매주 한 번은 받은 은혜를 '누군가에게' 전하는 날로 정하기.

## 5. 결론

아가서 1장 3절은 하나님의 성품과 이름, 그리고 그 향기의 확산을 시적으로 묘사합니다. 향기와 기름은 성령의 임재, 하나님의 명성, 은혜의 나눔을 상징합니다.

그 향기에 이끌려 오는 순결한 자들처럼, 오늘 우리도 하나님의 향기를 품고 세상 속에서 전하는 사명을 받아야 합니다

기름은 닫힌 병 속에서 향기를 낼 수 없습니다. 마찬가지로, 우리도 세상 속에서 부어질 때만 향기를 낼 수 있습니다.

# 아가서 1장 4절

מָשְׁכֵנִי אַחֲרֶיךָ נָּרוּצָה הֱבִיאַנִי הַמֶּלֶךְ חֲדָרָיו נָגִילָה וְנִשְׂמְחָה בָּךְ
נַזְכִּירָה דֹּדֶיךָ מִיַּיִן מֵישָׁרִים אֲהֵבוּךָ:

직역: "나를 이끌어 주소서, 우리가 당신을 따라 달려가리이다. 왕이 나를 그의 방으로 데려
오셨습니다. 우리가 당신 안에서 기뻐하고 즐거워하리이다. 우리가 당신의 사랑을
포도주보다 더 기억하리이다. 정직한 자들이 당신을 사랑합니다."

해석적 의역: "나를 이끄소서. 우리가 당신을 따라 달려가겠습니다. 왕께서 나를 그의 방으로
들이셨습니다. 우리가 당신 안에서 기뻐하며 즐거워하겠습니다. 우리가 당신의
사랑을 포도주보다 더 기념하겠습니다. 올곧은 자들이 당신을 사랑합니다."

## 1. 핵심 어휘 해설

מָשְׁכֵנִי - "나를 이끄소서"

　어근: מ-שׁ-ךְ, '끌다, 당기다, 이끌다'

　미드라쉬 라바: 하나님이 이스라엘을 애굽에서 이끄신 사건(출 19장 전후)을 연상시킨다.

　영적 의미: 하나님이 먼저 주도적으로 우리를 가까이 이끄신다.

אַחֲרֶיךָ נָּרוּצָה - "당신을 따라 달려가리이다"

　רוּץ: 달리다, 서두르다.

　헌신적이고 기쁜 순종.

　유대 전통: 토라를 받기 위해 시내산으로 달려간 이스라엘의 열심을 상징한다.

הַמֶּלֶךְ חֲדָרָיו - "왕의 방"

　חֶדֶר: 내실, 침실.

　친밀함과 은밀한 교제의 장소.

　랍비 해석: 성막 지성소 또는 하나님 임재의 처소로 비유한다.

נָגִילָה וְנִשְׂמְחָה בָּךְ - "당신 안에서 기뻐하고 즐거워하리이다"

반복 구조: 기쁨과 즐거움을 강조한다.

시편 118:24의 예배 기쁨과 연결된다.

נַזְכִּירָה דֹדֶיךָ מִיַּיִן - "당신의 사랑을 포도주보다 더 기억하리이다"

זכר: 기억하다, 기념하다 → 공동체 예배에서 하나님의 사랑을 반복적으로 선포함.

מֵישָׁרִים - "정직한 자들"

어근: יָשַׁר, '바른, 올곧은' → 하나님의 법을 사랑하는 자들.

## 2. 전체 구조 요약표

| 구절 | 히브리어 구절 | 직역 | 문학적/신학적 의미 |
|---|---|---|---|
| 1:4 | מָשְׁכֵנִי אַחֲרֶיךָ נָּרוּצָה | 나를 이끄소서, 우리가 당신을 따라 달려가리이다 | 하나님의 주도권과 우리의 자발적 헌신 |
| | הֱבִיאַנִי הַמֶּלֶךְ חֲדָרָיו | 왕이 나를 그의 방으로 데려오셨습니다 | 하나님의 임재로의 초대 |
| | נָגִילָה וְנִשְׂמְחָה בָּךְ | 당신 안에서 기뻐하고 즐거워하리이다 | 예배와 교제의 기쁨 |
| | נַזְכִּירָה דֹדֶיךָ מִיַּיִן | 당신의 사랑을 포도주보다 더 기억하리이다 | 사랑의 기념과 감사 |
| | מֵישָׁרִים אֲהֵבוּךָ | 정직한 자들이 당신을 사랑합니다 | 진실한 자들의 사랑 |

## 3. 신학적 의미와 교훈

1) 하나님의 부르심이 먼저, 우리의 응답이 뒤따른다.

'나를 이끄소서'는 주도권이 하나님께 있음을 인정하는 고백이다.

구원·사역·신앙 여정 모두 하나님이 먼저 시작하십니다. (요 6:44)

2) 하나님을 따르는 순종은 기쁨과 속도를 동반한다.

   '달려가리이다'는 억지 순종이 아니라 기쁜 순종이다.

   신앙은 느릿느릿한 발걸음이 아니라 열정 있는 추구이다.


3) 왕의 방 = 하나님의 임재의 내밀한 자리

   구약에서는 지성소, 신약에서는 성령 안에서의 친밀한 교제이다.

   하나님은 우리를 단순한 '신하'로가 아니라 '친밀한 동반자'로 초대하신다.


4) 기쁨과 즐거움은 예배의 본질

   예배는 부담이 아니라 기쁨의 반응이다.

   하나님 안에서 기뻐하는 것이 힘이 된다.(느 8:10)


5) 하나님의 사랑을 반복적으로 기념하는 공동체

   '기억한다'는 것은 예배·찬양·간증 속에서 하나님의 사랑을 끊임없이 선포하는 것이다.

   신앙 공동체는 하나님의 사랑을 잊지 않게 서로 상기시키는 역할을 한다.


6) 정직한 자들이 사랑하는 하나님

   하나님을 참되게 사랑하는 자들은 외형이 아니라 내면의 정직함을 가진 사람들이다.

   순결과 진실함이 사랑의 필수 조건이다..


## 4. 현대교회와 공동체에 주는 적용

1) 하나님의 이끄심에 민감하게 반응하기

   적용: 하루를 시작할 때 "주님, 오늘 제 발걸음을 이끄소서" 라고 기도하기.

   실천: 중요한 결정 전 반드시 기도와 말씀 묵상 시간을 확보하기.


2) 하나님을 향한 신앙의 '속도'를 회복하기

   적용: 하나님을 향한 열정이 식었다면 회복을 위해 특별 기도 기간 갖기.

   실천: 매일 10분 '하나님 찬양 집중 시간'을 설정하고 유지하기.

3) 하나님의 임재의 방에 자주 들어가기

　　적용: 바쁜 일정 속에서도 '은밀한 기도 공간'을 확보한다.

　　실천: 하루 최소 5분 '조용한 자리'에서 말씀·찬양·묵상한다.

4) 예배를 기쁨의 자리로 만들기

　　적용: 예배 전 기쁨의 마음 준비하기.(감사 제목 3가지 적기)

　　실천: 주일 예배 후 받은 은혜를 1명 이상에게 나누기.

5) 하나님의 사랑을 공동체 안에서 기억하게 하기

　　적용: 가정예배나 소그룹 모임에서 '하나님의 사랑 기념' 코너 만들기.

　　실천: 매주 모임 때 하나님 사랑을 체험한 간증을 돌아가며 나누기.

6) 정직한 신앙 훈련

　　적용: 사람 앞에서보다 하나님 앞에서의 진실함 점검하기.

　　실천: 한 주간의 행동·말·생각 중 '정직하지 못한 것' 목록 작성 후 회개 기도하기.

## 5. 결론

아가서 1장 4절은 하나님의 부르심, 우리의 헌신적 응답, 임재의 친밀함, 예배의 기쁨, 사랑의 기념, 그리고 정직한 사랑을 모두 담고 있는 복합적 구절입니다.

이 절은 신앙이 '부름받아 달려가는 여정'이며, 그 끝은 왕의 방에서 누리는 친밀한 교제임을 보여줍니다.

오늘 우리는 하나님께 '나를 이끄소서'라고 고백하고, 그분의 사랑을 기쁨으로 따라 달려가는 삶을 살아야 합니다.

# 아가서 1장 5절

שְׁחוֹרָה אֲנִי וְנָאוָה בְּנוֹת יְרוּשָׁלָ͏ם כְּאָהֳלֵי קֵדָר כִּירִיעוֹת שְׁלֹמֹה:

직역: "나는 검으나 아름답다, 예루살렘의 딸들아, 게달의 장막들 같고, 솔로몬의 휘장들 같다."
해석적 의역: "나는 햇볕에 그을렸지만 아름답다, 예루살렘의 딸들아. 거친 게달의 장막
　　　　　같으면서도, 솔로몬의 휘장처럼 귀하다."

## 1. 핵심 어휘 해설

שְׁחוֹרָה – "검다"
　　어근: שָׁחֹר, '검은색, 그을린'
　　문자적 의미: 피부가 햇볕에 그을린 상태.
　　유대 전통: 죄나 고난의 흔적을 상징하기도 한다.(미드라쉬 라바)
　　　　　　　그러나 여기서는 부끄러움이 아니라 정체성의 일부로 당당히 고백한다.

וְנָאוָה – "그리고 아름답다"
　　어근: נָאָה, '아름답다, 보기 좋다'
　　'검디'와 '아름답다'를 함께 사용
　　사회적 편견에 대한 반전 선언이다.

בְּנוֹת יְרוּשָׁלָ͏ם – "예루살렘의 딸들아"
　　시적 청자: 공동체 안 다른 여성들, 혹은 상징적으로 하나님의 백성 전체.

כְּאָהֳלֵי קֵדָר – "게달의 장막들"
　　게달: 유목 민족, 검은 염소털로 만든 거친 장막 사용.
　　외형적으로 거칠고 투박하지만 기능적이고 실용적이다.

יְרִיעוֹת שְׁלֹמֹה – "솔로몬의 휘장들"

יְרִיעָה(야리아): 휘장, 장막 덮개 - 성전·궁정의 장식품.

화려하고 장엄한 것을 상징.

두 이미지를 나란히 배치하여 '겉모습과 내면의 가치'를 대비한다.

## 2. 전체 구조 요약표

| 구절 | 히브리어 구절 | 직역 | 문학적/신학적 의미 |
|---|---|---|---|
| 1:5 | שְׁחוֹרָה אֲנִי וְנָאוָה | 나는 검으나 아름답다 | 외적 약함과 내적 아름다움의 동시 고백 |
| | בְּנוֹת יְרוּשָׁלָ‍ִם | 예루살렘의 딸들아 | 공동체를 향한 자기 선언 |
| | כְּאָהֳלֵי קֵדָר | 게달의 장막들 같고 | 겉모습의 투박함·연약함 |
| | כִּירִיעוֹת שְׁלֹמֹה | 솔로몬의 휘장처럼 | 내적 영광과 존귀함 |

## 3. 신학적 의미와 교훈

1) 신앙인의 자기 인식: 겉과 속의 공존

'검으나 아름답다'는 인간의 연약함과 하나님의 은혜로 인한 아름다움이 동시에 존재함을 고백한다.

신약적으로, 우리는 질그릇 같지만 그 안에 보배(그리스도)를 담고 있다.(고후 4:7)

2) 하나님이 주신 정체성의 당당함

세상의 평가와 달리, 하나님의 시각에서는 우리의 '검음'도 은혜의 역사와 거룩의 과정에서 나온 흔적이다. 죄로 인해 더럽혀진 과거조차도 회복된 자에게는 간증의 증거가 된다.

3) 겉모습보다 내면의 가치

게달의 장막 = 외적 투박함, 솔로몬의 휘장 = 내적 화려함.

하나님은 중심을 보신다.(삼상 16:7)

4) 고난이 빚어낸 아름다움

　'검다'는 시련과 고난의 흔적일 수 있다.

　그러나 그 속에서 하나님의 은혜가 빛날 때, 그것은 영광스러운 아름다움이 된다.


5) 공동체 앞에서의 신앙 고백

　'예루살렘의 딸들아'라는 부름은 자신의 정체성을 숨기지 않고 공동체 안에서 고백하는
　행위이다.

　신앙은 개인적이지만 동시에 공동체적이다.


## 4. 현대교회와 공동체에 주는 적용

1) 자신의 약점과 상처를 부끄러워하지 말라

　적용: 과거의 실패나 상처를 하나님이 변화시킨 간증하기.

　실천: 소그룹이나 간증 시간에 '하나님이 바꾸신 나의 약점'을 1분씩 나누기.


2) 겉모습보다 내면의 영광을 키우라

　적용: 외적 조건(재력·외모)보다 내면 성품(겸손·정직·사랑)에 집중하기.

　실천: 매주 한 가지 내면의 열매(사랑, 인내, 온유 등) 실천 계획 세우기.


3) 고난 속에서 하나님의 아름다움을 찾기

　적용: 힘든 사건 속에서 '하나님이 주신 교훈'을 찾고 기록하기.

　실천: 매달 한 번 '감사 일기'를 작성하며 시련 속 은혜를 기록하기.


4) 공동체 앞에서 정체성을 고백하기

　적용: 부끄러운 과거가 아니라 은혜 받은 현재를 나누는 용기내기.

　실천: 교회나 모임에서 나의 변화 과정을 짧게라도 발표하기.


5)하나님의 시각으로 사람 보기

　적용: 다른 사람을 외모나 사회적 지위로 판단하지 않기.

　실천: 이번 주 한 사람 이상에게 내면적 칭찬(성품·행동)을 전하기.

## 5. 결론

아가서 1장 5절은 신앙인의 겉모습과 내면의 긴장을 인정하면서도, 하나님의 은혜 안에서 내적 아름다움을 당당하게 선언하는 말씀입니다.

'검으나 아름답다'는 고백은 과거와 현재, 고난과 영광, 인간의 연약함과 하나님의 은혜가 함께 어우러진 신앙의 정체성을 보여줍니다.

오늘 우리도 하나님 앞에서, 그리고 공동체 앞에서, 하나님이 보시는 나를 당당히 고백하는 사람이 되어야 합니다.

# 아가서 1장 6절

אַל־תִּרְאוּנִי שֶׁאֲנִי שְׁחַרְחֹרֶת שֶׁשְּׁזָפַתְנִי הַשָּׁמֶשׁ בְּנֵי אִמִּי נִחֲרוּ־בִי

שָׂמֻנִי נֹטֵרָה אֶת־הַכְּרָמִים כַּרְמִי שֶׁלִּי לֹא נָטָרְתִּי׃

직역: "내가 검게 되었어도 나를 흘겨보지 말라. 태양이 나를 그을렸기 때문이다. 내 어머니의
아들들이 나를 노하여, 나를 포도원 지키는 자로 삼았으나, 내 포도원은 내가 지키지
못하였다."

해석적 의역: "햇볕에 그을려도 나를 멸시하지 마시오. 형제들이 나를 노하여, 남의 포도원은
지키게 하였으나, 내 포도원은 지키지 못하였습니다."

## 1. 핵심 어휘 해설

**אַל־תִּרְאוּנִי** – "나를 바라보지 말라"

어근: רָאָה, '보다'

명령형 부정: '경멸의 눈으로 보지 말라'는 뉘앙스를 포함한다.

**שְׁחַרְחֹרֶת** – "검게 된"

1장 5절의 שְׁחוֹרָה와 의미상 연결. 단순 색상보다 '변한 상태'를 강조한다.

**שֶׁשְּׁזָפַתְנִי הַשָּׁמֶשׁ** – "태양이 나를 그을렸다"

שָׁזַף: 태우다, 그을리다.

유대 전통: 시련, 고난, 혹은 하나님의 징계의 은유로 사용한다.

**בְּנֵי אִמִּי** – "내 어머니의 아들들"

문자적으로는 '형제들'.

그러나 시적 은유로 '동족'이나 '같은 공동체 사람들'을 가리킨다.

**נֶחֲרוּ־בִי** - "나에게 분노했다"

　**חַרְחַר**: 격노하다, 화를 내다.

　강한 감정의 갈등 상황을 암시한다.


**נֹטֵרָה אֶת־הַכְּרָמִים** - "포도원들을 지키는 자"

　**נָטַר**: 지키다, 보호하다.

　포도원: 성경에서 종종 하나님의 백성 또는 사역의 현장을 비유한다.(사 5장)


**כַּרְמִי שֶׁלִּי לֹא נָטָרְתִּי** - "내 포도원은 지키지 못했다"

　자신의 내적 영적 상태(마음·신앙)를 돌보지 못했음을 고백.


## 2. 전체 구조 요약표

| 구절 | 히브리어 구절 | 직역 | 문학적/신학적 의미 |
|---|---|---|---|
| 1:6 | אַל־תִּרְאוּנִי שֶׁאֲנִי שְׁחַרְחֹרֶת | 내가 검게 되었어도 나를 흘겨보지 말라 | 외적 모습으로 판단하지 말라는 요청 |
| | שֶׁשֱּׁזָפַתְנִי הַשָּׁמֶשׁ | 태양이 나를 그을렸다 | 고난·시련·노동의 결과 |
| | בְּנֵי אִמִּי נֶחֲרוּ־בִי | 내 형제들이 나를 노했다 | 관계의 갈등과 억압 |
| | שָׂמֻנִי נֹטֵרָה אֶת־הַכְּרָמִים | 나를 포도원 지키는 자로 삼았다 | 타인의 일에 매여 자신의 것을 돌보지 못함 |
| | כַּרְמִי שֶׁלִּי לֹא נָטָרְתִּי | 내 포도원은 지키지 못했다 | 영적 자기 관리의 부재 |


## 3. 신학적 의미와 교훈

1) 외적 모습이 전부가 아니다.

　'검게 되었다'= 환경과 시련의 영향으로 변한 모습.

　하나님의 시선은 외모가 아니라 마음과 내면의 상태를 본다.(삼상 16:7)

## 2) 고난은 영적 색을 만든다.

햇볕(시련)은 사람을 변하게 하지만, 그것은 부끄러운 것이 아니라

하나님의 빚으심의 흔적.

유대 문헌: 이 구절의 '태양'은 때로 '하나님의 시험'을 의미이다.


## 3) 공동체 안 갈등의 현실

'형제들이 나를 노했다'= 믿음의 공동체 안에도 불의와 억압이 존재할 수 있음을 인정.

신앙인은 갈등 속에서도 하나님께 시선을 고정해야 한다.


## 4) 타인의 일에 매여 자신의 영적 상태를 잃을 수 있다.

다른 사람의 포도원을 돌보다가 자신의 포도원(마음·신앙·가정)을 소홀히 한 모습.

목회·사역자뿐 아니라 모든 성도가 경계해야 할 함정이다.


## 5) 영적 자기 관리의 필수성

자신의 포도원 = 내 영혼, 내 사명, 하나님과의 관계.

아무리 봉사와 섬김이 많아도 내 영적 상태가 무너지면 장기적으로 사역도 무너진다.


## 4. 현대교회와 공동체에 주는 적용

### 1) 외모나 환경으로 사람 판단하지 않기

적용: 누군가의 현재 모습 뒤에 숨겨진 과정과 이유를 들으려는 태도.

실천: 이번 주 한 번, 겉모습이 아닌 '그 사람의 이야기'를 듣는 대화 시도하기.


### 2) 시련 속에서 하나님의 빚으심을 인정하기

적용: 힘든 상황을 '하나님의 조각칼'로 받아들이기.

실천: 시련 속에서 얻은 유익 3가지를 적어보기.


### 3) 공동체 갈등을 하나님 앞에서 처리하기

적용: 상처 준 사람을 비방보다 기도로 다루기.

실천: '형제들이 나를 노했다'의 상황에서, 한 주간 원망 대신 축복 기도하기.

4) 남의 사역보다 내 영혼 관리가 우선

  적용: 봉사와 섬김 속에서도 나의 경건 생활 점검한다.

  실천: 매주 최소 하루는 '사역 없는 날'을 만들어 개인과 하나님만의 시간 확보한다.

5) 내 포도원 회복 계획 세우기

  적용: 영적 회복을 위한 실제 계획(말씀·기도·안식)을 세우고 실행한다.

  실천: 매일 10분 '내 영혼 돌봄' 시간 고정 - 성경 읽기·찬양·묵상 중 선택한다.

## 5. 결론

아가서 1장 6절은 시적 화자의 외적 변화와 그 원인, 그리고 자기 영혼 돌봄의 부재를 솔직히 고백합니다. 이는 단지 개인적인 이야기가 아니라, 하나님의 부르심을 받은 자들이 겪을 수 있는 영적 현실입니다.

남의 포도원을 돌보느라 내 포도원을 잃지 않도록, 우리는 먼저 하나님과의 관계를 지키고, 그 다음에 사역과 봉사를 감당해야 합니다. 겉모습은 변해도, 내면의 아름다움과 영적상태는 지켜야 합니다.

# 아가서 1장 7절

הַגִּידָה לִּי שֶׁאָהֲבָה נַפְשִׁי אֵיכָה תִרְעֶה אֵיכָה תַּרְבִּיץ בַּצָּהֳרָיִם

שַׁלָּמָה אֶהְיֶה כְּעֹטְיָה עַל עֶדְרֵי חֲבֵרֶיךָ׃

직역: "내 마음이 사랑하는 이여, 당신이 어디에서 양을 먹이시는지, 어디에서 정오에
그것들을 쉬게 하시는지 내게 말해 주소서. 어찌하여 내가 당신의 동무들의 양 떼
곁에서 얼굴을 가린 여인 같이 되리이까?"

해석적 의역: "내가 사랑하는 이여, 당신은 양을 어디서 먹이고, 한낮에는 어디서 쉬게
하십니까? 어찌하여 내가 당신의 친구들의 양 떼 곁에서 얼굴을 가린
여자처럼 되어야 합니까?"

## 1. 핵심 어휘 해설

הַגִּידָה לִּי – "내게 말하소서"

어근: נָגַד, '알리다, 선포하다'

강한 요청의 뉘앙스.

유대 전통: 기도에서 하나님께 '그 길'을 알려달라는 간구와 병행된다. (시 25:4)

שֶׁאָהֲבָה נַפְשִׁי – "내 영혼이 사랑하는 이"

사랑의 대상이 단순 감정이 아니라 '내 영혼' 깊은 곳에서 사랑하는 분이시다.

유대 랍비 해석: 하나님 또는 메시아를 가리키는 표현이다.

אֵיכָה תִרְעֶה – "어디서 먹이십니까"

רָעָה: 먹이다, 목양하다.

성경에서 하나님이 목자이심을 나타내는 대표적 어휘이다. (시 23:1)

אֵיכָה תַּרְבִּיץ – "어디서 쉬게 하십니까"

רָבַץ: 눕다, 쉬다.

양이 목자의 인도 아래 안전하게 눕는 상태이다.

בַּצָּהֳרִים - "정오에"

태양이 가장 뜨겁고 위험한 시간 → 보호가 절실한 때.

כְּעֹטְיָה - "얼굴을 가린 여자처럼"

어근: עָטָה, '덮다, 가리다'

유대 문화에서 '얼굴을 가린 여자'는 종종 매춘부(창 38:14)나 신분이 불명확한 자로 인식된다.

עַל עֶדְרֵי חֲבֵרֶיךָ - "당신 친구들의 양 떼 곁에서"

'친구들'= 다른 목자들, 혹은 하나님이 아닌 다른 지도자·교사에 대한 은유이다.

## 2. 전체 구조 요약표

| 구절 | 히브리어 구절 | 직역 | 문학적/신학적 의미 |
|------|------------|------|-----------------|
| 1:7 | הַגִּידָה לִּי | 내게 말하소서 | 사랑하는 이에게 길을 묻는 간구 |
| | שֶׁאָהֲבָה נַפְשִׁי אֵיכָה | 내 영혼이 사랑하는 이여 | 하나님/메시아에 대한 깊은 사랑 |
| | תִרְעֶה אֵיכָה תַּרְבִּיץ בַּצָּהֳרִים | 어디서 먹이시고 정오에 쉬게 하십니까 | 목자와 양의 관계, 보호의 필요 |
| | שַׁלָּמָה אֶהְיֶה כְּעֹטְיָה | 어찌하여 내가 얼굴 가린 여자처럼 되리이까 | 방황과 수치의 상태 회피 의지 |
| | עַל עֶדְרֵי חֲבֵרֶיךָ | 당신 친구들의 양 떼 곁에서 | 다른 인도자에게 속하는 위험 |

## 3. 신학적 의미와 교훈

1) 신앙의 본질은 " 하나님께 직접 길을 묻는 것"

'하기다 리'(הַגִּידָה לִּי, 내게 말하소서): 신자는 삶의 인도 방향을 세상이나 사람에게서가 아니라 하나님께 직접 구해야 함.

2) 하나님은 목자, 우리는 양

먹이심과 쉬게 하심: 시 23편과 요 10장의 목자 비유와 직결된다.

'정오'는 위험과 피곤이 극심한 때 → 하나님의 보호가 절대적으로 필요한 순간이다.

3) 잘못된 인도자를 따르는 위험

'친구들의 양 떼'는 하나님 아닌 다른 지도자·철학·가르침을 은유할 수 있다.

영적 방황은 얼굴을 가린 여인처럼 신분과 정체성을 잃게 한다.

4) 영적 목마름의 표현

화자는 단순 정보가 아니라, 하나님과의 친밀한 동행과 보호를 갈망함.

진정한 사랑은 그분이 있는 곳을 알고 그곳에 거하고자 함.

5) 영혼의 안전 지대는 하나님의 임재 안

양이 목자 곁에 있을 때만 안전하듯, 신자도 주님 안에 거할 때만 보호와 공급을 받는다.

## 4. 현대교회와 공동체에 주는 적용

1) 삶의 길을 하나님께 묻는 습관

적용: 결정이나 선택의 순간마다 먼저 기도로 하나님의 뜻 구하기.

실천: 중요한 일정·계획 전 '말씀과 기도 1시간 원칙' 세우기.

2) 하나님의 목양 아래 머물기

적용: 말씀·기도·예배를 통해 목자의 음성을 듣는 훈련하기.

실천: 매일 5분 '목자의 음성 묵상' 읽은 말씀 중 하나님이 나를 부르시는 한 구절 붙잡기.

3) 영적 방황을 경계하기

적용: '친구들의 양 떼'에 해당하는, 하나님 아닌 대안(세속 가치·인본주의)에 휩쓸리지 않기.

실천: 주간 점검 - 내가 가장 영향을 받는 사람/컨텐츠가 말씀 중심인지 확인하기.

4) 위기와 피곤의 '정오'에 주님 곁에 있기

　　적용: 정신적·영적 피로가 극심할 때 세상 방법 대신 주님 앞에 나아가기.

　　실천: 스트레스 상황 시 3분 멈춤-찬양 듣기·짧은 기도 드리기.

5) 영적 정체성 유지하기

　　적용: 신분과 정체성을 흐리게 만드는 환경(죄·유혹)에서 거리를 두기.

　　실천: '영적 안전 지대' 명단 만들기 - 나를 믿음으로 세워주는 모임·사람·장소 기록하기.

## 5. 결론

아가서 1장 7절은 사랑하는 이를 향한 갈망과 동시에, 그분이 아닌 다른 인도자를 따르는 위험을 경계하는 절입니다. 목자이신 하나님께 길을 묻고, '정오'의 위험한 때에도 그분 곁에 머무는 것이 신앙의 안전입니다.

오늘날 교회와 성도는 영적 방황을 멈추고, 주님의 음성을 분별하며, 하나님의 임재속에서 만 참된 보호와 만족을 누려야 합니다.

# 아가서 1장 8절

אִם־לֹא תֵדְעִי לָךְ הַיָּפָה בַּנָּשִׁים צְאִי־לָךְ בְּעִקְבֵי הַצֹּאן וּרְעִי
אֶת־גְּדִיֹּתַיִךְ עַל מִשְׁכְּנוֹת הָרֹעִים:

직역: "여인들 중에 가장 아름다운 자여, 네가 알지 못하겠거든, 양 떼의 발자취를 따라가고,
네 어린 염소들을 목자들의 장막 곁에서 먹이라."
해석적 의역: "여인들 중에 가장 아름다운 이여, 알지 못하겠거든, 양 떼의 발자취를 따라가서,
네 새끼 염소들을 목자들의 거처에서 먹이시오."

## 1. 핵심 어휘 해설

**אִם־לֹא תֵדְעִי** – "네가 알지 못하겠거든"

어근: **יָדַע**, '알다, 경험하다'

단순 지식이 아니라 관계적·경험적 앎을 뜻한다.

**הַיָּפָה בַּנָּשִׁים** – "여인들 중에 가장 아름다운 자여"

**הַיָּפָה**: 절대 비교급, 최상급을 나타낸다.

유대 전통: 하나님의 눈에 비친 이스라엘(교회)의 아름다움을 묘사한다.

**צְאִי־לָךְ** – "너를 위해 나아가라"

**צָאָה**: 나가다, 걸어가다.

의도적 행보를 의미한다.

**בְּעִקְבֵי הַצֹּאן** – "양 떼의 발자취에서"

**עָקֵב**: 발꿈치, 흔적.

양 떼의 길을 따라간다는 의미이다.

신학적으로: 믿음의 길, 성도들의 공동체를 따른다.

וּרְעִי אֶת־גְּדִיֹּתַיִךְ - "네 어린 염소들을 먹이라"

רָעָה: 먹이다, 돌보다(목양하다).

'어린 염소들' = 신앙의 초기 단계에 있는 자들, 혹은 자신에게 맡겨진 작은 사명.

עַל מִשְׁכְּנוֹת הָרֹעִים - "목자들의 장막 곁에서"

מִשְׁכָּן: 거처, 거주지.

목자들의 거처 = 하나님이 두신 영적 지도자·공동체 안을 뜻한다.

## 2. 전체 구조 요약표

| 구절 | 히브리어 구절 | 직역 | 문학적/신학적 의미 |
|------|------|------|------|
| 1:8 | אִם־לֹא תֵדְעִי | 네가 알지 못하겠거든 | 영적 무지 상태에서의 권면 |
| | הַיָּפָה בַּנָּשִׁים | 여인들 중에 가장 아름다운 자여 | 하나님의 시각에서 본 교회의 존귀함 |
| | צְאִי־לָךְ בְּעִקְבֵי הַצֹּאן | 양 떼의 발자취를 따라가라 | 믿음의 공동체 길을 따름 |
| | וּרְעִי אֶת־גְּדִיֹּתַיִךְ | 네 어린 염소들을 먹이라 | 맡겨진 사명을 감당 |
| | עַל מִשְׁכְּנוֹת הָרֹעִים | 목자들의 장막 곁에서 | 영적 보호와 질서 안에서 사역 |

## 3. 신학적 의미와 교훈

1) 하나님은 무지 상태를 부끄러움이 아니라 성장의 기회로 보신다.
   '알지 못하겠거든'은 책망이 아니라 초대이다.
   신자는 모를 수 있지만, 배우고 따를 길이 항상 열려 있다.

2) 하나님의 시선에서 본 정체성
   '여인들 중에 가장 아름다운 자여' → 주님은 여전히 교회를 존귀하게 부르신다.
   우리의 가치는 상황이나 능력이 아니라 주님의 선언에 근거한다.

3) 믿음의 길은 공동체를 따라 걷는 길
　'양 떼의 발자취 '= 이미 앞서간 믿음의 사람들, 교회의 역사와 전통이다.
　신앙은 혼자 걷는 길이 아니라 함께 걷는 길이다.

4) 사명은 가까이 있는 '작은 것'에서 시작된다.
　'네 어린 염소들 '= 당장 내 주변에 있는 영혼·사역·책임이다.
　하나님은 작은 것에 충성하는 자에게 큰 것을 맡기신다.(마 25:21)

5) 목자들의 장막 곁에 머물라
　영적 지도자와의 거리감 없는 관계, 말씀과 권면의 울타리 안에 있는 것이 안전하다.
　보호받는 것은 억압이 아니라 생존의 필수 조건이다.

## 4. 현대교회와 공동체에 주는 적용

1) 모를 때는 질문하고 배울 용기 가지기
　적용: 말씀 이해나 신앙생활에 혼란이 있을 때 침묵보다 질문 선택하기.
　실천: 이번 주에 목회자·멘토에게 한 가지 신앙 질문하기.

2) 하나님이 부르신 정체성 붙잡기
　적용: 상황이 힘들어도 "하나님이 나를 아름답다 하신다" 는 말씀 암송하기.
　실천: 이기서 1:8 상반절을 히루에 3번 소리 내어 고백하기.

3) 공동체 발자취 따라가기
　적용: 홀로 신앙 생활보다 소그룹·예배·성경 공부에 적극 참여하기.
　실천: 이번 달 안에 신앙 모임 1곳 이상 새로 참여해보기.

4) 작은 사명에 충성하기
　적용: '내 어린 염소' = 가족, 직장 동료, 초신자 등 내가 돌볼 수 있는 영역.
　실천: 이번 주에 한 사람을 위해 말씀·기도로 섬기기.

5) 영적 울타리 안에서 사역하기

　적용: 지도자의 권면과 교회 질서 안에서 섬김 유지하기.

　실천: 사역 전 반드시 리더·목회자와 기도 나눈 후 진행하기.

## 5. 결론

아가서 1장 8절은 주님의 음성이자 영적 길 안내입니다. 모를 때는 공동체의 발자취를 따라가고, 가까이에 있는 사명에 충성하며, 영적 울타리 안에서 머무르라는 권면입니다.

하나님은 우리를 '여인들 중에 가장 아름다운 자'로 부르시며, 그 부르심 안에서 보호와 사명을 함께 주십니다.

# 아가서 1장 9절

לְסֻסָתִי בְּרִכְבֵי פַרְעֹה דִּמִּיתִיךְ רַעְיָתִי׃

직역: "내 사랑아, 내가 너를 바로의 병거에 달린 암말에 비유하였도다."
해석적 의역: "나의 사랑, 나는 너를 바로의 전차를 끄는 귀한 암말에 견주었노라."

## 1. 핵심 어휘 해설

**לְסֻסָתִי** – "나의 암말에"

어근: סוּס, '말'

여성형 סוּסָה = 암말

고대 근동 문화에서 말은 전쟁·권세·명예를 상징한다.

유대 전통: 솔로몬의 전차 말은 희귀하고 귀한 품종으로 특별 관리 대상이 있다.

**בְּרִכְבֵי פַרְעֹה** – "바로의 병거들 중에서"

רֶכֶב : 병거, 전차

'바로의 병거'는 당시 세계 최강 이집트 군사력을 상징한다.

의미: 최고의 영예와 가치를 부여한다.

**דִּמִּיתִיךְ** – "내가 너를 비유하였다"

어근: דָּמָה, '비유하다, 같게 여기다'

단순한 비교가 아니라 '의도적이고 존귀한 평가'를 내림.

**רַעְיָתִי** – "나의 사랑"

어근: רֵעַ, '친구, 동반자'

결혼 관계뿐 아니라 '가장 친밀한 관계'를 표현한다.

아가서에서 신랑이 신부를 부르는 애칭 중 하나이다.

## 2. 전체 구조 요약표

| 구절 | 히브리어 구절 | 직역 | 문학적/신학적 의미 |
|---|---|---|---|
| 1:9 | לְסֻסָתִי | 나의 암말에 | 귀하고 특별한 존재, 전투와 영광의 상징 |
| | בְּרִכְבֵי פַרְעֹה | 바로의 병거들 중에서 | 최고의 명예와 권세의 자리 |
| | דִּמִּיתִיךְ | 내가 너를 비유하였다 | 의도적이고 존귀한 평가 |
| | רַעְיָתִי | 나의 사랑 | 친밀하고 헌신적인 관계 호칭 |

## 3. 신학적 의미와 교훈

1) 하나님은 우리를 최고의 가치로 평가하신다.
　'바로의 병거의 암말' = 귀하고 희귀한 존재, 대체 불가함.
　주님은 교회를 세상의 기준이 아닌 하늘의 가치로 평가하신다.

2) 사랑은 상대의 가치를 드러내는 말에서 시작된다.
　하나님은 먼저 '너는 나의 사랑'이라 말씀하신다.
　신자는 하나님의 평가를 통해 자신의 정체성을 세워야 한다.

3) 전쟁 말과 신앙인의 사명
　병거의 말은 단순 장식이 아니라 왕의 전쟁을 수행하는 존재이다.
　신앙인도 영적 전쟁에서 주님을 위해 달리는 자로 부름받았다.(딤후 2:3-4)

4) 존귀함은 주인의 선택에서 온다.
　암말이 귀한 이유는 '바로의 병거를 끈다'는 사실이다.
　신자는 하나님의 소유가 됨으로 존귀함을 얻는다.(사 43:1)

5) 사랑의 언어는 관계를 강화한다.
　'나의 사랑'이라는 반복적 호칭은 신앙과 예배 안에서 하나님의 친밀하심을 경험하게
　한다.

## 4. 현대교회와 공동체에 주는 적용

1) 하나님이 내리신 가치를 붙잡기
   적용: 세상의 평가보다 하나님의 말씀에 나의 가치를 두기.
   실천: 하루 시작 전 '나는 하나님의 존귀한 자'라는 고백 3번 선언하기.

2) 서로의 가치를 높이는 말 사용하기
   적용: 가정·교회·직장에서 격려와 존중의 언어 사용.
   실천: 오늘 하루 3명 이상에게 "당신은 귀한 사람입니다"라고 말하기.

3) 영적 전쟁의 말로 준비되기
   적용: 말씀과 기도로 영적 무장을 갖추기.
   실천: 매일 5분 '영적 전쟁 기도'(에베소서 6장 전신갑주 선언) 드리기.

4) 하나님의 소유로서의 정체성 인식하기
   적용: 내가 하는 모든 일이 '주인의 전쟁'임을 기억하기.
   실천: 사역·직장·공부 전 "주님, 이 자리는 주님의 전쟁터입니다" 기도하기.

5) 예배에서 하나님의 사랑의 호칭 듣기
   적용: 찬양과 기도 중 하나님이 주시는 애칭(사랑하는 자, 내 아들/딸)을 묵상하기.
   실천: 매주 예배 중 들은 하나님의 위로의 말씀 기록하기.

## 5. 결론

아가서 1장 9절은 사랑하는 이가 신부를 귀하게 여기는 첫 번째 찬사입니다. '바로의 병거의 암말'이라는 비유는, 신자가 하나님의 전쟁에 쓰임 받는 존귀한 존재임을 나타냅니다.

오늘 우리는 하나님의 평가 속에서 자신의 가치를 확인하고, 그 부르심에 맞게 영적 전쟁의 말로 준비되어야 합니다.

# 아가서 1장 10절

נָאווּ לְחָיַיִךְ בַּתֹּרִים צַוָּארֵךְ בַּחֲרוּזִים:

직역: "네 두 뺨은 귀고리들로 어울리고, 네 목은 목걸이들로 어울린다."
해석적 의역: "네 뺨은 귀고리로 빛나고, 네 목은 구슬 목걸이로 아름답게 장식되었다."

## 1. 핵심 어휘 해설

נָאווּ - "아름답다, 어울린다"
　어근: נָאָה, '아름답다, 알맞다'
　단순 미적 표현이 아니라 '적합함, 조화로움'의 의미 포함.

לְחָיַיִךְ - "네 두 뺨"
　לְחִי: 뺨, 얼굴 옆 부분.
　성경에서 얼굴은 인격과 명예를 상징한다. (욥 29:24)

בַּתֹּרִים - "귀고리들로"
　תּוֹר = 구슬이나 원형 장식
　특히 귀고리·장식품을 의미한다.
　유대 고고학 자료에 따르면, 귀고리는 신분·부를 상징하며, 때로 약혼의 표식이다.

צַוָּארֵךְ - "네 목"
　목은 성경에서 종종 '권위와 존귀'를 상징한다. (창 41:42 요셉의 금목걸이)

בַּחֲרוּזִים - "구슬 목걸이들"
　חָרוּז: 꿰어진 구슬 장식
　연속된 아름다움과 질서의 상징이다.

## 2. 전체 구조 요약표

| 구절 | 히브리어 | 직역 | 문학적/신학적 의미 |
|------|----------|------|---------------------|
| 1:10 | נָאווּ לְחָיַיִךְ בַּתֹּרִים | 네 뺨은 귀고리들로 어울린다 | 인격의 아름다움과 은혜의 장식 |
| | צַוָּארֵךְ בַּחֲרוּזִים | 네 목은 구슬 목걸이로 어울린다 | 존귀와 질서의 상징 |

## 3. 신학적 의미와 교훈

1) 아름다움은 하나님의 은혜와 조화에서 온다.
   נָאווּ(어울린다)는 외형적 아름다움뿐 아니라,
   그 아름다움이 하나님의 뜻에 맞는 조화임을 의미한다.

2) 뺨(얼굴)은 인격을, 장식은 은혜를 상징한다.
   얼굴은 한 사람의 인격·성품을 드러내고, 장식품은 그 성품을 빛나게 하는 은혜와 덕목이다.
   신약에서는 성령의 열매가 이런 영적 장식품에 해당한다.(갈 5:22-23)

3) 목은 권위와 존귀를 나타낸다.
   금목걸이·구슬은 고대에서 왕이 신하에게 은총을 베풀 때 주던 표식이다.
   영적으로는 하나님이 주시는 사명과 직분의 존귀함이다.

4) 아름다움은 내면과 외면의 일치에서 완성된다.
   장식품이 얼굴과 목에 '어울린다'는 표현은, 외적 장식이 내면의 성품과 조화를 이루어야
   참된 아름다움이 됨을 시사한다.

5) 하나님은 교회를 존귀한 장식으로 꾸미신다.
   이사야 61장 10절, 요한계시록 21장에서 하나님은 신부를 의와 영광의 장식으로 단장시키
   신다.

## 4. 현대교회와 공동체에 주는 적용

1) 성품 위에 은혜의 장식을 더하기
   적용: 인격적 성품 위에 성령의 열매(사랑, 희락, 화평…)를 의식적으로 덧입기.
   실천: 이번 주 한 가지 열매를 집중 훈련(예: 인내)하기.

2) 내면과 외면의 조화를 추구하기
   적용: 외적 단장뿐 아니라 내적 단장에 시간 투자하기.
   실천: 하루 5분 '마음 점검 기도'로 내면을 단장하기.

3) 하나님이 주신 존귀한 사명을 장식처럼 여김
   적용: 직분·사역을 짐이 아니라 존귀한 목걸이로 인식하기.
   실천: 사역 시작 전 "이 직분은 주님의 장식입니다" 고백하기.

4) 공동체 안에서 서로의 아름다움 발견하고 칭찬하기
   적용: 성도 간 외모가 아닌 인격·헌신·섬김의 아름다움을 칭찬하기.
   실천: 주일에 한 사람 이상에게 "당신의 ~이 참 아름답습니다" 말하기.

5) 하나님의 시각으로 자기 단장을 점검하기
   적용: "이 장식(행동·습관·말)이 하나님 보시기에 어울리는가?" 질문해 보기.
   실천: 하루 끝에 오늘 내 행동 중 하나님 보시기에 아름다웠던 한 가지 기록하기.

## 5. 결론

아가서 1장 10절은 신랑이 신부의 아름다움을 세밀하게 묘사하며, 그것이 단순히 외모가 아니라 인격과 존귀함이 어우러진 조화임을 강조합니다. 신자의 아름다움은 내면의 성품과 하나님의 은혜의 장식이 결합될 때 완성됩니다.

하나님은 오늘도 우리를 그분의 장식품으로 단장시키시며, 교회가 세상 속에서 존귀와 아름다움으로 빛나길 원하십니다.

# 아가서 1장 11절

תּוֹרֵי זָהָב נַעֲשֶׂה־לָּךְ עִם נְקֻדּוֹת הַכָּסֶף׃

직역: "우리가 너를 위해 금 장식들을 만들고, 그것에 은 점들을 넣어 주리라."
해석적 의역: "우리가 너를 위해 금 귀고리를 만들고, 은으로 장식하여 아름답게 하겠다."

## 1. 핵심 어휘 해설

**תּוֹרֵי** – "장식들, 목걸이들"

단어 **תּוֹר** = 줄, 고리, 꿰어진 장식(특히 목걸이나 귀고리).
복수형 **תּוֹרִים**은 연속된 아름다움을 상징한다.

**זָהָב** – "금"

성경에서 금은 존귀·순수·불변의 가치를 상징한다.(계 21:18)

**נַעֲשֶׂה־לָּךְ** – "우리가 너를 위해 만들겠나"

**נַעֲשֶׂה**: 1인칭 복수 미완료 → '우리'는 신랑과 그의 권속, 하늘 궁정의 협력자들을 가리킬
수 있다.
유대 해석: 하나님과 천사들이 신부(이스라엘)를 위해 영광을 준비한다.

**נְקֻדּוֹת** – "점들, 박힌 것들"

어근: **נָקַד**, '점을 찍다, 장식하다'
보석을 박거나 은으로 무늬를 넣는 것을 의미한다.

**הַכָּסֶף** – "은"

은은 속죄(민 18:16), 정결(말 3:3), 값진 관계 및 돈을 상징한다.

## 2. 전체 구조 요약표

| 구절 | 히브리어 | 직역 | 문학적/신학적 의미 |
|---|---|---|---|
| 1:11 | תּוֹרֵי זָהָב נַעֲשֶׂה־לָּךְ | 우리가 너를 위해 금 장식들을 만들겠다 | 존귀와 영광의 약속 |
| | עִם נְקֻדּוֹת הַכָּסֶף | 은 점들을 더하겠다 | 순결과 아름다움의 완성 |

## 3. 신학적 의미와 교훈

1) 하나님은 이미 아름다운 자를 더욱 영광스럽게 하신다.

1장 10절에서 신부의 현재 아름다움을 칭찬하신 후, 여기서는 미래의 '더 나은 단장'을 약속한다.

구원받은 자에게도 하나님은 계속해서 성화(거룩의 장식)를 더하신다.(고후 3:18)

2) 금과 은: 존귀와 순결의 조합

금은 영원한 존귀, 은은 순결과 속죄를 상징한다.

신자의 삶은 하나님의 영광과 거룩함이 함께 나타나야 한다.

3) 하늘 궁정의 협력 사역

'우리가 만들겠다'는 표현은 하나님의 계획이 공동체·천상의 협력 속에서 이루어짐을 암시.

히브리서 12장 22-23절 처럼, 하늘의 총회가 성도의 영광을 준비한다.

4) 하나님의 단장은 점진적·정교하다.

'은 점'은 세밀한 장식, 작은 디테일까지 하나님이 다루심을 나타낸다.

주님은 큰 변화뿐 아니라 세세한 성품의 조각까지 빚으신다.

5) 영광의 목적은 신부 자신이 아니라 신랑의 영예

고대 결혼식의 장식은 신부의 미를 강조하면서 동시에 신랑의 명예를 높였다.

우리의 거룩과 영광은 그리스도의 이름을 높이기 위함이다.

## 4. 현대교회와 공동체에 주는 적용

1) 하나님이 주실 "더 큰 영광"을 기대하기
   적용: 현재 상태에 만족하지 않고, 하나님이 주실 성화와 성장의 다음 단계를 소망하기.
   실천: 매월 '성품·사역 성장 목표' 1개 설정하기.

2) 존귀와 순결의 균형 유지하기
   적용: 영향력(금)과 거룩(은)이 함께 가도록 점검하기.
   실천: 한 주간 내 영향력이 순결을 해치지 않았는지 기록 후 기도하기.

3) 작은 디테일까지 하나님께 맡기기
   적용: 성격·말투·표정·작은 습관까지 하나님께 변화 받기.
   실천: 하루 5분 "성령님, 저의 작은 부분까지 빚어 주소서" 기도하기.

4) 공동체와 함께 성장하기
   적용: 성장은 혼자가 아니라 공동체와 함께 할 때 완성됨을 인식하기.
   실천: 나의 은사로 공동체 한 부분을 세우는 섬김 계획하기.

5) 모든 단장의 목적을 하나님께 돌리기
   적용: 칭찬과 인정을 받을 때 "하나님이 하셨습니다"로 영광 돌리기.
   실천: 이번 주 받은 칭찬 중 1가지는 바로 하나님께 감사기도 드리기.

## 5. 결론

아가서 1장 11절은 하나님이 신부를 더 아름답게 꾸미겠다는 미래적 성화의 약속입니다. 금과 은의 장식은 존귀와 순결을 함께 나타내며, 이는 교회와 성도가 거룩과 영광 속에 자라가야 함을 상징합니다.

하나님은 큰 변화뿐 아니라 작은 부분까지 세밀하게 다듬으시며, 그 목적은 우리의 영광이 아니라 신랑이신 그리스도의 영광을 높이는 데 있습니다.

עַד־שֶׁהַמֶּלֶךְ בִּמְסִבּוֹ נִרְדִּי נָתַן רֵיחוֹ׃

직역: "왕이 그의 연회 자리에 있을 동안, 나의 나르드 향유가 그 향기를 내었다."

해석적 의역: "왕께서 연회 자리에 앉아 계실 때, 내 나르드 향기가 그 향기를 발하였습니다."

## 1. 핵심 어휘 해설

**עַד־שֶׁהַמֶּלֶךְ** - "왕이 … 있을 동안"

**הַמֶּלֶךְ**: 여기서의 왕은 사랑하는 이(신랑)이며, 유대 전통과 기독교 해석에서
하나님/메시아를 상징한다.

'동안'은 사건이 벌어지는 시점과 관계의 밀접성을 강조한다.

**בִּמְסִבּוֹ** - "그의 연회 자리에서"

**מֵסַב**: 기댄 자리, 연회석.

고대 근동 연회 문화에서 손님은 비스듬히 기대어 식사하며 교제한다.

미드라쉬: 하나님의 백성이 그분과 친밀히 교제하는 영적 연회를 상징한다.

**נִרְדִּי** - "나의 나르드"

나르드(Spikenard): 고가의 향유, 히말라야 산지에서 채취, 당시 왕실·부유층 전용.

신약에서 마리아가 예수의 발에 부은 향유와 동일 종류.(요 12:3)

상징: 헌신, 사랑, 희생의 가치.

**נָתַן רֵיחוֹ** - "그 향기를 발하다"

**נָתַן**: 주다, 내다.

**רֵיחַ**: 향기, 기쁨, 기쁨을 주는 분위기.

성경에서 '향기'는 헌신과 예배가 하나님께 상달되는 것.(레 1:9, 빌 4:18)

## 2. 전체 구조 요약표

| 구절 | 히브리어 구절 | 직역 | 문학적/신학적 의미 |
|---|---|---|---|
| 1:12 | עַד־שֶׁהַמֶּלֶךְ בִּמְסִבּוֹ | 왕이 연회 자리에 있을 동안 | 하나님/신랑과의 친밀한 교제 |
| | נִרְדִּי | 나의 나르드 | 값비싼 헌신, 희생의 향유 |
| | נָתַן רֵיחוֹ | 그 향기를 발하다 | 예배와 헌신이 드러남 |

## 3. 신학적 의미와 교훈

1) 왕과 함께하는 친밀한 교제의 자리

   연회는 단순한 식사가 아니라, 관계의 친밀함과 즐거움을 상징한다.

   신자는 예배와 말씀, 기도 속에서 주님과의 '영적 연회'에 참여한다.

2) 나르드 향유 = 가장 귀한 것을 드리는 헌신

   나르드는 매우 귀하고 귀중한 향유 → 헌신의 가치가 높음을 상징한다.

   빌립보서 3장 8절에 "그리스도를 아는 지식이 가장 고상함" 처럼, 주님께 드릴 수 있는
   최고의 것을 드리는 태도이다.

3) 헌신은 주님 임재 속에서 가장 향기롭게 드러난다.

   '왕이 연회 자리에 있을 동안 '= 임재 안에서 헌신이 의미와 향기를 가진다.

   주님과 동행하지 않는 헌신은 껍데기에 불과하다.

4) 향기는 드러나게 되어 있다.

   향유를 부으면 향이 퍼지듯, 참된 예배와 사랑은 숨길 수 없다.

   빌립보서 4장 18절처럼, 하나님께서 기쁘게 받으시는 향기가 된다.

5) 헌신의 향기는 공동체에도 영향을 미친다.

   나르드 향유는 방 안에 가득 퍼짐.(요 12:3)

   한 사람의 헌신은 공동체 전체를 변화시키는 영향력을 가진다.

## 4. 현대교회와 공동체에 주는 적용

1) 주님과의 '연회 시간'을 의도적으로 만들기
  적용: 매일 일정 시간 주님과 깊이 교제하는 시간 확보하기.
  실천: 하루 20분 '말씀-묵상-기도' 3단계로 조용히 앉아 있기.

2) 가장 귀한 것을 주님께 드리기
  적용: 시간, 재능, 재정 중 '가장 귀한 것'을 주님께 헌신함.
  실천: 이번 달 첫 수입·첫 시간·첫 계획을 하나님께 드림.

3) 임재 안에서 헌신하기
  적용: 사역 전 "주님, 함께 하소서" 기도로 임재를 의식하기.
  실천: 예배·봉사 전 1분 조용한 임재 인식 시간 갖기.

4) 향기가 퍼지는 삶 살기
  적용: 선행과 사랑이 자연스럽게 흘러나오는 생활하기.
  실천: 이번 주 한 번, 익명으로 누군가를 섬기는 '숨은 헌신' 실행하기.

5) 헌신으로 공동체 세우기
  적용: 나의 헌신이 교회와 공동체에 선한 영향을 주도록 계획하기.
  실천: 다음 주 모임에 간식·도움·격려 메시지 준비하기.

## 5. 결론

아가서 1장 12절은 왕과의 친밀한 교제 속에서 드려지는 헌신의 향기를 묘사합니다. 나르드 향유는 값비싼 헌신과 사랑의 상징이며, 주님 임재 안에서 드려질 때 가장 향기롭습니다. 그 향기는 하나님께 상달될 뿐 아니라 공동체를 변화시키는 능력이 있습니다.

오늘 우리도 주님과의 '영적 연회'에 참여하여, 가장 귀한 것을 드리고 그 향기를 세상 속에 퍼뜨려야 합니다.

# 아가서 1장 13절

צְרוֹר הַמֹּר דּוֹדִי לִי בֵּין שָׁדַי יָלִין׃

직역: "몰약 주머니이다. 내 사랑하는 이여, 나를 위해, 내 가슴 사이에 머물 것이다."
해석적 의역: "나의 사랑하는 이는 몰약 주머니와 같아서, 내 가슴 사이에서 밤을 지내리라."

## 1. 핵심 어휘 해설

צְרוֹר – "주머니, 묶음, 꾸러미"
    어근: צָרַר, '묶다, 싸다'
    향품을 넣어 묶은 작은 주머니를 가리킴. 상징: 귀하게 간직되는 소중한 것.

הַמֹּר – "몰약"
    몰약: 향기로운 수지(樹脂)로, 장례·결혼·성전 기름 부음에 사용.
    성경에서 몰약은 사랑·희생·헌신·고난을 상징한다.(마 2:11, 요 19:39)

דּוֹדִי – "나의 사랑하는 이"
    어근: דּוֹד, '사랑, 애인'
    아가서에서 신랑을 가리키는 애칭이다.

בֵּין שָׁדַי – "내 가슴 사이에"
    שַׁד: 가슴, 젖가슴.
    사랑과 친밀감, 보호의 자리.
    히브리 시어에서 매우 친밀하고 은밀한 사랑의 장소를 의미한다.

יָלִין – "머물다, 밤을 지내다"
    어근: לוּן, '밤을 보내다, 머물다'
    단순한 '잠시 머무름'이 아니라 '하룻밤 머무는 친밀한 체류'를 의미한다.

## 2. 전체 구조 요약표

| 구절 | 히브리어 구절 | 직역 | 문학적/신학적 의미 |
|---|---|---|---|
| 1:13 | צְרוֹר הַמֹּר | 몰약 주머니 | 귀하고 향기로운 사랑, 희생의 상징 |
| | דּוֹדִי לִי | 나의 사랑하는 이는 나를 위한 것 | 관계의 독점성과 헌신 |
| | בֵּין שָׁדַי יָלִין | 내 가슴 사이에 머문다 | 깊은 친밀감과 은밀한 연합 |

## 3. 신학적 의미와 교훈

1) 그리스도는 우리 가슴 깊이 간직되는 향기
   '몰약 주머니'는 언제나 향을 발하는 보물이다.
   주님은 신자의 마음 중심에 거하시며 계속 향기를 내신다. (고후 2:15)

2) 몰약 = 사랑과 희생의 표징
   몰약은 결혼식 향품이자, 장례 때 쓰이는 향이다.
   이는 주님의 사랑이 기쁨과 희생, 생명과 죽음을 모두 포함함을 나타낸다.

3) 신앙은 머리보다 가슴에 자리 잡는다
   신랑이 '가슴 사이'에 머문다는 표현은, 그분이 우리의 감정·사랑·헌신의 중심에 계심을 상징한다.

4) 하루 종일, 밤새도록 지속되는 임재
   '밤을 지내다'는 고난·어두움의 시간에도 주님이 떠나지 않음을 의미한다. (시 23:4)

5) 관계의 배타성과 헌신
   '나를 위한 것'(לִי) → 주님은 나의 것이요, 나는 주님의 것이다. (아 2:16)
   영적 간음 없이 오직 주님께만 마음을 드려야 한다.

## 4. 현대교회와 공동체에 주는 적용

### 1) 주님을 마음 깊이 간직하기
적용: 바쁜 일상 속에서도 주님을 잊지 않기.
실천: 하루 3번(아침·점심·저녁) "주님, 제 마음에 계십니다" 고백하기.

### 2) 사랑과 희생이 함께 있는 복음 이해하기
적용: 주님의 사랑이 십자가의 희생 위에 세워졌음을 기억하기.
실천: 주중 한 번 십자가 묵상 10분 시간을 가지기.

### 3) 감정과 사랑의 중심에 주님을 두기
적용: 중요한 결정과 감정의 반응에서 "주님이 기뻐하실까?" 질문하기.
실천: 감정 폭발 전 5초 멈추고 주님께 묻기.

### 4) 어두운 시간에도 임재를 의식하기
적용: 고난의 밤을 지날 때 "주님이 함께 머무신다"는 믿음 유지하기.
실천: 고난 중 감사 3가지 적기.

### 5) 배타적 사랑 지키기
적용: 세상의 유혹보다 주님께 마음을 고정하기.
실천: 하루 1회 말씀 암송으로 마음을 보호하기.

## 5. 결론

아가서 1장 13절은 주님과의 사랑이 단순한 향기 묘사를 넘어 가슴 깊이 간직되고, 밤새 머무는 친밀함으로 그려집니다.

몰약은 사랑과 희생, 기쁨과 고난을 함께 상징하며, 주님은 우리의 마음 중심에서 그 향기를 내십니다. 신자는 주님을 배타적으로 사랑하며, 고난의 밤에도 그분의 임재를 확신하는 삶을 살아야 합니다.

# 아가서 1장 14절

אֶשְׁכֹּל הַכֹּפֶר דּוֹדִי לִי בְּכַרְמֵי עֵין גֶּדִי׃

직역: "나의 사랑하는 이는 내게 엔게디 포도원에 있는 고벨나무 꽃송이와 같다."
해석적 의역: "내 사랑하는 이는 엔게디의 포도밭에서 피어난 고벨나무 꽃송이처럼 향기롭다."

## 1. 핵심 어휘 해설

**אֶשְׁכֹּל** - "송이, 묶음"

포도나 꽃의 '송이 '또는 '무리'를 의미하며, 풍성함과 충만함, 다량의 결실을 상징한다.

**הַכֹּפֶר** - "고벨나무(헨나, henna)"

향기롭고 흰 꽃을 피우는 관목, 고대 근동에서 향수·염료·결혼 장식에 사용한다.
유대 전통: 신랑과 신부의 침실 장식에 필수적인 꽃이다.
상징: 순결, 아름다움, 사랑의 기쁨.

**דּוֹדִי לִי** - "나의 사랑하는 이는 나의 것"

관계의 소유와 헌신을 강조한다.
아가서 전반에 반복되는 '서로의 소유'의 언어이다. (2:16, 6:3)

**בְּכַרְמֵי** - "포도원들에서"

포도원: 성경에서 풍요, 즐거움, 사랑의 장소이다. (사 5:1-2)

**עֵין גֶּדִי** - "엔게디"

사해 서쪽의 오아시스 지역, 야자수·포도·향기로운 식물의 산지이다.
고대 이스라엘에서 향유와 향신료 생산지로 유명하다.

## 2. 전체 구조 요약표

| 구절 | 히브리어 구절 | 직역 | 문학적/신학적 의미 |
|------|-------------|------|-------------------|
| | אֶשְׁכֹּל הַכֹּפֶר | 고벨나무 꽃송이 | 순결, 향기, 결실의 풍성함 |
| 1:14 | דּוֹדִי לִי | 나의 사랑하는 이는 나의 것 | 배타적 사랑, 관계의 헌신 |
| | בְּכַרְמֵי עֵין גֶּדִי | 엔게디 포도원들에서 | 사랑과 기쁨이 넘치는 풍요의 장소 |

## 3. 신학적 의미와 교훈

1) 그리스도는 풍성한 향기와 결실의 근원

꽃송이(에쉬콜)는 단일 꽃이 아닌, 함께 모인 풍성함을 상징한다.

그리스도 안에 있는 삶은 다량의 열매와 향기를 맺는다.(요 15:5)

2) 고벨나무 = 순결하고 지속되는 사랑

헨나 꽃은 신혼 장식에 쓰여 사랑의 기쁨과 순결을 의미한다.

주님의 사랑은 더럽혀지지 않고 영원히 향기를 발한다.

3) 사랑의 배타성과 헌신

'나의 사랑하는 이는 나의 것'은 다른 이에게 마음을 나누지 않는 전적인 헌신의 언어이다.

교회는 세상의 우상과 타협하지 않고 오직 그리스도께 속한다.(고후 11:2)

4) 엔게디 = 황무지 속의 오아시스 같은 사랑

엔게디는 사막 속 생명과 향기의 원천이다.

하나님의 사랑은 메마른 삶 속에서 샘솟는 기쁨과 회복을 준다.(시 63:1-3)

5) 장소와 관계의 결합

신랑의 사랑은 특정한 '장소'(엔게디)에서 경험되는 듯 묘사되지만, 이는 관계 속에서
누리는 은혜의 은유이다.

주님의 임재는 그 자체가 우리의 '엔게디'이다.

## 4. 현대교회와 공동체에 주는 적용

1) 풍성한 열매를 맺는 삶 살기
  적용: 주님과의 친밀함을 유지하여 자연스럽게 열매 맺기.
  실천: 이번 주 '한 가지 선한 열매'(전도·섬김·용서) 계획 후 실행하기.

2) 순결한 사랑 지키기
  적용: 주님과의 관계를 오염시키는 요소(우상·유혹) 배제하기.
  실천: 하루 5분, 내 마음을 점검하며 '혹시 다른 사랑이 침투했는가?' 묻기.

3) 배타적 헌신 고백하기
  적용: 하루 한 번 '주님, 당신만이 나의 사랑입니다' 고백하기.
  실천: 기도 일지에 그날의 고백 한 줄 기록하기.

4) 황무지 속 엔게디 경험하기
  적용: 영적으로 지칠 때 주님의 임재가 회복의 오아시스임을 기억하기.
  실천: 피곤할 때 10분 찬양·묵상으로 '영적 오아시스 시간' 갖기.

5) 공동체 속 향기와 기쁨 나누기
  적용: 내가 받은 사랑과 기쁨을 공동체에 흘려 보내기.
  실천: 이번 주 모임에서 한 명 이상 격려·감사 표현하기.

## 5. 결론

아가서 1장 14절은 주님을 엔게디 포도원 속 고벨나무 꽃송이에 비유하며, 그분의 사랑이 순결하고 향기롭고 풍성함을 강조합니다. 그 사랑은 메마른 삶을 새롭게 하고, 오직 주님께 속한 자에게만 주어지는 배타적이고 헌신적인 은혜입니다.

오늘도 우리는 황무지 속에서 주님을 우리의 '엔게디'로 삼고, 그분의 향기와 풍요를 세상에 전해야 합니다.

# 아가서 1장 15절

## 1. 핵심 어휘 해설

הִנָּךְ - "보라, 너는 …"

  הִנֵּה(보라) + 2인칭 여성 단수 접미어.

  감탄과 주목을 동시에 표현.


יָפָה - "아름답다"

  외적 아름다움뿐 아니라, 내적 고움과 선함을 포함한다.

  시편 45편 11절에서 왕이 신부의 아름다움을 기뻐하는 장면과 연결된다.


רַעְיָתִי - "나의 사랑하는 자"

  어근· רֵעַ, '친구, 동반자'에서 파생

  단순 연인보다 깊은 '동반자적 사랑'을 의미한다.

  유대 전통에서 이는 결혼 언약 안의 사랑을 가리킨다.


עֵינַיִךְ יוֹנִים - "네 눈은 비둘기들"

  비둘기: 순결, 온유, 충성을 상징한다.(마 10:16)

  두 마리 비둘기 = 한 쌍

  신랑이 보는 신부의 눈은 순결한 사랑과 전적인 헌신을 나타낸다.

## 2. 전체 구조 요약표

| 구절 | 히브리어 구절 | 직역 | 문학적/신학적 의미 |
|---|---|---|---|
| 1:15 | הִנָּךְ יָפָה רַעְיָתִי | 보라, 너는 아름답구나, 나의 사랑하는 자여 | 감탄과 사랑의 확신 |
| | הִנָּךְ יָפָה | 보라, 너는 아름답다 | 반복을 통한 강조 |
| | עֵינַיִךְ יוֹנִים | 네 눈은 비둘기 같다 | 순결, 온유, 충성의 상징 |

## 3. 신학적 의미와 교훈

1) 하나님은 그분의 신부를 아름답다고 하신다.
   신부(교회)의 아름다움은 스스로 만든 것이 아니라, 신랑이신 주님의 시선 속에서
   형성된다.(엡 5:27)

2) 아름다움의 강조는 사랑의 확신을 강화한다
   "보라, 너는 아름답다"의 반복은 상대방에게 확신을 주는 언어이다.
   하나님은 반복적으로 우리를 사랑하심을 확언하신다.(사 43:4)

3) 비둘기 눈 = 순결하고 온유한 영
   비둘기는 단순히 '귀여움'이 아니라, 성령(마 3:16), 충성, 순전함을 상징한다.
   신부의 눈은 세속적 욕망이 아니라 신랑에게만 고정된 시선을 나타낸다.

4) 신랑의 시선이 신부를 변화시킨다.
   주님의 인정과 칭찬은 성도를 더욱 거룩하게 변화시킨다.(고후 3:18)

5) 하나님의 사랑은 언약적·동반자적이다.
   '나의 사랑하는 자'는 계약 관계 속에서 맺어진 안전하고 변치 않는 사랑을 의미한다.

## 4. 현대교회와 공동체에 주는 적용

### 1) 하나님의 시선으로 자신을 바라보기
적용: 열등감과 비교에서 벗어나, 주님이 '아름답다' 하신 시선으로 자기를 보기.
실천: 하루 1번 "나는 주님 안에서 존귀하고 아름답다" 고백하기.

### 2) 사랑을 반복적으로 표현하기
적용: 가족·공동체 안에서 사랑을 자주 언어로 표현하기.
실천: 오늘 하루 3명 이상에게 "감사합니다/사랑합니다" 전하기.

### 3) 순결한 시선을 지키기
적용: 눈과 마음이 세상의 유혹에 흔들리지 않도록 주님께 고정하기.
실천: 하루 말씀 1절을 암송하여 마음의 눈을 보호하기.

### 4) 온유와 충성의 성품을 키우기
적용: 관계 속에서 부드러움과 신실함 유지하기.
실천: 이번 주 한 번, 억울한 상황에서도 부드러운 언어 사용하기.

### 5) 하나님의 사랑을 공동체에 확신시켜 주기
적용: 말씀과 칭찬으로 서로의 가치를 격려한다.
실천: 소그룹 모임에서 1명씩 돌아가며 장점과 강점을 말해주기.

## 5. 결론

아가서 1장 15절 신랑이 신부를 아름답다고 반복하여 찬미하며, 그녀의 눈을 비둘기에 비유해 순결과 헌신을 강조합니다. 이 말씀은 주님이 우리를 향해 품으신 시선과 확언을 보여주며, 그 사랑이 우리의 정체성을 세우고 삶을 변화시킵니다.

우리는 하나님의 시선 속에서 자신을 보고, 그 사랑을 세상과 공동체에 흘려 보내야 합니다.

# 아가서 1장 16절

הִנְּךָ יָפֶה דוֹדִי אַף נָעִים אַף־עַרְשֵׂנוּ רַעֲנָנָה׃

직역: "보라, 나의 사랑하는 이여, 당신은 아름답고, 참으로 즐겁습니다. 참으로 우리의 침상은
푸르릅니다."

해석적 의역: "나의 사랑하는 이여, 당신은 참으로 아름답고도 사랑스러우십니다. 우리의 침상은
신선하고 푸릅니다."

## 1. 핵심 어휘 해설

הִנְּךָ - "보라, 당신은 …"

הִנֵּה(보라) + 2인칭 남성 단수 → 감탄과 존경의 표현이다.

1장 15절에서 신랑이 썼던 형식을 신부가 동일하게 사용 → 상호성 강조한다.

יָפֶה - "아름답다", 외적 아름다움뿐 아니라, 인품·행동·성품에서 드러나는 아름다움이다.

דוֹדִי - "나의 사랑하는 이", 언약적, 애정 어린 호칭이다.

נָעִים - "즐겁다, 사랑스럽다, 기쁨을 주는"

단순히 '보기 좋다'가 아니라, 함께할 때 주는 내적 기쁨과 평안을 의미이다.

시 133:1 "보라 형제가 연합하여 동거함이 어찌 그리 선하고 아름다운고(נָעִים)"와 동일한
단어이다.

עַרְשֵׂנוּ - "우리의 침상", 부부의 연합과 안식, 함께하는 친밀한 삶의 공간을 상징한다.

רַעֲנָנָה - "푸르다, 신선하다, 상쾌하다"

풀과 나무처럼 생기 있는 상태. 관계가 시들지 않고 늘 새로운 활력을 지님을 비유한다.

## 2. 전체 구조 요약표

| 구절 | 히브리어 구절 | 직역 | 문학적/신학적 의미 |
|------|------------|------|------------------|
| 1:16 | הִנְּךָ יָפֶה דוֹדִי | 보라, 당신은 아름답구나, 나의 사랑하는 이여 | 사랑의 상호성, 존경 |
| | אַף נָעִים | 참으로 즐겁다 | 함께함의 기쁨과 평안 |
| | אַף־עַרְשֵׂנוּ רַעֲנָנָה | 참으로 우리의 침상은 푸르르다 | 사랑의 관계가 신선하고 생기있음 |

## 3. 신학적 의미와 교훈

1) 사랑은 일방이 아니라 상호적이다.
   신랑의 칭찬에 신부가 동일한 구조로 응답 → 하나님과 우리의 사랑도 응답을 통해
   완성된다.(요일 4:19)

2) 그리스도의 아름다움과 사랑스러움
   주님은 단지 구원자일 뿐 아니라, 함께할 때 가장 기쁨과 평안을 주시는 분이다.(시 16:11)

3) '우리의 침상'= 주님과의 친밀힌 교제의 자리
   단순한 부부의 침상보다 더 깊은, 영적 교제와 쉼의 공간을 상징한다.(마 11:28-29)

4) 푸르름은 관계의 생명력과 지속성
   주님과의 사랑은 계절이 바뀌어도 시들지 않는다.(시 1:3)
   참된 사랑은 시간이 지날수록 깊어지고 신선함을 유지한다.

5) 함께하는 기쁨이 관계를 유지시킨다
   관계는 단순한 의무가 아니라, 서로에게 주는 기쁨과 안식 속에서 유지된다.

## 4. 현대교회와 공동체에 주는 적용

1) 하나님께 사랑의 응답 드리기
    적용: 하나님께 받은 사랑을 매일 언어와 삶으로 표현하기.
    실천: 아침 기도 때 "주님, 당신은 아름답고 사랑스럽습니다" 고백하기.

2) 주님과 함께하는 즐거움 회복
    적용: 신앙 생활을 의무가 아닌 즐거움으로 회복하기.
    실천: 주중 하루 찬양과 감사만으로 드리는 '기쁨 기도' 시간 갖기.

3) 교제의 공간을 신선하게 유지
    적용: 주님과의 시간을 매일 새로운 방식으로 유지하기.
    실천: 하루는 찬양, 하루는 묵상, 하루는 말씀 필사 등 변화를 주기.

4) 관계 속에서 상쾌함을 주는 사람 되기
    적용: 공동체에 활력을 불어넣는 언어와 행동 사용하기.
    실천: 이번 주 모임에서 웃음을 주는 이야기나 격려 준비하기.

5) 사랑의 상호성을 공동체에 확산
    적용: 받은 사랑을 돌려주며 관계의 선순환 만들기.
    실천: 이번 주 한 명 이상에게 먼저 연락하여 안부와 감사 표현하기.

## 5. 결론

아가서 1장 16절 사랑의 상호성과 함께하는 즐거움을 보여줍니다. 신부는 신랑의 아름다움과 사랑스러움을 고백하며, 그들의 관계가 늘 신선하고 생기 있음을 '푸른 침상'으로 묘사합니다.

이 구절은 하나님과의 관계가 일방이 아닌 상호적 사랑임을 일깨우며, 그분과의 교제가 늘 새롭고 기쁨으로 가득 차야 함을 가르칩니다.

# 아가서 1장 17절

קֹרוֹת בָּתֵּינוּ אֲרָזִים רַחִיטֵנוּ בְּרוֹתִים:

직역: "우리 집의 들보는 백향목이며, 우리 서까래는 잣나무이다."

해석적 의역: "우리의 사랑의 집은 백향목 들보와 잣나무 서까래로 이루어져 있습니다."

## 1. 핵심 어휘 해설

קֹרוֹת - "들보, 대들보"

집의 구조를 지탱하는 주요 수평 목재.

상징: 견고함, 영속성.

בָּתֵּינוּ - "우리의 집"

소유격 복수형 → 신랑과 신부의 공동 소유, 함께하는 삶의 공간이다.

관계의 안정된 기반을 나타낸다.

אֲרָזִים - "백향목들", 고대 근동에서 귀한 건축 자재, 썩지 않고 향기로운 나무.

성전 건축에도 사용되었다. (왕상 6:9-10)

상징: 장수, 견고함, 거룩함.

רַחִיטֵנוּ - "우리의 서까래들", 지붕을 받치는 경사 목재.

상징: 보호와 덮음.

בְּרוֹתִים - "잣나무(전나무)들", 곧고 견고한 목재, 향기롭고 부패에 강함.

고급 건축 자재로서 안전과 지속성을 의미한다.

## 2. 전체 구조 요약표

| 구절 | 히브리어 | 직역 | 문학적/신학적 의미 |
|------|---------|------|------------------|
| 1:17 | קֹרוֹת בָּתֵּינוּ אֲרָזִים | 우리의 집 들보는 백향목 | 관계의 견고함과 영속성 |
|      | רַחִיטֵנוּ רַחִיטֵנוּ בְּרוֹתִים | 우리의 서까래는 잣나무 | 보호, 안전, 아름다움 |

## 3. 신학적 의미와 교훈

1) 사랑의 공간은 견고한 기초 위에 세워져야 한다.
   백향목과 잣나무는 부패에 강하고 오랫동안 변치 않는 재료이다.
   부부 관계나 하나님과의 관계도 일시적 감정이 아니라, 변치 않는 진리와 언약 위에
   세워져야 한다.(마 7:24-25)

2) 함께하는 '우리 집'의 개념
   신부는 '내 집'이 아니라 '우리의 집'이라 말함 → 소유와 삶을 공유하는 헌신적 관계.
   교회도 '그분의 집'이자 '우리의 집'.(엡 2:19-22)

3) 하나님의 임재는 거룩한 집의 특징
   백향목이 성전에 사용된 것처럼, 주님의 임재가 머무는 집은 거룩함과 향기를 가진다.

4) 보호와 덮음의 상징
   서까래(잣나무)는 지붕을 받쳐 외부의 위험으로부터 보호한다.
   하나님의 사랑과 언약은 우리를 덮고 보호하는 울타리이다.(시 91:4)

5) 관계의 영속성과 안전감
   잘 지어진 집처럼, 하나님과의 사랑은 오래 지속되고 외부 환경에 쉽게 무너지지 않는다.

## 4. 현대교회와 공동체에 주는 적용

1) 신앙의 기초를 견고히 세우기

   적용: 말씀과 기도로 관계의 '백향목 들보' 만들기.

   실천: 하루 10분 성경 읽기 + 기도로 하루 시작하기.

2) '우리의 집' 의식으로 공동체 세우기

   적용: 교회와 가정을 '우리의 것'으로 인식하고 돌보기.

   실천: 이번 주 교회·가정 환경 정리 및 작은 봉사 참여하기.

3) 하나님의 거룩한 향기를 품은 삶

   적용: 삶에서 거룩함과 향기를 유지하기.

   실천: 한 주 동안 부정적·더러운 콘텐츠 절제하기.

4) 보호막 역할하기

   적용: 공동체 안에서 연약한 자를 덮어주는 역할 감당하기.

   실천: 어려움을 겪는 지체 한 명에게 찾아가 격려·도움 제공하기.

5) 영속적인 관계 추구하기

   적용: 일시적 유익이 아니라, 영원한 가치에 기반한 관계 맺기.

   실천: 하나님과의 언약 재확인 기도 드리기.

## 5. 결론

아가서 1장 17절은 신랑과 신부의 사랑이 견고하고 안전한 집에 비유됩니다. 백향목과 잣나무처럼 썩지 않는 언약 위에 세워진 관계는 세월과 어려움을 견디며, 하나님이 거하시는 거룩한 향기를 발합니다.

교회와 신자는 이러한 견고함과 보호 속에서 사랑을 키우며, '우리의 집'을 함께 세워가는 공동체가 되어야 합니다.

아가서 2장

# 제 2 장  (개역개정)

1  나는 사론의 수선화요 골짜기의 백합화로다

2  여자들 중에 내 사랑은 가시나무 가운데 백합화 같도다

3  남자들 중에 나의 사랑하는 자는 수풀 가운데 사과나무 같구나

   내가 그 그늘에 앉아서 심히 기뻐하였고 그 열매는 내 입에 달았도다

4  그가 나를 인도하여 잔칫집에 들어갔으니 그 사랑은 내 위에 깃발이로구나

5  너희는 건포도로 내 힘을 돕고 사과로 나를 시원하게 하라

   내가 사랑하므로 병이 생겼음이라

6  그가 왼팔로 내 머리를 고이고 오른팔로 나를 안는구나

7  예루살렘 딸들아 내가 노루와 들사슴을 두고 너희에게 부탁한다

   내 사랑이 원하기 전에는 흔들지 말고 깨우지 말지니라

8  내 사랑하는 자의 목소리로구나 보라 그가 산에서 달리고 작은 산을 빨리 넘어오는구나

9  내 사랑하는 자는 노루와도 같고 어린 사슴과도 같아서 우리 벽 뒤에 서서

   창으로 들여다 보며 창살 틈으로 엿보는구나

10  나의 사랑하는 자가 내게 말하여 이르기를 나의 사랑, 내 어여쁜 자야 일어나서 함께 가자

11  겨울도 지나고 비도 그쳤고

12  지면에는 꽃이 피고 새가 노래할 때가 이르렀는데 비둘기의 소리가 우리 땅에 들리는 구나

13  무화과나무에는 푸른 열매가 익었고 포도나무는 꽃을 피워 향기를 토하는구나

   나의 사랑, 나의 어여쁜 자야 일어나서 함께 가자

14  바위 틈 낭떠러지 은밀한 곳에 있는 나의 비둘기야 내가 네 얼굴을 보게 하라

   네 소리를 듣게 하라 네 소리는 부드럽고 네 얼굴은 아름답구나

15  우리를 위하여 여우 곧 포도원을 허는 작은 여우를 잡으라

   우리의 포도원에 꽃이 피었음이라

16  내 사랑하는 자는 내게 속하였고 나는 그에게 속하였도다

   그가 백합화 가운데에서 양 떼를 먹이는구나

17  내 사랑하는 자야 날이 저물고 그림자가 사라지기 전에 돌아와서

   베데르 산의 노루와 어린 사슴 같을지라

# 제 2 장

(Song of Songs [kjv])

1.I am the rose of Sharon, and the lily of the valleys.

2.As the lily among thorns, so is my love among the daughters.

3.As the apple tree among the trees of the wood, so is my beloved among the sons.

  I sat down under his shadow with great delight, and his fruit was sweet to my taste.

4.He brought me to the banqueting house, and his banner over me was love.

5.Stay me with flagons, comfort me with apples: for I am sick of love.

6.His left hand is under my head, and his right hand doth embrace me.

7.I charge you, O ye daughters of Jerusalem, by the roes, and by the hinds of the field,

  that ye stir not up, nor awake my love, till he please.

8.The voice of my beloved! behold, he cometh leaping upon the mountains,

  skipping upon the hills.

9.My beloved is like a roe or a young hart: behold, he standeth behind our wall,

  he looketh forth at the windows, shewing himself through the lattice.

10.My beloved spake, and said unto me, Rise up, my love, my fair one, and come away.

11.For, lo, the winter is past, the rain is over and gone;

12.The flowers appear on the earth; the time of the singing of birds is come,

  and the voice of the turtle is heard in our land;

13.The fig tree putteth forth her green figs,

  and the vines with the tender grape give a good smell.

  Arise, my love, my fair one, and come away.

14.O my dove, that art in the clefts of the rock, in the secret places of the stairs,

  let me see thy countenance, let me hear thy voice;

  for sweet is thy voice, and thy countenance is comely.

15.Take us the foxes, the little foxes, that spoil the vines: for our vines have tender grapes.

16.My beloved is mine, and I am his: he feedeth among the lilies.

17.Until the day break, and the shadows flee away, turn, my beloved,

  and be thou like a roe or a young hart upon the mountains of Bether.

# 아가서 2장 1절

אֲנִי חֲבַצֶּלֶת הַשָּׁרוֹן שׁוֹשַׁנַּת הָעֲמָקִים:

직역: "나는 사론의 수선화이며, 골짜기의 백합화입니다."
해석적 의역: "나는 사론 평야의 들꽃 같고, 골짜기의 백합화와 같습니다."

## 1. 핵심 어휘 해설

אֲנִי – "나는", 자아의 명확한 선언.
이전까지는 신랑을 묘사했으나, 여기서부터는 자기 자신을 묘사한다.

חֲבַצֶּלֶת – "수선화" 또는 "들장미"
정확한 식물명은 논쟁이 있으나, 고대 번역(LXX, 불가타역)에서는 '들백합' 또는
'수선화'로 번역한다. 야생에서 자라는 아름답고 향기로운 꽃이다.
겸손한 아름다움, 자연스러운 은혜를 상징한다.

הַשָּׁרוֹן – "사론 평야", 이스라엘 서부 해안에 있는 비옥한 평야지대.
풍요와 아름다움의 상징.

שׁוֹשַׁנַּת – "백합화"
성경에서 순결, 사랑, 아름다움을 상징한다.(호 14:5)
유대 랍비 문헌에서 이스라엘 민족을 가리키는 상징으로도 사용한다.

הָעֲמָקִים – "골짜기들"
산과 산 사이의 낮은 곳 → 겸손, 은밀한 곳의 아름다움을 상징한다.

## 2. 전체 구조 요약표

| 구절 | 히브리어 | 직역 | 문학적/신학적 의미 |
|------|----------|------|----------------------|
| 2:1 | אֲנִי חֲבַצֶּלֶת הַשָּׁרוֹן | 나는 사론의 수선화이다 | 풍요 속에 핀 아름다움, 자연스러운 은혜 |
| | שׁוֹשַׁנַּת הָעֲמָקִים | 골짜기의 백합화이다 | 겸손과 은밀한 곳에서의 순결 |

## 3. 신학적 의미와 교훈

1) 자신의 정체성은 신랑의 사랑 속에서 형성된다.

　1장 15~17절에서 신랑의 사랑과 안정된 집 묘사 후, 신부가 '나는 …'으로 자기 정체성을 고백한다.

　우리의 참된 자아는 세상의 평가가 아니라, 하나님의 사랑 안에서 발견된다.(고후 5:17)

2) 겸손한 아름다움의 가치

　'사론의 꽃', '골짜기의 백합'은 왕궁 정원보다 평범하고 낮은 곳에 핀 꽃.

　하나님은 겉모습보다 마음의 겸손과 순결을 귀하게 여기신다.(벧전 3:4)

3) 자연스럽고 인위적이지 않은 은혜

　야생 꽃은 사람이 가꾸지 않아도 스스로 아름답게 핌 → 은혜로 주어진 아름다움을 말한다.

　구원의 은혜도 우리의 노력으로 만든 것이 아니다.(엡 2:8-9)

4) 골짜기의 백합 = 고난 속에서 피는 순결

　골짜기는 햇빛이 덜 들고 습한 곳이지만, 그곳에도 아름다운 꽃이 피어난다.

　믿음은 어려움과 낮아짐 속에서도 더 향기롭고 강하게 자란다.(고후 4:17)

5) 개인 고백에서 공동체 상징으로

　유대 랍비 문헌에서는 '백합화'가 이스라엘 전체를 가리키는 상징으로 사용된다.

　교회도 세상 속 '사론의 꽃'이자 '골짜기의 백합'으로 존재한다.

## 4. 현대교회와 공동체에 주는 적용

### 1) 자아 정체성을 하나님의 시선으로 확립하기
적용: 세상의 평가 대신 하나님이 말씀하신 나의 정체성에 집중하기.
실천: 하루 1번, 성경 구절로 나의 정체성을 고백하기.(시 139:14)

### 2) 겸손한 아름다움 추구하기
적용: 드러나기 위한 아름다움이 아닌, 하나님이 기뻐하시는 내면의 고움 추구하기.
실천: 이번 주 한 번, '숨은 선행' 실천하기.

### 3) 은혜로 주어진 것을 감사하기
적용: 내가 스스로 만든 것이 아닌 하나님의 은혜를 인식하고 감사하기.
실천: 하루 감사 일기 3줄 기록하기.

### 4) 고난 속에서도 피어나는 믿음
적용: 어려움 속에서도 믿음의 향기를 잃지 않기.
실천: 시련 중인 지체를 찾아가 기도와 격려하기.

### 5) 교회가 세상 속 '백합화'되기
적용: 세상 속에서 순결과 거룩을 지키며 향기를 발하는 공동체 되기.
실천: 교회 차원의 지역 봉사나 나눔 행사 참여하기.

## 5. 결론

아가서 2장 1절은 신부가 자신을 사론의 수선화와 골짜기의 백합화에 비유하며, 사랑 속에서 발견된 자신의 정체성을 고백합니다. 이 고백은 겸손과 순결, 은혜의 아름다움을 담고 있으며, 하나님의 사랑이 어떻게 우리의 자아를 새롭게 세우는지를 보여줍니다.

오늘 우리는 하나님의 사랑 안에서 '사론의 꽃'과 '골짜기의 백합'으로 살아가야 합니다.

# 아가서 2장 2절

כְּשׁוֹשַׁנָּה בֵּין הַחוֹחִים כֵּן רַעְיָתִי בֵּין הַבָּנוֹת׃

직역: "가시나무들 사이의 백합화처럼, 나의 사랑하는 자는 다른 여인들 사이에서 그러하다."

해석적 의역: "가시덤불 가운데 핀 백합화처럼, 나의 사랑하는 이는 다른 모든 여인들 중에 특별하다."

## 1. 핵심 어휘 해설

כְּ – "~처럼, 같이"

비유의 시작을 나타내는 전치사.

שׁוֹשַׁנָּה – "백합화"

순결, 아름다움, 사랑을 상징한다.

유대 전승에서는 이스라엘을 지칭할 때 자주 사용된다. (탈무드, '샤바트' '88a)

הַחוֹחִים – "가시나무들, 가시덤불"

땅을 뒤덮고 있는 거칠고 해로운 식물.

성경에서 죄, 저주, 방해를 상징한다. (창 3:18, 사 5:6)

רַעְיָתִי – "나의 사랑하는 자"

신랑이 신부를 부르는 애칭.

단순한 연애 감정을 넘어, 언약 속에서 깊이 사랑하는 대상.

בֵּין הַבָּנוֹת – "다른 여인들 사이에서"

여타의 존재들과 비교할 때의 특별함을 강조.

## 2. 전체 구조 요약표

| 구절 | 히브리어 | 직역 | 문학적/신학적 의미 |
|------|---------|------|------------------|
| 2:2 | כְּשׁוֹשַׁנָּה בֵּין הַחוֹחִים | 가시덤불 사이의 백합화처럼 | 순결과 아름다움이 대조 속에서 더욱 빛남 |
| | כֵּן רַעְיָתִי בֵּין הַבָּנוֹת | 나의 사랑하는 이는 여인들 사이에서 그러하다 | 신부의 유일성과 구별됨 |

## 3. 신학적 의미와 교훈

1) 하나님이 보시는 우리의 특별함

　세상 속에서 하나님의 백성은 '가시덤불 속 백합화'와 같이 구별되고 귀함.

　하나님은 우리를 보실 때 세상의 기준이 아닌 거룩함과 순결로 평가하심.(벧전 2:9)

2) 순결은 대조 속에서 빛난다

　가시덤불(죄와 타락) 속에서 핀 꽃은 그 자체로 희소성과 가치를 지님.

　신자의 순결은 타락한 세상에서 더 선명하게 드러남.(빌 2:15)

3) 사랑의 언약 속에서만 발견되는 가치

　'나의 사랑하는 자'라는 호칭은 신부가 신랑과의 언약 관계 속에 있음을 나타냄.

　구별됨은 노력만이 아니라, 언약적 사랑의 결과이다.(요 15:16)

4) 신랑의 시선이 정체성을 확립한다

　신부는 자신을 '사론의 꽃'이라 고백했으나, 신랑은 그 이상으로 높여 '가시덤불 속의 백합화'라 묘사한다.

　하나님의 시선이 우리의 가치를 더 확실하게 세워준다.(사 62:3)

5) 세상과의 구별이 곧 사명이다

　단순히 다르기 위해 구별되는 것이 아니라, 세상 속에 아름다움과 생명을 전하는 존재로 부름받았다.

## 4. 현대교회와 공동체에 주는 적용

1) 하나님이 주신 유일한 가치 인식하기
   적용: 다른 사람과 비교하기보다 하나님이 주신 고유한 정체성을 인식하기.
   실천: 나의 영적 강점 3가지 적어보고 감사 기도하기.

2) 순결한 삶을 통해 복음 드러내기
   적용: 세상 속에서 도덕적·영적 순결 지키기.
   실천: 이번 주 한 번, 유혹을 분명히 거절하고 선택 기록 남기기.

3) 언약 속에서만 발견되는 아름다움 추구
   적용: 주님과의 관계 속에서 참된 가치 발견하기.
   실천: 하루 5분 주님과의 '조용한 시간(QT)' 유지하기.

4) 대조를 두려워하지 않기
   적용: 세상과 다른 가치관과 삶의 태도를 담대히 유지하기.
   실천: 직장·학교에서 신앙적 선택을 공개적으로 실천하기.

5) 세상 속 백합화로서 사명 감당
   적용: 타락과 절망 속에 아름다움과 소망 전하기.
   실천: 이웃 중 어려움을 겪는 가정에 방문·도움 제공하기.

## 5. 결론

아가서 2장 2절은 신랑이 신부의 순결과 구별됨을 '가시덤불 속 백합화'로 묘사하며, 그녀의 유일성과 특별함을 높여줍니다.

이 비유는 하나님께서 세상 속에 있는 교회를 바라보시는 시선이기도 하며, 우리로 하여금 구별됨의 가치를 붙들고 살아가게 합니다.

# 아가서 2장 3절

כְּתַפּוּחַ בַּעֲצֵי הַיַּעַר כֵּן דּוֹדִי בֵּין הַבָּנִים בְּצִלּוֹ חִמַּדְתִּי וְיָשַׁבְתִּי
וּפִרְיוֹ מָתוֹק לְחִכִּי:

직역: "숲의 나무들 가운데 사과나무처럼, 나의 사랑하는 이는 아들들(청년들) 가운데
그러하도다. 그의 그늘을 내가 기뻐하여 앉았고, 그의 열매는 내 입에 달았다."
해석적 의역: "숲속의 나무들 중에서도 특별한 사과나무처럼, 나의 사랑하는 이는 다른 모든
청년들과는 다릅니다. 나는 그의 그늘 아래 앉아 즐거워하며, 그의 열매의 맛은
달콤합니다."

## 1. 핵심 어휘 해설

**כְּתַפּוּחַ** - "사과나무처럼"

고대 이스라엘에서 사과나무는 그늘과 열매를 동시에 주는 귀한 나무였다.
상징: 보호와 공급, 향기와 달콤함.
유대 랍비 문헌에서는 토라(율법)의 상징으로도 사용됨 – 그늘은 쉼, 열매는 말씀의
달콤함을 상징.(시 19:10)

**בַּעֲצֵי הַיַּעַר** – "숲의 나무들 가운데"

흔하고 평범한 나무들 속에서 드물게 발견되는 귀한 나무에 대비됨.

**דּוֹדִי** - "나의 사랑하는 이"는 신부의 애칭.

**בֵּין הַבָּנִים** - "아들들/청년들 가운데", 다른 남성들 가운데 특별함을 강조.

**בְּצִלּוֹ** - "그의 그늘 안에서", 보호와 시원함을 제공하는 존재.

구약에서 하나님의 보호를 '그늘'로 비유.(시 91:1)

**חֲמַדְתִּי** - "나는 기뻐하였다, 갈망하였다", 마음 깊은 즐거움과 만족의 표현.

**וּפִרְיוֹ** - "그의 열매", 영적·육적 풍요를 상징.

**מָתוֹק לְחִכִּי** - "내 입에 달다", 맛의 비유를 통해 사랑과 교제의 즐거움을 묘사.

## 2. 전체 구조 요약표

| 구절 | 히브리어 구절 | 직역 | 문학적/신학적 의미 |
|---|---|---|---|
| 2:3 | כְּתַפּוּחַ בַּעֲצֵי הַיַּעַר | 숲의 나무들 가운데 사과나무처럼 | 특별함, 보호와 공급 |
| | כֵּן דּוֹדִי בֵּין הַבָּנִים | 나의 사랑하는 이는 청년들 가운데 그러하다 | 다른 이들과의 분명한 차별성 |
| | בְּצִלּוֹ חִמַּדְתִּי וְיָשַׁבְתִּי | 그의 그늘을 내가 기뻐하여 앉았다 | 보호와 쉼의 경험 |
| | וּפִרְיוֹ מָתוֹק לְחִכִּי | 그의 열매는 내 입에 달다 | 교제의 만족과 기쁨 |

## 3. 신학적 의미와 교훈

1) 예수 그리스도의 독보적 가치
    세상 수많은 인물 중에서, 예수님은 유일하게 구원과 참된 생명을 주시는 분이다.(행 4:12)

2) 그리스도의 보호와 쉼
    '그의 그늘'은 영적 피난처로, 폭염(환난) 속에서도 안전하게 쉼을 누린다.(마 11:28)

3) 그리스도의 공급과 달콤함
    '그의 열매'는 말씀과 성령이 주는 만족이다.(시 119:103)
    신앙의 즐거움은 의무가 아니라 맛보는 기쁨이다.(시 34:8)

4) 사랑의 안전한 공간

　신부는 신랑의 그늘에 '앉아' 있음 → 사랑의 관계 안에서 안전하게 머무는 지속성.

5) 신랑의 유일성과 비교 불가능성

　다른 '나무들'(세상의 것들)과 비교할 수 없는 탁월함.

　신앙 생활에서 예수님을 최고의 만족과 기쁨으로 삼아야 함(빌 3:8).

## 4. 현대교회와 공동체에 주는 적용

1) 예수님의 유일성 인식하기

　적용: 삶의 중심과 궁극적 의존 대상을 주님께만 두기.

　실천: 매일 하루의 첫 시간을 '주님께 드리는 기도'로 시작하기.

2) 그리스도의 보호 안에 거하기

　적용: 어려움 속에서 주님의 그늘을 피난처로 삼기.

　실천: 문제 상황이 생길 때 먼저 '기도'로 피하기.

3) 말씀과 성령의 열매 맛보기

　적용: 말씀 묵상과 순종을 통해 주님의 열매 경험하기.

　실천: 하루 한 구절 암송 + 순종의 행동 하나 기록하기.

4) 쉼을 누리는 신앙

　적용: 주님 안에서만 참된 쉼이 가능하다.

　실천: 주중 하루, 일정 중 30분을 예배 음악과 묵상에 사용하기.

5) 세상 가치와 구별된 신앙 유지

　적용: 다른 '나무들'(세상 유혹)에 마음 뺏기지 않기.

　실천: 이번 주 미디어·콘텐츠 소비 중 하나님께 유익한 것만 선택하기.

## 5. 결론

아가서 2장 3절은 신부가 신랑의 유일성과 특별함을 '숲속 사과나무'로 비유하며, 그분 안에서 누리는 안전, 쉼, 공급, 만족을 고백합니다.

이것은 신자가 예수 그리스도 안에서 누리는 복음의 실제적인 경험을 아름답게 표현한 장면입니다.

# 아가서 2장 4절

הֱבִיאַנִי אֶל־בֵּית הַיַּיִן וְדִגְלוֹ עָלַי אַהֲבָה:

직역: "그가 나를 포도주 집으로 인도하였고, 그의 깃발은 내 위에 사랑이었다."
해석적 의역: "그는 나를 잔치집으로 데려가셨고, 내 위에 휘날린 그의 깃발에는 '사랑'이라 쓰여 있었습니다."

## 1. 핵심 어휘 해설

**הֱבִיאַנִי** - "그가 나를 데려왔다"
동사: **בוֹא**, '들어오다, 데려오다, 인도하다'
주체: 신랑 → 사랑의 관계는 신랑의 주도적인 인도로 진행됨.

**בֵּית הַיַּיִן** - "포도주의 집", 잔치와 기쁨의 장소.
유대 전통에서 포도주는 축복과 사랑의 상징.(시 104:15)
랍비들은 이를 '토라의 기쁨' 혹은 '메시아 잔치'로 해석한다.

**וְדִגְלוֹ** - "그의 깃발"
전쟁·행진·축제에서 쓰이는 표식.
민수기 2장에서 '지파의 깃발'은 소속과 정체성을 나타낸다.

**עָלַי** - "내 위에"
깃발이 머리 위에 세워진 모습 → 보호, 소속, 주권의 표식.

**אַהֲבָה** - "사랑"
구체적인 감정이 아니라 언약적 사랑, 헌신을 포함.

## 2. 전체 구조 요약표

| 구절 | 히브리어 | 직역 | 문학적/신학적 의미 |
|---|---|---|---|
| 2:4 | הֱבִיאַנִי אֶל־בֵּית הַיָּיִן | 그가 나를 포도주 집으로 인도했다 | 기쁨과 축제의 장소로 초대 |
| | וְדִגְלוֹ עָלַי אַהֲבָה | 그의 깃발은 내 위에 사랑이었다 | 사랑의 공개 선언과 소속의 확증 |

## 3. 신학적 의미와 교훈

1) 사랑은 신랑의 주도적 인도로 완성된다.

신부는 스스로 잔치집에 들어간 것이 아니라, '그가 데려왔다'고 고백.

구원과 사랑의 관계도 우리의 노력보다 하나님의 주권적 인도에 근거한다.(요 6:44)

2) 하나님이 예비하신 기쁨의 자리

'포도주의 집'은 풍성한 사랑과 기쁨이 있는 공간.

예수님은 혼인 잔치 비유로 하나님의 나라를 묘사한다.(마 22:2)

3) 사랑의 공개적 확증

'깃발'은 모두가 볼 수 있도록 높이 세워지는 것.

하나님은 자기 백성을 향한 사랑을 은밀하게만 하지 않고, 만천하에 드러내심.(슥 9:16)

4) 사랑의 깃발 아래 속한 정체성

깃발은 소속과 보호의 상징.

신자는 '그리스도의 사랑의 깃발 아래' 속한 자로서 보호와 소속감을 누림.(요 10:28-29)

5) 사랑은 헌신을 동반한다

'아하바'는 감정 이상의 헌신과 언약을 내포한다.

하나님의 사랑은 변치 않는 언약의 사랑이다.(렘 31:3)

## 4. 현대교회와 공동체에 주는 적용

1) 하나님의 초대에 응답하기
적용: 예배와 말씀, 기도의 자리를 하나님이 부르신 '잔치집'으로 인식하기.
실천: 주일 예배 전, '오늘은 하나님이 나를 부르신 잔치'라고 고백하고 참석하기.

2) 사랑의 공개적 증언하기
적용: 개인 신앙을 부끄러워하지 않고 드러내기.
실천: 이번 주 한 번, 믿지 않는 지인에게 신앙 간증 나누기.

3) 그리스도의 깃발 아래 살기
적용: 나의 소속이 그리스도의 나라임을 분명히 인식하기.
실천: 하루 시작 기도에 "나는 주님의 깃발 아래에 있습니다" 고백하기.

4) 기쁨의 자리 만들기
적용: 교회 안에 영적 잔치와 기쁨의 분위기 조성하기.
실천: 소그룹 모임에서 감사와 찬양 나누는 시간을 의도적으로 마련하기.

5) 언약적 사랑을 본받기
적용: 감정에 따라 사랑이 변하는 세상과 달리, 언약에 기초한 사랑을 실천하기.
실천: 갈등 있는 관계에 언약적 헌신으로 화해 시도하기.

## 5. 결론

아가서 2장 4절은 신부가 신랑의 사랑 안에서 기쁨의 잔치로 인도되고, 그 사랑이 깃발처럼 드러나며 확증되는 장면입니다. 이는 하나님께서 우리를 구원의 잔치로 이끄시고, 그 사랑을 세상 앞에 분명히 선언하시는 모습을 예표합니다.

오늘 우리는 그리스도의 사랑의 깃발 아래 안전하게 속한 자로서, 기쁨과 헌신의 삶을 살아야 합니다.

# 아가서 2장 5절

직역: "나를 건포도 과자로 힘주시고, 사과로 나를 북돋우소서. 이는 내가 사랑으로 병들었기
　　　때문입니다."

해석적 의역: "건포도 과자로 나를 힘나게 하고, 사과로 나를 회복시켜 주세요. 나는 사랑에
　　　　　　사로잡혀 기진하였습니다."

## 1. 핵심 어휘 해설

**סַמְּכוּנִי** - "나를 붙들어 주십시오, 지탱해 주십시오"

　　동사: סָמַךְ, '받쳐주다, 붙잡아주다'

　　육체적·정서적 약함을 회복시키는 도움 요청.

**בָּאֲשִׁישׁוֹת** - "건포도 과자"

　　곡물과 건포도를 섞어 만든 에너지 음식.(대상 16:3 참조)

　　유대 전승에서 사랑과 활력을 상징한다.

**רַפְּדוּנִי** - "나를 지탱하라, 힘을 더하라"

　　동사: רָפַד, '덮다, 보호하다, 받쳐주다'

**בַּתַּפּוּחִים** - "사과들로"

　　향기와 단맛, 신선함을 상징함.(2:3 참조)

　　유대 문헌에서 토라의 말씀이 달콤함을 비유할 때 사용한다.

**חוֹלַת אַהֲבָה** - "사랑으로 병든"

　　강렬한 사랑과 그리움으로 인한 심리적·육체적 상태.

　　고대 근동 시가에서도 '사랑의 병' 표현이 등장함.(감정의 압도와 기진)

## 2. 전체 구조 요약표

| 구절 | 히브리어 구절 | 직역 | 문학적/신학적 의미 |
|---|---|---|---|
| 2:5 | סַמְּכוּנִי בָּאֲשִׁישׁוֹת | 건포도 과자로 나를 지탱하라 | 힘을 주는 사랑의 양식 |
| | רַפְּדוּנִי בַּתַּפּוּחִים | 사과로 나를 회복하라 | 신선하고 달콤한 회복 |
| | כִּי־חוֹלַת אַהֲבָה אָנִי | 나는 사랑으로 병들었다 | 사랑의 압도적 감정과 갈망 |

## 3. 신학적 의미와 교훈

1) 사랑은 영혼과 육체를 사로잡는다.
   하나님의 사랑은 단순한 지적 동의가 아니라 전인격적 반응을 요구함.
   하나님을 깊이 경험할 때 영혼과 몸이 함께 반응한다.(시 42:1-2)

2) 하나님의 사랑을 유지하려면 영적 공급이 필요하다.
   '건포도 과자'와 '사과'는 사랑 속에서 지치지 않도록 하는 영적 양식이다.
   예배·말씀·기도는 사랑의 관계를 지속시키는 필수 공급원이다.(마 4:4)

3) 신앙의 갈망은 때로 영혼을 아프게 한다.
   하나님과의 친밀함을 갈망하는 마음이 충족되지 않을 때 '사랑의 병' 상태에 비유.
   다윗의 "내 영혼이 주를 갈망하나이다"(시 63:1)와 동일한 감정이다.

4) 하나님은 사랑의 피로까지도 돌보신다.
   사랑의 기쁨 속에서도 피곤과 지침이 올 수 있음 → 주님은 우리의 회복자.(마 11:28)

5) 사랑은 공급과 쉼을 통한 지속성을 가진다.
   강렬한 감정만으로는 관계가 오래 가지 못함 → 지속적 돌봄과 공급이 필요하다.

## 4. 현대교회와 공동체에 주는 적용

1) 사랑의 감정을 유지하는 영적 루틴 만들기

　　적용: 감정의 기복이 아닌, 지속적 사랑 유지하기.

　　실천: 매일 15분 말씀·찬양·기도 시간을 '사랑의 공급' 시간으로 고정하기.

2) 영적 에너지 음식 섭취하기

　　적용: 영혼의 건포도 과자는 말씀, 사과는 은혜의 체험.

　　실천: 매주 한 번, 받은 은혜를 기록하고 묵상하기.

3) 하나님을 향한 갈망을 소중히 여기기

　　적용: 하나님을 그리워하는 마음을 '사랑의 병'으로 받아들이기.

　　실천: 그리움이 깊을 때, 찬양과 시편 기도로 감정 표현하기.

4) 사랑의 피로 돌보기

　　적용: 봉사와 사역 중 영적 소진을 방치하지 않기.

　　실천: 한 달에 한 번은 '영적 휴식일'을 계획하기.

5) 공동체가 서로의 사랑을 지탱하는 역할 감당

　　적용: 지친 성도를 '사과와 건포도 과자'처럼 회복시키는 사역.

　　실천: 소그룹에서 지친 지체 한 명에게 격려와 기도 그리고 선물 준비하기.

## 5. 결론

아가서 2장 5절은 신부가 신랑의 사랑 속에서 누리는 기쁨이 너무 강렬해, 그 사랑에 사로잡혀 기진한 상태를 고백하는 장면입니다. 이는 하나님과의 사랑의 관계도 단순한 평온이 아니라, 때로는 영혼 깊이 흔드는 강렬한 체험임을 보여줍니다.

우리는 이 사랑이 지치지 않도록 말씀과 은혜로 지속적 공급을 받아야 합니다.

# 아가서 2장 6절

שְׂמֹאלוֹ תַּחַת לְרֹאשִׁי וִימִינוֹ תְּחַבְּקֵנִי:

직역: "그의 왼팔은 내 머리 아래에 있고, 그의 오른팔은 나를 안고 있습니다."

해석적 의역: "그는 왼팔로 내 머리를 받쳐 주고, 오른팔로 나를 포근히 끌어안으십니다."

## 1. 핵심 어휘 해설

**שְׂמֹאלוֹ** – "그의 왼팔"

왼쪽은 받쳐 주는 위치, 안정과 지지의 역할.

유대 전승에서 왼손은 보호, 오른손은 힘과 축복을 상징.(시 110:1)

**תַּחַת לְרֹאשִׁי** – "내 머리 아래에"

머리는 생각·존재의 중심.

머리를 받친다는 것은 전적인 쉼과 의존을 가능하게 한다.

**וִימִינוֹ** – "그의 오른팔"

성경에서 오른손·오른팔은 능력, 힘, 승리를 상징한다.(출 15:6, 시 118:16)

**תְּחַבְּקֵנִי** – "나를 안는다, 감싼다"

동사: חָבַק, '포옹하다, 끌어안다'

전적인 수용과 사랑의 표현이다.

## 2. 전체 구조 요약표

| 구절 | 히브리어 | 직역 | 문학적/신학적 의미 |
|------|----------|------|-------------------|
| 2:6 | שְׂמֹאלוֹ תַּחַת לְרֹאשִׁי | 그의 왼팔은 내 머리 아래에 | 보호와 지지, 안식 |
|     | וִימִינוֹ תְּחַבְּקֵנִי | 그의 오른팔은 나를 안는다 | 능력과 사랑의 포옹 |

## 3. 신학적 의미와 교훈

1) 하나님의 사랑은 균형 잡힌 보호와 능력
   왼팔: 부드러운 돌봄과 지지.
   오른팔: 강력한 능력과 권능.
   하나님은 부드러움과 강함을 동시에 가지신 분.(사 40:10-11)

2) 사랑의 관계는 전적인 의탁을 가능하게 한다
   머리를 받친다는 것은 방어를 내려놓고 안전하게 쉬는 행위.
   하나님 품 안에서만 가능한 절대적 안전.(시 4:8)

3) 하나님의 포옹은 관계의 완성을 상징한다
   포옹은 수용, 소속, 결속의 표현.
   복음은 하나님이 우리를 포옹하시는 이야기.(눅 15:20)

4) 하나님의 보호는 친밀함 속에서 경험된다
   단순히 멀리서 보호하시는 것이 아니라, 직접 품으심으로 지키심.

5) 영적 쉼은 사랑의 품에서만 가능하다
   진정한 회복과 안식은 하나님의 사랑 안에서 누려짐.(마 11:28)

## 4. 현대교회와 공동체에 주는 적용

### 1) 하나님의 품에 머무는 시간 갖기
적용: 분주함 속에서도 하나님의 보호 안에 머물기.
실천: 하루 중 10분, 모든 일 멈추고 조용히 주님의 사랑 안에 거하는 묵상하기.

### 2) 부드러움과 강함을 겸한 사랑 실천하기
적용: 대인관계에서 하나님의 사랑 방식 본받기.
실천: 격려와 위로(왼팔) + 진리와 권면(오른팔)을 균형 있게 전하기.

### 3) 하나님께 전적으로 의탁하기
적용: 내 머리(생각·걱정)를 주님의 품에 맡기기.
실천: 문제를 떠올릴 때마다 "이것을 주님의 팔에 올려드립니다" 기도하기.

### 4) 교회 공동체 안에 안전한 공간 만들기
적용: 성도들이 편히 머물고 회복되는 '영적 안식처' 마련하기.
실천: 소그룹 모임에서 판단 없이 경청하는 시간 갖기.

### 5) 하나님의 포옹을 다른 사람에게 전하기
적용: 주님의 사랑을 실물로 느끼게 하기.
실천: 위로가 필요한 지체에게 직접 찾아가 안아주며 기도하기.

## 5. 결론

아가서 2장 6절은 사랑의 절정이 완전한 안식과 친밀한 포옹으로 이어지는 모습을 그립니다. 이는 하나님의 사랑이 부드러운 돌봄과 강력한 보호를 동시에 제공한다는 사실을 상징하며, 신자는 그 품 안에서 전적으로 쉬고 의탁할 수 있습니다.

오늘 우리는 하나님의 품 안에서 머리를 기대고, 그분의 능력의 팔에 안긴 삶을 살아야 합니다.

# 아가서 2장 7절

הִשְׁבַּעְתִּי אֶתְכֶם בְּנוֹת יְרוּשָׁלַם בִּצְבָאוֹת אוֹ בְּאַיְלוֹת הַשָּׂדֶה

אִם־תָּעִירוּ וְאִם־תְּעוֹרְרוּ אֶת־הָאַהֲבָה עַד שֶׁתֶּחְפָּץ׃ ס

직역: "내가 너희에게 맹세하게 한다, 예루살렘의 딸들아, 사슴들이나 들노루들로 맹세하노니
사랑을 깨우거나 흔들지 말라, 그것이 스스로 원하기 전까지는."

해석적 의역: "예루살렘의 딸들아, 사슴과 들노루를 두고 너희에게 맹세하게 한다. 사랑이
스스로 때를 원하기 전에는, 억지로 깨우거나 흔들지 말라."

## 1. 핵심 어휘 해설

**הִשְׁבַּעְתִּי** – "내가 맹세하게 한다"

동사: **שָׁבַע**, '맹세하다'. 강조형 히필 → '강하게, 공식적으로 맹세시키다'.

**בְּנוֹת יְרוּשָׁלַם** – "예루살렘의 딸들"

청중: 도시 여성들(혹은 신부의 친구들).

유대 전승에서 '예루살렘의 딸들'은 종종 이스라엘 공동체를 은유.

**בִּצְבָאוֹת אוֹ בְּאַיְלוֹת הַשָּׂדֶה** – "사슴들이나 들노루들로"

사슴·노루: 민감하고 놀라기 쉬운 동물 → 사랑의 섬세함과 순결 상징.

**אִם־תָּעִירוּ** – "깨우지 말라", 동사: **עוּר**, '깨우다, 일으키다'

부정 조건문 → '만약 깨우면 안 된다'.

**וְאִם־תְּעוֹרְרוּ** – "흔들어 깨우지 말라", 동사: **עוֹרֵר**, '자극하다, 흥분시키다'

**עַד שֶׁתֶּחְפָּץ** – "그것이 원하기 전까지", 동사: **חָפֵץ**, '기뻐하다, 원하다'

사랑이 스스로 준비되고 성숙할 때까지 기다림을 의미.

## 2. 전체 구조 요약표

| 구절 | 히브리어 구절 | 직역 | 문학적/신학적 의미 |
|---|---|---|---|
| 2:7 | הִשְׁבַּעְתִּי אֶתְכֶם בְּנוֹת יְרוּשָׁלַם | 예루살렘의 딸들아, 내가 너희에게 맹세하게 한다 | 사랑의 원칙에 대한 엄숙한 경고 |
| | בִּצְבָאוֹת אוֹ בְּאַיְלוֹת הַשָּׂדֶה | 사슴들이나 들노루들로 | 사랑의 섬세함과 순결의 상징 |
| | אִם־תָּעִירוּ וְאִם־תְּעוֹרְרוּ אֶת־הָאַהֲבָה | 사랑을 깨우거나 흔들지 말라 | 성급한 사랑의 위험 경고 |
| | עַד שֶׁתֶּחְפָּץ | 그것이 원하기 전까지 | 사랑의 성숙과 타이밍 존중 |

## 3. 신학적 의미와 교훈

1) 사랑은 하나님의 때를 따라야 한다.
   사랑은 강제로 시작되거나 억지로 키워질 수 없음.
   하나님이 정하신 때가 있고, 그 때는 반드시 '성숙과 준비'를 동반함.

2) 섬세한 사랑은 함부로 다룰 수 없다.
   사슴·노루처럼 사랑은 쉽게 놀라고 상처받음.
   관계에서 급격한 감정 자극은 오히려 파괴를 초래함.

3) 사랑의 조급함은 위험하다.
   준비되지 않은 사랑은 실망, 상처, 죄의 가능성을 높임.
   신앙적으로도 미성숙한 때에 억지로 사역·결정·관계를 밀어붙이면 손해가 큼.

4) 하나님의 사랑도 강제로 경험할 수 없다.
   영적 친밀함은 하나님이 먼저 우리를 부르실 때 응답하는 것이지, 인간이 억지로 조작할 수 없음.(요 6:44)

5) 사랑의 타이밍은 관계의 질을 좌우한다.
   올바른 때의 사랑은 생명과 기쁨을 주지만, 잘못된 때의 사랑은 고통과 후회를 남김.

## 4. 현대교회와 공동체에 주는 적용

### 1) 하나님의 때를 기다리는 훈련
적용: 연애·결혼·사역 결정에서 하나님의 타이밍 존중하기.
실천: 중요한 관계 결정 전 3개월 이상 기도와 말씀 묵상 유지하기.

### 2) 관계의 성숙을 기다리기
적용: 감정만으로 관계를 서두르지 않기.
실천: 새로운 관계에서 '영적·정서적 대화' 시간을 의도적으로 늘리기.

### 3) 교회 안에서 조급한 판단 자제하기
적용: 사람을 사역 자리에 세울 때 준비와 성숙을 점검하기.
실천: 최소 6개월 이상 공동체 생활 관찰 후 직분 추천하기.

### 4) 사랑을 보호하는 경계 세우기
적용: 미성숙한 감정이 관계를 해치지 않도록 경계하기.
실천: 감정적으로 취약할 때 SNS·문자 등 즉흥적 행동 자제하기.

### 5) 하나님이 여는 문과 닫는 문 구별하기
적용: 하나님이 열지 않으신 문을 억지로 열지 않기.
실천: 기도 중 마음에 평안이 없으면 멈추고 기다리기.

## 5. 결론

아가서 2장 7절은 사랑이 가장 친밀한 절정(2:6)에 이른 후, 조급함과 강제성을 경계하는 장면입니다. 이는 사랑이 아무 때나 시작되는 것이 아니라, 하나님이 정하신 성숙의 때에 자연스럽게 열려야 함을 보여줍니다.

오늘 우리는 하나님의 때를 기다리고, 사랑과 관계를 섬세하게 다루는 지혜를 가져야 합니다.

# 아가서 2장 8절

קוֹל דּוֹדִי הִנֵּה־זֶה בָּא מְדַלֵּג עַל־הֶהָרִים מְקַפֵּץ עַל־הַגְּבָעוֹת:

직역: "내 사랑하는 이의 목소리다! 보라, 그가 온다. 산들 위를 뛰어넘고, 언덕들 위를 가볍게 뛰어오른다."

해석적 의역: "들린다! 내 사랑하는 이의 목소리, 보라 그가 온다! 산을 훌쩍 넘고 언덕을 가볍게 뛰어오른다."

## 1. 핵심 어휘 해설

**קוֹל דּוֹדִי** – "내 사랑하는 이의 목소리"

קוֹל: 소리, 음성, 부름

דּוֹדִי: 나의 사랑하는 자(신랑).

청각적 인식이 먼저 → 사랑의 시작은 종종 '부름을 듣는 것'에서 시작.

**הִנֵּה־זֶה** – "보라, 이것이"

놀라움·기쁨·확신의 감탄사. 시각적 인식이 청각에 이어 나타남.

**בָּא** – "온다", 현재 진행형 느낌의 완료 → 이미 오고 있음이 확실함.

**מְדַלֵּג** – "뛰어넘다"

동사: דָּלַג, '장벽·장애를 경쾌하게 넘다'

장애물 극복의 역동성.

**מְקַפֵּץ** – "깡충깡충 뛰다"

동사: קָפַץ, '도약하다, 빠르게 움직이다'

기쁨과 설렘이 묻어나는 표현이다.

## 2. 전체 구조 요약표

| 구절 | 히브리어 구절 | 직역 | 문학적/신학적 의미 |
|---|---|---|---|
| 2:8 | קוֹל דּוֹדִי | 내 사랑하는 이의 목소리 | 부름과 존재 인식의 시작 |
| | הִנֵּה־זֶה בָּא | 보라, 그가 온다 | 확신과 기대 |
| | מְדַלֵּג עַל־הֶהָרִים | 산을 뛰어넘는다 | 장애물 극복, 역동적 사랑 |
| | מְקַפֵּץ עַל־הַגְּבָעוֹת | 언덕을 뛰어오른다 | 경쾌함, 기쁨의 접근 |

## 3. 신학적 의미와 교훈

1) 사랑은 부름에서 시작된다.

　　신부는 시각보다 청각(목소리)을 먼저 인식.

　　하나님의 부르심은 말씀을 통한 '음성 듣기'로 시작됨.(요 10:27)

2) 하나님의 사랑은 반드시 찾아온다.

　　"보라, 그가 온다"는 확신 → 기다림이 헛되지 않음.

　　그리스도의 재림과 구원의 도래를 예표하는 표현이다.

3) 사랑은 장벽을 뛰어넘는다.

　　산과 언덕은 물리적·정서적·영적 장애물 상징.

　　하나님의 사랑은 그 어떤 장벽도 가로막을 수 없음.(롬 8:38-39)

4) 사랑의 접근은 역동적이고 기쁨이 넘친다.

　　'깡충깡충 '뛰는 표현은 억지나 무거움이 없음.

　　하나님의 사랑은 기쁨과 자발성으로 다가옴.(습 3:17)

5)기다림의 끝은 확실한 만남

　　2장 7절에서의 '때를 기다림'이 2장 8절에서 응답받음.

　　영적 삶에서도 인내의 결실은 반드시 온다.(약 5:7-8)

## 4. 현대교회와 공동체에 주는 적용

1) 하나님의 음성 듣기 훈련
   적용: 상황보다 말씀과 기도의 음성에 귀 기울이기.
   실천: 하루 5분, 성경 한 구절 묵상하며 '주님이 오늘 나에게 하시는 말씀'기록하기.

2) 하나님의 도래를 확신하며 기다리기
   적용: 기도의 응답·재림에 대한 소망 유지.
   실천: 기도 제목 옆에 "보라, 그가 온다"는 문구를 적어두기.

3) 사랑으로 장벽을 뛰어넘기
   적용: 관계 속 장애를 사랑으로 극복하기.
   실천: 미뤄둔 화해나 용서의 행동 이번 주 안에 실천하기.

4) 기쁨과 설렘을 회복하기
   적용: 주님의 사랑을 부담으로만 여기지 않기.
   실천: 찬양곡 중 기쁨을 표현하는 곡을 선택해 예배 전 불러보기.

5) 기다림의 열매 경험하기
   적용: 인내 끝의 응답 경험을 나누기.
   실천: 소그룹에서 '하나님이 응답하신 때' 간증을 나누는 시간 만들기.

## 5. 결론

아가서 2장 8절은 기다림 끝에 사랑하는 이가 산과 언덕을 넘어오는 모습을 역동적으로 묘사합니다. 이는 하나님께서 우리의 부르짖음에 응답하시고, 모든 장벽을 넘어 우리에게 오시는 사랑을 상징합니다.

오늘 우리는 하나님의 부르심을 귀로 듣고, 오심을 눈으로 보고, 그 사랑을 기쁨으로 맞이하는 삶을 살아야 합니다.

# 아가서 2장 9절

דּוֹמֶה דוֹדִי לִצְבִי אוֹ לְעֹפֶר הָאַיָּלִים הִנֵּה־זֶה עוֹמֵד אַחַר

כָּתְלֵנוּ מַשְׁגִּיחַ מִן־הַחֲלֹּנוֹת מֵצִיץ מִן־הַחֲרַכִּים

직역: "나의 사랑하는 이는 사슴 같고, 어린 수사슴 같다. 보라, 그가 우리 담 뒤에 서서, 창문으로 들여다보고, 창살 틈 사이로 엿보고 있다."

해석적 의역: "내 사랑하는 이는 사슴이나 어린 수사슴처럼 빠르고 가볍다. 보라, 그는 우리 담 뒤에 서서 창문으로 들여다보며, 창살 틈으로 나를 보고 있다."

## 1. 핵심 어휘 해설

דּוֹמֶה – "같다, 비슷하다", 동사; דָּמָה, '비교하다, 비유하다'

לִצְבִי אוֹ לְעֹפֶר הָאַיָּלִים – "사슴 같고 어린 수사슴 같다"
  צְבִי: 민첩하고 우아한 사슴.
  עֹפֶר: 갓난 수사슴, 순결과 부드러움 상징.

אַחַר כָּתְלֵנוּ – "우리 담 뒤에", 물리적·상징적 거리.
  '담'은 두 사람 사이의 장벽 또는 아직 완전한 결합이 이루어지지 않은 상태를 상징.

מַשְׁגִּיחַ – "주시하다, 살피다", 동사: שָׁגַח, '주의 깊게 보다, 지켜보다'
  관심과 애정이 담긴 시선.

מֵצִיץ – "들여다보다, 엿보다", 동사: צִיץ, '꽃이 피듯 불쑥 나타나다, 고개를 내밀다'
  갑작스러운 시선의 교환을 묘사.

הַחֲרַכִּים – "창살 틈, 격자 사이", 아주 작은 틈, 완전히 열리지 않은 공간.

## 2. 전체 구조 요약표

| 구절 | 히브리어 구절 | 직역 | 문학적/신학적 의미 |
|------|--------------|------|---------------------|
| 2:9 | דּוֹמֶה דוֹדִי לִצְבִי אוֹ לְעֹפֶר הָאַיָּלִים | 나의 사랑하는 이는 사슴 같고 어린 수사슴 같다 | 민첩함, 순결, 열정 |
| | הִנֵּה־זֶה עוֹמֵד אַחַר כָּתְלֵנוּ | 보라, 그가 우리 담 뒤에 서 있다 | 가까이 있지만 장벽이 존재 |
| | מַשְׁגִּיחַ מִן־הַחַלֹּנוֹת | 창문으로 들여다본다 | 사랑과 관심의 시선 |
| | מֵצִיץ מִן־הַחֲרַכִּים | 창살 틈 사이로 엿본다 | 제한된 교제, 갈망의 표현 |

## 3. 신학적 의미와 교훈

1) 하나님의 사랑은 민첩하고 주저함이 없다

사슴·어린 수사슴은 지체하지 않는 움직임과 부드러운 마음을 상징함.

하나님은 우리에게 오실 때 결코 늦지 않으심.(사 65:24)

2) 가까이 오셨지만 아직 완전한 연합은 아님

'담'과 '창문'은 이미 사랑이 도착했지만, 관계가 아직 완전히 개방되지 않았음을 표현.

신앙적으로는 이미 임하신 하나님 나라와 아직 완성되지 않은 하나님 나라의 '이미와 아직' 구조와 유사함.

3) 하나님의 시선은 항상 우리를 향한다

'주시하다', '들여다보다'는 무관심이 아닌 집중적인 관심을 나타냄.(시 33:18)

4) 사랑은 제한 속에서도 표현된다

창살 틈 사이의 시선 교환은 완전한 만남이 아니어도 사랑을 나눌 수 있음을 보여줌.

때로 하나님은 완전히 모든 것을 드러내지 않고, 일부만 보여주시며 우리를 기다리게 하심.(고전 13:12)

5) 기다림은 갈망을 깊게 만든다

완전한 연합이 지연될 때, 사랑은 더 간절해지고 준비된다.

## 4. 현대교회와 공동체에 주는 적용

1) 하나님의 임재를 민감하게 감지하기
   적용: 하나님의 '가까이 오심'을 작은 변화 속에서 발견하기.
   실천: 하루에 한 번, 오늘 하나님의 손길을 느낀 순간을 기록하기.

2) 하나님 나라의 '이미와 아직'을 이해하기
   적용: 구원이 이미 시작되었지만, 완성은 재림 때라는 사실 기억하기.
   실천: 현재의 고난 속에서도 '아직 오지 않은 완성'을 바라보며 인내하기.

3) 하나님의 시선을 의식하며 살기
   적용: 주님이 나를 보고 계심을 삶의 모든 순간에 인식하기.
   실천: 중요한 결정을 할 때 "주님이 지금 나를 보고 계신다" 는 문장을 마음에 새기기.

4) 제한 속에서도 사랑 나누기
   적용: 물리적·환경적 제약 속에서도 관계를 이어가기.
   실천: 멀리 있는 지체에게 주 1회 문자·전화로 격려 전하기.

5) 기다림 속에서 사랑 키우기
   적용: 아직 오지 않은 응답이나 만남을 서두르지 않기.
   실천: 응답 전까지 매일 감사기도 3가지를 기록하여 마음 준비하기.

## 5. 결론

아가서 2장 9절은 신랑이 거의 다가와 담 뒤에 서서 창문과 틈 사이로 신부를 바라보는 장면을 통해, 사랑의 가까움과 거리감이 동시에 존재하는 순간을 보여줍니다.

이는 하나님께서 이미 우리 곁에 오셨지만, 아직 완전한 연합과 하나님 나라의 완성이 이르지 않은 상태를 상징합니다. 우리는 이 시기에 하나님의 시선과 사랑을 의식하며, 기다림 속에서 더 깊어지는 친밀함을 배워야 합니다.

# 아가서 2장 10절

עָנָה דוֹדִי וְאָמַר לִי קוּמִי לָךְ רַעְיָתִי יָפָתִי וּלְכִי־לָךְ:

직역: "나의 사랑하는 이가 대답하여 내게 말하였다. '일어나라, 나의 친구여, 나의 어여쁜 자여,
그리고 너를 위해 가자.'"
해석적 의역: "내 사랑하는 이가 응답하며 내게 말한다. '일어나, 나의 사랑, 나의 아름다운이여,
함께 가자.'"

## 1. 핵심 어휘 해설

עָנָה - "대답하다, 응답하다"
히브리어에서 단순한 대화 응답뿐 아니라, 상황에 대한 반응을 의미.
신랑이 신부의 마음·상태에 반응하는 장면.

קוּמִי - "일어나라"
동사: קוּם, '일어서다, 깨어나다, 행동을 시작하다'
현재 상태에서 새로운 단계로 나아가는 부름.

רַעְיָתִי - "나의 친구여, 동반자여", 단순히 연인이 아니라 '가까이서 함께하는 자'를 의미함.
성경에서 하나님과의 깊은 관계를 표현할 때 사용됨.

יָפָתִי - "나의 아름다운 이여", 외모만이 아닌 전인적 아름다움, 품성과 마음을 포함함.

וּלְכִי־לָךְ - "그리고 너를 위해 가자", 단순히 '이동'이 아니라 목적 있는 여정으로의 초대함.
לָךְ(너를 위해)는 이 여정이 신부의 유익과 기쁨을 위한 것임을 강조함.

## 2. 전체 구조 요약표

| 구절 | 히브리어 구절 | 직역 | 문학적/신학적 의미 |
|------|------|------|------|
| 2:10 | עָנָה דוֹדִי וְאָמַר לִי | 나의 사랑하는 이가 대답하여 내게 말하였다 | 사랑의 부르심이 시작됨 |
| | קוּמִי לָךְ | 일어나라 | 현재 상태에서 깨어 새로운 길로 나아감 |
| | רַעְיָתִי יָפָתִי | 나의 친구여, 나의 아름다운이여 | 사랑과 관계의 친밀함 강조 |
| | וּלְכִי־לָךְ | 그리고 너를 위해 가자 | 목적 있는 동행 초대 |

## 3. 신학적 의미와 교훈

1) 하나님의 부르심은 개인적이고 응답적이다.

'대답하여 말하였다'는 표현은 하나님이 우리의 상태와 부름에 반응하신다는 말이다.

하나님은 무작정 명령하지 않고, 우리 상황을 보고 말씀하신다.

2) 하나님의 초대는 변화로 이끈다.

'일어나라'는 현재의 안일·정체에서 깨어나라는 부름이다.

부르심은 항상 변화를 전제한다.

3) 하나님은 우리를 친구이자 사랑으로 부르신다.

רַעְיָתִי(라야티, 친구)와 יָפָתִי(야파티, 아름다운 자)는 동반자와 존귀함의 이중 호칭이다.

하나님과 우리의 관계는 주종을 넘어서 사랑과 우정의 관계이다.

4) 부르심에는 목적이 있다.

'너를 위해 가자'는 부름은 무의미한 움직임이 아닌, 우리를 위한 더 좋은 곳으로 인도하려는 의도이다.

5) 하나님의 부름은 사랑의 기반 위에 있다.

사랑 없는 명령은 강압이지만, 사랑 안에서의 초대는 자유롭고 자발적 반응을 낳음.

## 4. 현대교회와 공동체에 주는 적용

### 1) 하나님의 개인적인 부르심 인식하기
적용: 설교·말씀·기도 중 내게 하신 '직접적'인 부름을 분별하기.
실천: 하루 말씀 묵상 중 '오늘 주님이 내게 하신 한마디'를 기록하기.

### 2) 정체된 신앙에서 일어나기
적용: 오랫동안 반복되는 신앙 패턴에서 새로운 순종 시도하기.
실천: 이번 주 한 가지 새로운 봉사나 전도의 실천 계획 세우기.

### 3) 하나님과의 친밀한 동행 회복하기
적용: 하나님을 단순한 '주'가 아니라 '친구·사랑'으로 인식하기.(사 41:8, 약 2:23 참고)
실천: 기도 중 "하나님, 제 친구 되셔서 감사합니다"로 시작하기.

### 4) 목적 있는 삶의 방향 찾기
적용: 부르심이 향하는 구체적 목적 확인하기.
실천: 올해 신앙의 구체적 목표 3가지 작성 후 매월 점검하기.

### 5) 사랑의 기반 위에서 순종하기
적용: 두려움이 아니라 사랑 때문에 순종하는 태도를 가지기.
실천: 오늘 순종할 일을 '주님이 날 사랑하시니'라는 이유로 실행하기.

## 5. 결론

아가서 2장 10절은 신랑이 담 뒤에서 바라보던 장면(2:9)에서 이제 직접 부르는 장면으로 전환되며, 부르심의 친밀함과 목적성을 보여줍니다.

하나님은 우리를 무조건 끌어내시는 분이 아니라, 사랑으로 '너를 위해' 초대하시는 분입니다. 우리는 이 부르심에 기꺼이 일어나 동행하는 순종으로 응답해야 합니다.

# 아가서 2장 11절

כִּי־הִנֵּה הַסְּתָו הַסְּתָיו עָבָר הַגֶּשֶׁם חָלַף הָלַךְ לוֹ:

직역: "보라, 겨울이 지나고, 비가 그치고, 떠나갔다."
해석적 의역: "이제 겨울은 지나갔고, 비는 멈추어 사라졌다."

## 1. 핵심 어휘 해설

כִּי־הִנֵּה – "이는 보라"
  어떤 사실을 강조하며, 이전 명령(일어나라)의 이유를 제시.
  '바로 지금이 그 때'라는 시급성과 확신을 나타냄.

הַסְּתָיו – "겨울"
  סְתָיו: 단순한 계절이 아니라 비와 추위, 움츠림의 시기를 의미.
  유대 농경사회에서 겨울은 농사 활동이 거의 없는 정체기.

עָבָר – "지나갔다"
  단순히 시간의 흐름이 아니라, 영향력이 끝났다는 의미.

הַגֶּשֶׁם – "비", 이스라엘의 겨울 비(늦은 비 전의 지속적인 비).
  길고 지루한 기다림의 상징.

חָלַף הָלַךְ לוֹ – "그치고 떠나갔다"
  חָלַף : 바뀌다, 사라지다.
  הָלַךְ לוֹ : '스스로 가버렸다'는 뉘앙스로, 완전한 종료를 강조.

## 2. 전체 구조 요약표

| 구절 | 히브리어 구절 | 직역 | 문학적/신학적 의미 |
|---|---|---|---|
| 2:11 | כִּי־הִנֵּה עָבָר | 보라, 겨울이 지나갔다 | 추위·정체·은둔의 시기 종료 |
| | הַגֶּשֶׁם חָלַף | 비가 그쳤다 | 슬픔·장애·시험의 마침 |
| | הָלַךְ לוֹ | 떠나갔다 | 완전하고 되돌아오지 않는 변화 |

## 3. 신학적 의미와 교훈

1) 하나님의 부르심에는 시기가 있다.
   겨울이 지나야 봄의 활동이 가능하듯, 하나님은 적절한 시점에 부르심을 주신다.
   모든 부르심은 '언제'가 중요하며, 그 때는 하나님이 결정하신다.(전 3:1)

2) 겨울은 끝이 있는 시기다.
   영적 겨울(정체·침묵·훈련)은 영원하지 않다.
   고난과 침묵은 하나님의 계획 속에서 반드시 마침이 있다.(시 30:5)

3) 변화의 때를 알아차리는 영적 분별
   겨울이 지나도 여전히 움츠리고 있으면 봄을 놓친다.
   계절 변화는 행동 변화로 이어져야 한다.

4) 하나님이 변화의 원인이시다
   비가 '스스로' 그친 것이 아니라, 하나님의 섭리 속에서 끝났다.
   우리의 삶의 전환점은 우연이 아니라 하나님의 손길이다.

5) 부르심의 이유는 '지금이 기회이기 때문'
   겨울이 지난 지금은, 더 이상 미루면 안 되는 시점이다.
   신랑은 이 시기를 놓치지 말라고 신부에게 촉구한다.

## 4. 현대교회와 공동체에 주는 적용

1) 하나님의 타이밍에 민감하기

　적용: 변화의 조짐이 보이면 믿음으로 반응하기.

　실천: 한 달에 한 번, 내 삶의 '계절 변화'를 점검하고 기도 제목 조정하기.


2) 겨울 시기를 견디는 법 배우기

　적용: 침묵과 정체 속에서도 하나님을 신뢰하기.

　실천: 어려운 시기에는 매일 1편의 시편으로 기도하기.


3) 봄이 왔을 때 과감히 행동하기

　적용: 기회가 왔을 때 머뭇거리지 않기.

　실천: 하나님이 주신 새 사역 제안·관계 회복 기회를 바로 실행하기.


4) 고난이 끝났음을 인정하기

　적용: 과거의 상처·패배에 머물지 않기.

　실천: 매일 감사 3가지를 적으며 과거가 아닌 현재를 바라보기.


5) 변화의 주도권이 하나님께 있음을 기억

　적용: 환경 변화의 배후에 하나님의 손길을 인정하기.

　실천: 좋은 변화가 생기면 "하나님 감사합니다"라는 고백부터 하기.

## 5. 결론

　아가서 2장 11절은 신랑이 부른 이유를 설명하며, 겨울의 끝과 봄의 시작이라는 결정적 시점을 강조합니다. 이 구절은 우리의 영적 삶에서도 하나님이 정하신 시점이 있음을 보여줍니다. 겨울이 지나면, 우리는 더 이상 움츠리지 말고 하나님의 초대에 응답하는 행동을 해야 합니다.

# 아가서 2장 12절

הַנִּצָּנִים נִרְאוּ בָאָרֶץ עֵת הַזָּמִיר הִגִּיעַ וְקוֹל הַתּוֹר נִשְׁמַע בְּאַרְצֵנוּ:

직역: "땅에는 꽃봉오리들이 나타났고, 노래할 때가 이르렀으며, 산비둘기의 소리가 우리
　　　땅에서 들린다."
해석적 의역: "이제 땅에는 꽃이 피기 시작하고, 노래하는 계절이 왔으며, 산비둘기 소리가
　　　　　　 우리의 땅을 울린다."

## 1. 핵심 어휘 해설

הַנִּצָּנִים  –  "꽃봉오리들"
　　동사: נָצַן, '싹트다, 움트다'에서 유래. 봄의 시작을 알리는 생명의 신호.

נִרְאוּ בָאָרֶץ  –  "땅에 나타났다", 수동태→ 누군가(하나님)의 섭리로 나타난 것을 암시.

עֵת הַזָּמִיר  –  "노래할 때"
　　זָמִיר : '노래' 또는 '가지치기'라는 두 가지 의미 가능.
　　노래: 기쁨의 계절.
　　가지치기: 열매를 위한 준비의 계절.

הִגִּיעַ  –  "이르렀다", 도착을 의미 → 때가 준비되었음을 선언.

וְקוֹל הַתּוֹר  –  "산비둘기의 소리"
　　산비둘기: 이스라엘 봄의 전령.
　　성경에서 온유·충실·사랑의 상징.(창 8:12, 렘 8:7)

נִשְׁמַע בְּאַרְצֵנוּ  –  "우리 땅에서 들린다"
　　단순한 자연의 소리가 아니라, 공동체 전체가 경험하는 계절의 변화.

## 2. 전체 구조 요약표

| 구절 | 히브리어 구절 | 직역 | 문학적/신학적 의미 |
|---|---|---|---|
| 2:11 | הַנִּצָּנִים נִרְאוּ בָאָרֶץ | 땅에 꽃봉오리가 나타났다 | 생명의 시작, 소망의 증거 |
| | עֵת הַזָּמִיר הִגִּיעַ | 노래할 때가 이르렀다 | 기쁨과 준비의 시기 |
| | וְקוֹל הַתּוֹר נִשְׁמַע בְּאַרְצֵנוּ | 산비둘기 소리가 우리 땅에 들린다 | 사랑과 평화의 도래, 계절의 완성 |

## 3. 신학적 의미와 교훈

1) 하나님의 부르심에는 '환경의 증거'가 따른다.
   꽃봉오리, 새소리 등은 사랑의 계절이 왔다는 가시적·청각적 증거.
   하나님은 우리를 부르실 때 환경도 준비시키신다.(출 3:2-4)

2) 봄은 시작과 준비의 계절
   꽃봉오리는 완전한 개화가 아니라 시작 단계이다.
   신앙에서도 새 계절은 '작은 변화'에서 출발한다.

3) 노래할 때와 가지치기 시기는 동시에 온다.
   기쁨(찬양)과 훈련(가지치기)은 함께 존재한다.
   새 계절이 즐겁지만, 동시에 열매 맺기 위한 준비의 시간이다.

4) 산비둘기의 소리는 하나님의 사랑과 평화를 상징
   성경에서 비둘기는 성령과 화해, 새 시작을 의미한다.
   하나님은 우리에게 단순히 새로운 계절만이 아니라, 새로운 관계와 평화를 주신다.

5) 계절 변화는 공동체적으로 경험된다.
   '우리 땅'이라는 표현은, 이 변화가 개인만이 아닌 공동체 전체에 해당함을 보여줌.
   부르심은 교회와 신앙 공동체가 함께 응답해야 하는 사건이다.

## 4. 현대교회와 공동체에 주는 적용

1) 하나님의 준비하신 환경 인식하기
   적용: 하나님이 주신 '변화의 징조'를 간과하지 않기.
   실천: 매주 한 번, 내 삶에서 새 계절의 증거 3가지 기록하기.

2) 작은 시작을 귀하게 여기기
   적용: 작은 싹과 변화가 대수롭지 않게 느껴져도 감사하기.
   실천: 매일 새롭게 시작된 은혜를 한 줄 일기에 기록하기.

3) 기쁨과 훈련을 함께 받아들이기
   적용: 축복과 함께 오는 가지치기를 거부하지 않기.
   실천: 새로운 사역이나 관계 변화 속에서 '훈련의 이유' 묵상하기.

4) 하나님의 평화를 경험하고 나누기
   적용: 개인이 경험한 화해·회복을 공동체와 나누기.
   실천: 주중에 한 사람에게 용서·격려의 메시지 전송하기.

5) 공동체적 응답 준비하기
   적용: 계절 변화는 교회 전체가 함께 움직여야 함.
   실천: 소그룹에서 '우리 공동체가 맞이한 봄'을 주제로 나눔 시간 갖기.

## 5. 결론

아가서 2장 12절은 2장 11절의 계절 변화 선언을 실제적이고 구체적인 장면으로 그려 줍니다. 꽃이 피고, 노래가 들리고, 산비둘기의 울음소리가 가득한 봄은 하나님의 부르심이 현실 속에서 드러난 증거입니다.

우리도 이때를 인식하고, 개인과 공동체가 함께 새 계절에 맞는 순종과 준비를 시작해야 합니다.

# 아가서 2장 13절

הַתְּאֵנָה חָנְטָה פַגֶּיהָ וְהַגְּפָנִים סְמָדַר נָתְנוּ רֵיחַ קוּמִי לְכִי
לָךְ רַעְיָתִי יָפָתִי וּלְכִי־לָךְ

직역: "무화과나무는 제 푸른 열매를 익히고, 포도나무는 꽃송이로 향기를 내었다. 일어나라,
나의 친구여, 나의 아름다운 이여, 그리고 너를 위해 가자."

해석적 의역: "무화과나무가 푸른 열매를 맺기 시작했고, 포도나무 꽃송이는 향기를 퍼트린다.
그러니 일어나, 나의 사랑, 나의 아름다운 이여, 함께 가자."

## 1. 핵심 어휘 해설

הַתְּאֵנָה - "무화과나무", 이스라엘에서 번영과 평화의 상징.(미 4:4)
첫 열매는 계절의 시작을 알리는 중요한 신호.

חָנְטָה פַגֶּיהָ - "푸른 열매를 익혔다"
חָנַט: 익히다, 단단하게 하다.
פַג: 아직 완전히 익지 않은 푸른 열매.
즉, 열매의 '초기 단계'로, 완성은 아니지만 결실의 약속이다.

וְהַגְּפָנִים סְמָדַר - "포도나무 꽃송이"
סְמָדַר: 포도꽃이 맺히는 시기, 향기가 강하게 퍼지는 단계이다.

נָתְנוּ רֵיחַ - "향기를 주었다", 단순한 자연 향이 아니라, 사람을 불러 모으는 매혹적인 향기.

וּלְכִי־לָךְ … וּלְכִי־לָךְ - " 일어나라… 그리고 가자"
2장 10절에서 이미 나왔던 초대의 반복.
계절과 열매의 변화가 이제 '즉각적 행동'으로 이어져야 함을 강조한다.

## 2. 전체 구조 요약표

| 구절 | 히브리어 구절 | 직역 | 문학적/신학적 의미 |
|---|---|---|---|
| 2:13 | הַתְּאֵנָה חָנְטָה פַגֶּיהָ | 무화과나무가 푸른 열매를 익혔다 | 결실의 약속, 계절 변화의 증거 |
| | וְהַגְּפָנִים סְמָדַר נָתְנוּ רֵיחַ | 포도꽃송이가 향기를 내었다 | 매혹과 기쁨, 풍성함의 시작 |
| | קוּמִי לְכִי לָךְ רַעְיָתִי יָפָתִי | 일어나라, 나의 친구여, 나의 아름다운 이여 | 사랑의 친밀한 부름 |
| | וּלְכִי־לָךְ | 그리고 너를 위해 가자 | 목적 있는 동행 초대 |

## 3. 신학적 의미와 교훈

1) 하나님의 부르심에는 '결실의 때'가 있다.

겨울이 지나고 꽃이 핀 후, 이제 열매의 초기 단계가 나타남.

신앙에서도 사역·관계·성품의 열매가 맺히는 시기가 있음.(갈 5:22-23)

2) 아직 완전치 않아도 하나님은 시작을 기뻐하신다.

푸른 무화과처럼 미완의 열매라도 하나님은 그것을 부르심의 이유로 삼으신다.

완벽한 때를 기다리며 미루지 말고, 지금 시작하는 것이 중요하다.

3) 향기는 영향력의 상징

포도나무 꽃의 향기처럼, 하나님의 백성은 존재만으로도 주변을 변화시키는 '그리스도의 향기'(고후 2:15)가 되어야 한다.

4) 사랑의 부름은 반복되고 확증된다.

2장 10절과 동일한 부름이 반복 → 하나님은 중요한 부름을 여러 번 확인시켜 주신다. (창 22:11, 삼상 3:4-10)

5) 계절의 변화를 행동으로 연결해야 한다.

열매와 향기가 났는데 움직이지 않으면, 계절을 놓치게 됨.

부르심의 타이밍은 영원하지 않다.

## 4. 현대교회와 공동체에 주는 적용

1) 영적 결실의 징후를 주목하기
  적용: 내 삶과 공동체에서 맺히기 시작한 '푸른 열매'를 관찰하기.
  실천: 한 달에 한 번, 현재 진행 중인 열매를 감사 제목으로 나누기.

2) 미완성이라도 시작하기
  적용: 준비가 100% 되지 않아도, 하나님이 열어 주신 기회에 응답하기.
  실천: 이번 주 안에 미루던 사역·화해·순종 한 가지를 실행하기.

3) 그리스도의 향기를 전하기
  적용: 말과 행동에서 그리스도의 사랑과 거룩함을 드러내기.
  실천: 하루 한 번, 의도적으로 선행·격려·감사의 말을 실천하기.

4) 하나님의 부름을 재확인하기
  적용: 중요한 부름이 반복된다면 그 의미를 깊이 묵상하기.
  실천: 반복적으로 들리는 말씀·메시지를 기록하고 기도로 확인하기.

5) 계절을 놓치지 않는 순종
  적용: 변화와 결실의 때가 왔을 때, 주저하지 않고 순종하기.
  실천: 기회가 보이면 '기도-확인-실행'의 3단계를 바로 적용하기.

## 5. 결론

아가서 2장 13절은 무화과나무와 포도나무를 통해, 겨울이 끝난 후 오는 결실과 향기의 계절을 선명하게 그립니다. 하나님의 부르심은 결코 추상적이지 않고, 실제 환경과 상황속에서 열매와 영향력의 증거로 나타납니다.

이때 우리는 미완성이라도 기꺼이 일어서서, 사랑의 초대에 응답하는 순종을 선택해야 합니다.

# 아가서 2장 14절

יוֹנָתִי בְּחַגְוֵי הַסֶּלַע בְּסֵתֶר הַמַּדְרֵגָה הַרְאִינִי אֶת־מַרְאַיִךְ הַשְׁמִיעִינִי

אֶת־קוֹלֵךְ כִּי־קוֹלֵךְ עָרֵב וּמַרְאֵיךְ נָאוֶה:

직역: "나의 비둘기야, 바위 틈 은밀한 계단에 있는 자여, 네 얼굴을 내게 보이게 하라.
네 목소리를 내게 들리게 하라. 네 목소리는 달콤하고, 네 모습은 아름답다."

해석적 의역: "나의 비둘기 같은 사랑이여, 바위틈 은밀한 곳에 숨어 있는 너여, 네 얼굴을 보여
주고, 네 목소리를 들려다오. 네 목소리는 사랑스럽고, 네 모습은 아름답다."

## 1. 핵심 어휘 해설

**יוֹנָתִי** – "나의 비둘기", 비둘기: 순결·온유·충실의 상징.
고대 근동에서는 결혼 서약에서 배우자를 부르는 애칭으로 자주 사용.

**בְּחַגְוֵי הַסֶּלַע** – "바위 틈"
חַגְוֵי: 갈라진 틈, 은신처.
하나님이 모세를 "바위 틈에 두시고" 영광을 지나게 하신 장면(출 33:22)과 연결 가능 →
보호·임재·은밀함의 상징.

**בְּסֵתֶר הַמַּדְרֵגָה** – "은밀한 계단",
מַדְרֵגָה: 층계, 오르막길.
높은 곳으로 오르는 길목의 숨겨진 자리 → 접근이 어려운, 깊은 관계의 자리.

**הַרְאִינִי** – "나에게 보이게 하라"
하나님께서 인간에게 관계를 원하실 때 사용되는 친밀한 요구 표현.

**הַשְׁמִיעִינִי** – "들리게 하라", 단순 청취가 아니라 '마음을 기울여 듣고 싶은' 강한 바람.

**עָרֵב** – "달콤하다, 즐겁다", 목소리의 감미로움과 마음의 기쁨을 동시에 표현.

## 2. 전체 구조 요약표

| 구절 | 히브리어 구절 | 직역 | 문학적/신학적 의미 |
|---|---|---|---|
| 2:14 | יוֹנָתִי | 나의 비둘기 | 순결과 충실의 애칭 |
| | בְּחַגְוֵי הַסֶּלַע בְּסֵתֶר הַמַּדְרֵגָה | 바위틈 은밀한 계단 | 보호·임재·깊은 친밀의 자리 |
| | הַרְאִינִי אֶת־מַרְאַיִךְ | 네 얼굴을 보이게 하라 | 관계의 드러남, 개방 요청 |
| | הַשְׁמִיעִינִי אֶת־קוֹלֵךְ | 네 목소리를 들리게 하라 | 교제와 응답의 요청 |
| | כִּי־קוֹלֵךְ עָרֵב וּמַרְאֵיךְ נָאוֶה | 네 목소리는 달콤하고, 네 모습은 아름답다 | 사랑의 이유와 기쁨의 고백 |

## 3. 신학적 의미와 교훈

1) 하나님은 은밀한 자리로 우리를 부르신다.

　신랑의 초대는 단순히 함께 걷자는 것이 아니라, 깊은 교제와 친밀의 공간으로 부르는 것.

　영적 삶에서 '바위틈'은 기도와 묵상의 은밀한 자리(마 6:6)를 상징.

2) 하나님은 우리의 '드러남'을 원하신다.

　'네 얼굴을 보이게 하라'는 요청은 숨겨진 두려움·상처·감정을 주님 앞에 열라는 뜻.

　하나님 앞의 진정한 예배는 가면을 벗고 드리는 것임.(시 139:23-24)

3) 하나님은 우리의 목소리를 기뻐하신다.

　주님은 우리의 기도, 찬양, 고백을 듣고 기뻐하신다.(습 3:17)

　우리의 목소리는 그분께 '달콤한 향기'와 같다.

4) 은밀한 자리에서의 만남은 보호와 안전 속에 이루어진다.

　바위틈과 은밀한 계단은 외부의 위협으로부터 안전한 장소임.

　하나님의 임재는 피난처이자 교제의 공간임.(시 27:5)

5) 하나님의 사랑은 조건이 아니라 본질적 기쁨

　주님은 우리의 외적 조건 때문이 아니라, 존재 자체를 기뻐하신다.

　"네 목소리는 달콤하고, 네 모습은 아름답다"

## 4. 현대교회와 공동체에 주는 적용

1) 하나님과의 은밀한 시간 회복하기

적용: 바쁜 사역과 활동 속에서도 은밀한 기도·묵상의 시간을 확보하기.

실천: 하루 15분, 방해받지 않는 장소에서 '주님과의 대화' 시간 갖기.

2) 마음을 가린 가면 벗기

적용: 하나님 앞에서 모든 것을 숨김없이 드러내기.

실천: 매주 한 번, 솔직한 마음 상태를 적어 기도로 올려드리기.

3) 하나님께 기쁨의 목소리 올려드리기

적용: 찬양과 기도를 의무가 아니라 기쁨으로 드리기.

실천: 하루 한 번, 소리 내어 찬양하거나 기도하기.

4) 하나님의 피난처에서 쉼 누리기

적용: 위기나 두려움이 있을 때 다른 해결책보다 먼저 하나님께 나아가기.

실천: 불안하거나 힘든 날, 시편 91편을 소리 내어 읽기.

5) 존재 자체로 사랑받는 은혜 기억하기

적용: 사역 성과나 조건이 아닌, 하나님의 자녀로서 사랑받음을 믿기.

실천: 하루 시작 전, "주님은 오늘도 나를 기뻐하신다"를 3번 고백하기.

## 5. 결론

아가서 2장 14절은 신랑이 신부를 은밀하고 안전한 자리로 불러, 얼굴과 목소리를 드러내 달라고 요청하는 장면입니다. 이는 하나님께서 우리에게 원하시는 깊은 관계, 즉 가장 내밀한 자리에서의 만남을 상징합니다.

신앙의 성숙은 바로 이 은밀한 자리에서 주님과의 교제를 통해 자라나며, 그 자리에서 우리는 '조건 없는 사랑'을 경험하게 됩니다.

# 아가서 2장 15절

אֶחֱזוּ־לָנוּ שׁוּעָלִים שׁוּעָלִים קְטַנִּים מְחַבְּלִים כְּרָמִים וּכְרָמֵינוּ סְמָדַר:

직역: "우리를 위해 여우들, 작은 여우들을 붙잡으라. 그들은 꽃이 핀 우리의 포도원을
　　　훼손한다."
해석적 의역: "우리의 포도원이 꽃피었으니, 그것을 해치는 작은 여우들을 잡아라."

## 1. 핵심 어휘 해설

**אֶחֱזוּ־לָנוּ** – "우리를 위해 잡으라"
　　**אֶחֱזוּ**: '붙잡다, 포획하다'라는 명령형(복수).
　　공동체적 요청 – 이 일은 혼자만이 아니라 함께 해야 할 일.

**שׁוּעָלִים** – "여우들"
　　실제 여우는 팔레스타인 포도원에서 뿌리와 줄기를 갉아먹는 해충성 짐승.
　　성경에서 교활함, 은밀함, 파괴를 상징.(겔 13:4, 눅 13:32)

**שׁוּעָלִים קְטַנִּים** – "작은 여우들", 아직 성장하지 않은, 눈에 잘 띄지 않는 위협.
　　큰 재앙보다 더 위험한 '작고 은밀한' 파괴 요소.

**מְחַבְּלִים** – "훼손하는 자들"
　　어근: **חָבַל**, '파괴하다, 손상시키다, 해치다'

**כְּרָמִים … סְמָדַר** – "포도원… 꽃송이"
　　포도원: 사랑·관계·사역·신앙 공동체의 상징.
　　**סְמָדַר**: 포도꽃이 맺히는 초기 단계 → 열매 맺기 전 가장 연약하고 보호가 필요한 시기.

## 2. 전체 구조 요약표

| 구절 | 히브리어 구절 | 직역 | 문학적/신학적 의미 |
|---|---|---|---|
| 2:15 | אֶחֱזוּ־לָנוּ | 우리를 위해 잡아라 | 공동체적 경계 요청 |
| | שׁוּעָלִים שׁוּעָלִים קְטַנִּים | 여우들, 작은 여우들 | 은밀하고 작은 위협 |
| | מְחַבְּלִים כְּרָמִים | 포도원을 훼손하는 자들 | 관계·열매를 파괴하는 요소 |
| | וּכְרָמֵינוּ סְמָדַר | 우리의 포도원은 꽃송이 | 열매 직전의 연약한 상태, 보호 필요성 |

## 3. 신학적 의미와 교훈

1) 하나님이 주신 관계와 사역은 보호해야 한다.

포도원은 하나님이 주신 사랑·사역·공동체의 상징.

초기 단계일수록 더 세심한 보호가 필요함.(잠 4:23)

2) 가장 위험한 위협은 '작고 은밀한 것'

작은 여우는 처음에는 하찮아 보이지만, 방치하면 전체를 망친다.

신앙에서는 작은 죄, 작은 타협, 미묘한 불화가 큰 파괴를 부른다.

3) 경계와 제거는 공동체적 책임

'우리를 위해'라는 표현은 신앙의 경계가 공동체 안에서 서로를 위해 실행되어야 함을 뜻함.(히 3:13)

4) 열매 맺기 전의 시기가 가장 중요한 보호 시점

스마다르(포도꽃 시기)는 열매의 가능성은 있지만, 매우 연약한 단계.

영적으로도 성장과 결실 직전이 가장 많은 공격과 시험이 오는 때이다.

5) 영적 삶에는 지속적인 '잡는' 행동이 필요

단발성 제거가 아니라, 계속해서 경계하고 조치해야 함.(엡 4:27)

## 4. 현대교회와 공동체에 주는 적용

1) 관계와 사역의 '작은 위협' 점검하기
   적용: 공동체 내의 작은 불화·오해·비난을 방치하지 않기.
   실천: 한 달에 한 번, 팀/소그룹 내 갈등·오해를 대화로 해결하기.

2) 작은 죄와 타협 제거하기
   적용: '이 정도는 괜찮겠지 '하는 습관적 죄를 방치하지 않기.
   실천: 매주 작은 타협 1가지를 적어 회개 기도하기.

3) 영적 성장 직전의 시험 경계하기
   적용: 중요한 사역·결단 직전일수록 더 깨어 기도하기.
   실천: 사역 시작 전 3일간 특별 기도 시간 확보하기.

4) 공동체적 영적 경계 만들기
   적용: 서로의 삶을 위해 기도하며, 잘못된 길로 갈 때 사랑으로 권면하기.
   실천: 소그룹마다 '영적 점검 파트너'를 지정하여 주 1회 체크하기.

5) 작은 위협을 즉시 처리하기
   적용: 불건전한 콘텐츠·유혹·관계가 감지되면 즉시 끊기.
   실천: 미루지 않고 24시간 안에 조치 실행하기.

## 5. 결론

아가서 2장 15는 사랑과 관계의 꽃이 피는 시기에, 그것을 해치는 작고 은밀한 위협을 제거하라는 경고입니다. 신앙과 공동체의 결실은 방치하면 쉽게 무너질 수 있으며, 하나님은 우리에게 '작은 여우'들을 즉시 잡으라고 명하십니다.

이 구절은 친밀함을 지키는 경계의 영성이 없으면 사랑과 사역도 오래 가지 못한다는 중요한 원리를 보여줍니다.

# 아가서 2장 16절

הֹורִי לִי וַאֲנִי לֹו הָרֹעֶה בַּשֹׁושַׁנִּים׃

직역: "나의 사랑하는 이는 내 것이고, 나는 그의 것이다. 그가 백합화 가운데서 먹인다."
해석적 의역: "나의 사랑하는 이는 나의 것이며, 나는 그의 것이다. 그는 백합화 사이에서
양을 먹인다."

## 1. 핵심 어휘 해설

הֹורִי – "나의 사랑하는 이"
  어근: דֹוד, '사랑하는 자, 연인'
  아가서 전반에서 신랑을 부르는 애칭.

וַאֲנִי לֹו…לִי – "내 것이고… 나는 그의 것이다"
  히브리어 소유 표현으로, 상호적 헌신과 소속을 나타냄.
  단방향이 아니라 완전한 상호 소유(reciprocal belonging).

הָרֹעֶה – "먹이는 자, 목자"
  실제 양을 치는 목자일 수도 있으나, 비유적으로 돌보는 사람을 의미한다.

בַּשֹׁושַׁנִּים – "백합화들 가운데"
  백합화: 순결·아름다움의 상징.
  신랑의 사역(목양)이 거룩함과 아름다움 속에서 이루어짐을 암시.

## 2. 전체 구조 요약표

| 구절 | 히브리어 구절 | 직역 | 문학적/신학적 의미 |
|---|---|---|---|
| 2:16 | הוֹדִי לִי | 나의 사랑하는 이는 내 것이다 | 소유·안정·관계의 확신 |
| | וַאֲנִי לוֹ | 나는 그의 것이다 | 상호적 헌신·전적인 헌납 |
| | הָרֹעֶה בַּשּׁוֹשַׁנִּים | 백합화 가운데 먹이는 자 | 순결·아름다움 속에서의 돌봄 |

## 3. 신학적 의미와 교훈

1) 하나님과의 관계는 상호 헌신 위에 세워진다.
   "나의 사랑하는 이는 내 것이고, 나는 그의 것이다"는 소유와 헌신의 완전한 상호성을 표현.
   신앙은 하나님이 나를 소유하실 뿐 아니라, 나도 전적으로 하나님께 속하는 삶이다.
   (요 17:9-10).

2) 관계의 안전은 확신에서 온다.
   2장 15절에서 위협을 경계하라는 명령 직후, 2장 16절은 안정과 평안의 선언이다.
   경계만이 아니라 '관계의 견고한 기초'를 기억하는 것이 필요함.

3) 하나님은 목자이시며 돌보시는 분
   신랑을 '백합화 가운데 먹이는 목자'로 묘사 → 주님은 거룩하고 아름다운 환경 속에서
   우리를 인도하신다.(시 23:2)

4) 거룩함과 아름다움 속에서의 양육
   백합화는 순결과 아름다움의 상징임.
   하나님의 돌봄은 세상의 더러움이 아니라 거룩함의 터전에서 이루어진다.

5) 자기 정체성은 소속에서 나온다.
   "나는 그의 것이다"라는 고백은 정체성과 사명 의식의 기초.
   소속감을 잃으면 정체성과 방향성도 흔들린다.

## 4. 현대교회와 공동체에 주는 적용

### 1) 하나님과의 상호 헌신 확인하기
적용: 하나님이 나의 하나님이심을, 내가 그분의 것임을 매일 고백하기.
실천: 아침 기도에서 "주님은 나의 주님이시며, 나는 주님의 것입니다"를 선포하기.

### 2) 관계의 확신을 흔드는 요소 제거
적용: 불신·두려움·비난 등 확신을 무너뜨리는 요소를 다루기.
실천: 관계 안에서 생긴 의심은 바로 대화와 기도로 풀기.

### 3) 하나님의 돌보심 경험하기
적용: 주님의 목자 되심을 신뢰하며 순종하기.
실천: 하루의 계획을 세울 때, 주님께 인도와 지혜를 먼저 구하기.

### 4) 거룩함의 환경 만들기
적용: 영적 성장과 보호를 위해 순결한 환경을 유지하기.
실천: 거룩한 독서·찬양·교제 시간을 일정에 포함하기.

### 5) 정체성과 사명 재확인하기
적용: '나는 누구의 것인가?'라는 질문에 분명히 답할 수 있도록 신앙 점검하기.
실천: 한 달에 한 번, 나의 소속과 사명을 기록하고 기도하기.

## 5. 결론

아가서 2장 16절은 상호 소유와 헌신의 선언을 통해 사랑의 관계가 안정되고 안전하다는 확신을 줍니다. 이 고백은 단순한 감정 표현이 아니라, 관계의 뿌리와 방향성을 세우는 언약적 고백입니다.

하나님의 백성도 매일 이 고백을 통해 정체성을 확인하고, 거룩하고 안전한 환경에서 주님의 돌보심을 누려야 합니다.

# 아가서 2장 17절

עַד שֶׁיָּפוּחַ הַיּוֹם וְנָסוּ הַצְּלָלִים סֹב דְּמֵה־לְךָ דוֹדִי לִצְבִי אוֹ
לְעֹפֶר הָאַיָּלִים עַל־הָרֵי בָתֶר:

직역: "날이 기울고 그림자들이 사라질 때까지, 돌아와 나의 사랑하는 이여, 노루나 어린
사슴처럼, 베델(분리)의 산들 위로 달려오라."

해석적 의역: "날이 저물고 그림자가 사라질 때까지, 나의 사랑이여, 노루나 어린 사슴처럼
돌아와 나에게 달려오라. 그 산들은 우리를 갈라놓는 산들이라."

## 1. 핵심 어휘 해설

עַד שֶׁיָּפוּחַ הַיּוֹם - "날이 저물 때까지"

יָפוּחַ: 불다, 숨쉬다 → 여기서는 해가 기울어 서늘한 바람이 부는 저녁을 의미함.

וְנָסוּ הַצְּלָלִים - "그림자들이 사라질 때"

해가 질 때 또는 새벽 햇살로 그림자가 사라질 때를 가리킬 수 있음 → 종말론적 희망 또는
새로운 날의 시작으로 해석 가능함.

סֹב דְּמֵה־לְךָ - "돌아오라, 너를 비유하노니"

신랑에게 노루·사슴처럼 경쾌하고 신속하게 돌아오라는 요청이다.

לְעֹפֶר לִצְבִי … הָאַיָּלִים - "노루… 어린 사슴"

민첩함·자유·아름다움의 상징.
아가서 2장 9절에서도 동일하게 사용 → 사랑의 재회를 향한 기대.

עַל־הָרֵי בָתֶר - "바테르(분리)의 산들 위로"

בָתֶר: '쪼개다, 나누다'라는 뜻 → 둘 사이를 가로막는 장애물 또는 거리.
창세기 15장 10절의 '언약 쪼갬'과 연결해 언약적 의미로 해석되기도 함.

## 2. 전체 구조 요약표

| 구절 | 히브리어 구절 | 직역 | 문학적/신학적 의미 |
|---|---|---|---|
| 2:17 | עַד שֶׁיָּפוּחַ הַיּוֹם | 나의 비둘기 | 순결과 충실의 애칭 |
| | וְנָסוּ הַצְּלָלִים | 바위틈 은밀한 계단 | 보호·임재·깊은 친밀의 자리 |
| | סֹב דְּמֵה־לְךָ דוֹדִי | 네 얼굴을 보이게 하라 | 관계의 드러남, 개방 요청 |
| | לִצְבִי אוֹ לְעֹפֶר הָאַיָּלִים | 네 목소리를 들리게 하라 | 교제와 응답의 요청 |
| | עַל־הָרֵי בָתֶר | 네 목소리는 달콤하고, 네 모습은 아름답다 | 사랑의 이유와 기쁨의 고백 |

## 3. 신학적 의미와 교훈

1) 사랑은 기다림 속에서 깊어진다
   '날이 저물고 그림자가 사라질 때까지'라는 표현은 시간의 경과와 인내를 전제함.
   신앙도 즉시 응답보다 기다림을 통해 성숙한다.(시 130:5-6)

2) 그림자의 사라짐은 어둠의 종말과 빛의 시작
   영적으로는 죄·고난·시험의 그림자기 시리지고 주님의 임재의 빛이 임하는 순간을 상징함.
   종말론적으로는 주님의 재림과 영원한 빛을 의미함.(계 21:23)

3) 신랑의 돌아오옴은 기쁨과 신속함으로
   노루·어린 사슴 비유는 기다리는 자의 마음에 그려지는 이상적 재회의 모습.
   주님이 다시 오실 때의 신속성과 아름다움(마 24:27)을 암시함.

4) 분리의 산은 장애물이지만 극복 가능하다.
   관계를 가로막는 영적·물리적 장애물은 있지만, 사랑은 그것을 넘어 달려온다.
   하나님과의 관계에서도 죄·두려움·상처라는 '산'을 넘어야 함.

5) 기다림은 소망으로 채워져야 한다.
   마냥 기다리는 것이 아니라, 재회의 날을 바라보며 준비하는 적극적 기다림.(마 25:1-13)

## 4. 현대교회와 공동체에 주는 적용

1) 기다림의 신앙 훈련하기
   적용: 응답이 지연될 때 인내와 소망으로 기다리기.
   실천: 응답이 더딘 기도제목을 '소망 리스트'로 작성하고 매일 감사 기도하기.

2) 그림자가 사라질 때를 기대하기
   적용: 현재의 고난과 어둠이 영원하지 않음을 믿기.
   실천: 힘든 상황 속에서 "이 또한 지나가리라"는 말씀(고후 4:17-18) 암송하기.

3) 주님 오심의 신속성을 기억하기
   적용: 재림의 확실성과 신속성을 마음에 새기기.
   실천: 매일 하루를 '주님이 오늘 오신다면?'이라는 마음으로 시작하기.

4) 관계를 가로막는 산 넘기
   적용: 하나님과 사람 사이에 있는 장애물 제거하기.
   실천: 미루고 있는 회개·화해·순종을 이번 주 실행하기.

5) 적극적 기다림으로 준비하기
   적용: 기다리는 동안 사명과 거룩함을 지키기.
   실천: 하루 최소 10분, 말씀 묵상과 예배 준비에 투자하기.

## 5. 결론

아가서 2장 17절은 사랑하는 이를 향한 그리움과 기다림의 절정을 표현합니다. 그림자가 사라지고 재회가 이루어질 때까지, 신부는 신랑이 장애물을 넘어 신속하게 돌아오기를 갈망합니다.

신앙적으로 이 구절은 주님의 재림을 기다리는 교회의 태도를 잘 보여주며, 기다림이 단순한 정지가 아니라, 소망과 준비로 채워진 시간임을 가르칩니다.

아가서 3장

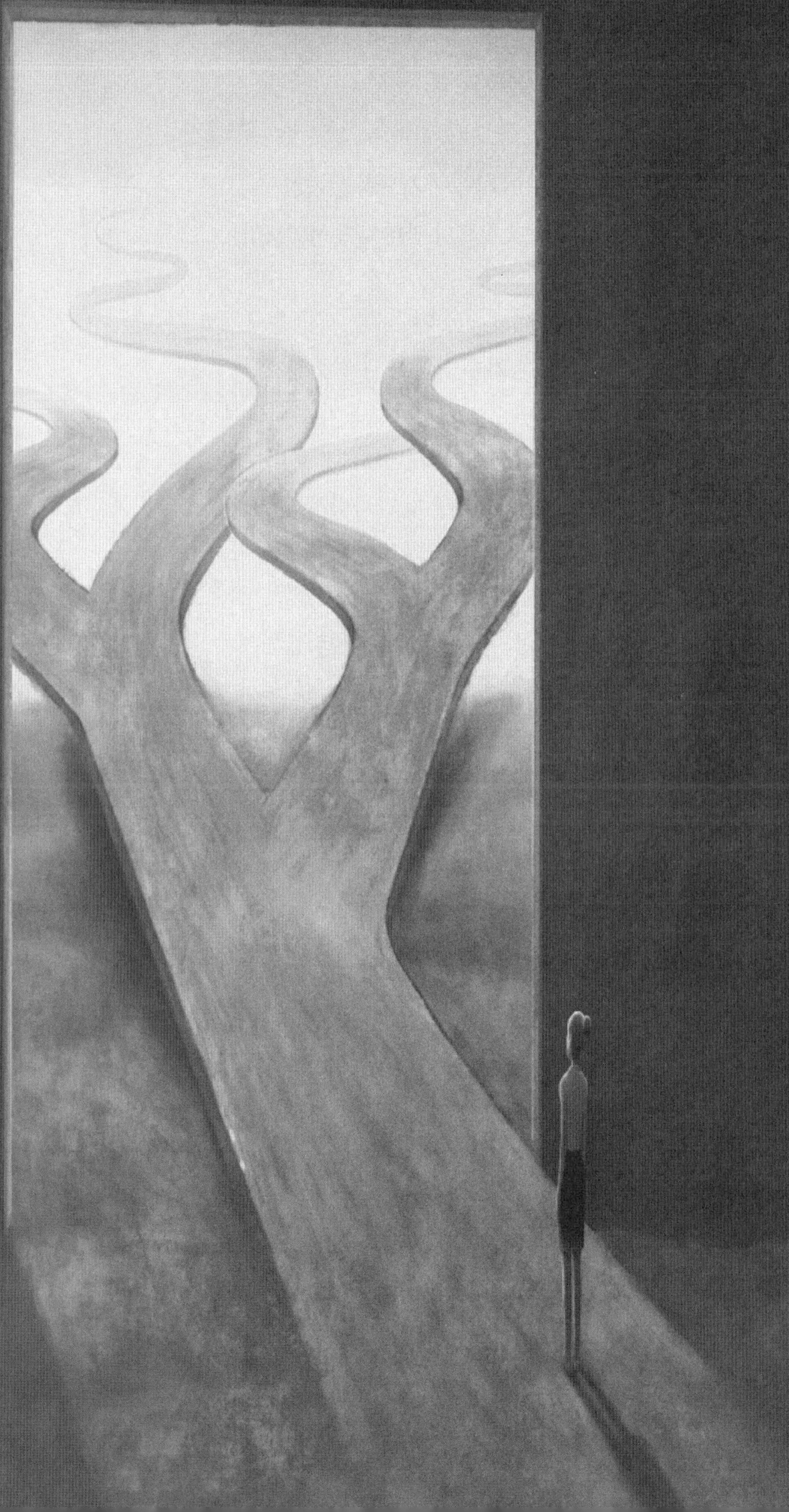

## 제 3장 <small>(개역개정)</small>

1  내가 밤에 침상에서 마음으로 사랑하는 자를 찾았노라
   찾아도 찾아내지 못하였노라
2  이에 내가 일어나서 성 안을 돌아다니며 마음에 사랑하는 자를
   거리에서나 큰 길에서나 찾으리라 하고 찾으나 만나지 못하였노라
3  성 안을 순찰하는 자들을 만나서 묻기를
   내 마음으로 사랑하는 자를 너희가 보았느냐 하고
4  그들을 지나치자마자 마음에 사랑하는 자를 만나서 그를 붙잡고
   내 어머니 집으로, 나를 잉태한 이의 방으로 가기까지 놓지 아니하였노라
5  예루살렘 딸들아 내가 노루와 들사슴을 두고 너희에게 부탁한다
   사랑하는 자가 원하기 전에는 흔들지 말고 깨우지 말지니라
6  몰약과 유향과 상인의 여러 가지 향품으로 향내 풍기며 연기 기둥처럼
   거친 들에서 오는 자가 누구인가
7  볼지어다 솔로몬의 가마라 이스라엘 용사 중 육십 명이 둘러쌌는데
8  다 칼을 잡고 싸움에 익숙한 사람들이라
   밤의 두려움으로 말미암아 각기 허리에 칼을 찼느니라
9  솔로몬 왕이 레바논 나무로 자기의 가마를 만들었는데
10  그 기둥은 은이요 바닥은 금이요 자리는 자색 깔개라
   그 안에는 예루살렘 딸들의 사랑이 엮어져 있구나
11  시온의 딸들아 나와서 솔로몬 왕을 보라
   혼인날 마음이 기쁠 때에 그의 어머니가 씌운 왕관이 그 머리에 있구나

# 제 3 장
(Song of Songs [kjv])

1.By night on my bed I sought him whom my soul loveth:

  I sought him, but I found him not.

2.I will rise now, and go about the city in the streets, and in the broad ways

  I will seek him whom my soul loveth: I sought him, but I found him not.

3.The watchmen that go about the city found me: to whom I said,

  Saw ye him whom my soul loveth?

4.It was but a little that I passed from them, but I found him whom my soul loveth:

  I held him, and would not let him go, until I had brought him into my mother's house,

  and into the chamber of her that conceived me.

5.I charge you, O ye daughters of Jerusalem, by the roes, and by the hinds of the field,

  that ye stir not up, nor awake my love, till he please.

6.Who is this that cometh out of the wilderness like pillars of smoke,

  perfumed with myrrh and frankincense, with all powders of the merchant?

7.Behold his bed, which is Solomon's; threescore valiant men are about it,

  of the valiant of Israel.

8.They all hold swords, being expert in war:

  every man hath his sword upon his thigh because of fear in the night.

9.King Solomon made himself a chariot of the wood of Lebanon.

10.He made the pillars thereof of silver, the bottom thereof of gold, the covering of it of

  purple, the midst thereof being paved with love, for the daughters of Jerusalem.

11.Go forth, O ye daughters of Zion, and behold king Solomon with the crown wherewith

  his mother crowned him in the day of his espousals,

  and in the day of the gladness of his heart.

# 아가서 3장 1절

עַל־מִשְׁכָּבִי בַּלֵּילוֹת בִּקַּשְׁתִּי אֵת שֶׁאָהֲבָה נַפְשִׁי בִּקַּשְׁתִּיו וְלֹא מְצָאתִיו:

직역: "밤마다 내 침상에서, 내 영혼이 사랑하는 자를 찾았으나, 내가 그를 찾았지만 발견하지
　　 못하였다."
해석적 의역: "밤마다 침대에 누워, 내 마음이 사랑하는 이를 찾았지만, 찾고 또 찾아도 만나지
　　　　　　 못하였다."

## 1. 핵심 어휘 해설

עַל־מִשְׁכָּבִי  – "내 침상에서"

　단순한 물리적 침대가 아니라, 사적인 공간, 휴식과 친밀함의 자리.
　시적 문맥상 영적 친밀함을 추구하는 내밀한 자리.

בַּלֵּילוֹת  – "밤들에"

　복수형 → 반복되는 밤, 지속적 기간.
　밤은 외로움·부재·시험·영적 갈급함의 상징.

בִּקַּשְׁתִּי  – "내가 찾았다"

　בָּקַשׁ: 강한 의지와 지속성을 나타내는 동사.
　단순히 '찾아보다'가 아니라 '간절히 구하다'.

שֶׁאָהֲבָה נַפְשִׁי  – "내 영혼이 사랑하는 자"

　깊고 전인격적인 사랑 → 감정＋의지＋정체성을 포함.

וְלֹא מְצָאתִיו  – "그러나 발견하지 못했다"

　관계의 부재, 하나님의 침묵, 혹은 시련의 시간을 표현.

## 2. 전체 구조 요약표

| 구절 | 히브리어 구절 | 직역 | 문학적/신학적 의미 |
|---|---|---|---|
| 3:1 | עַל־מִשְׁכָּבִי | 내 침상에서 | 개인적·내밀한 공간 |
| | בַּלֵּילוֹת | 밤들에 | 반복적·지속적 부재 |
| | בִּקַּשְׁתִּי אֵת שֶׁאָהֲבָה נַפְשִׁי | 내가 내 영혼이 사랑하는 자를 찾았다 | 전인격적 갈망 |
| | בִּקַּשְׁתִּיו וְלֹא מְצָאתִיו | 찾았으나 발견하지 못했다 | 기다림과 실패의 긴장감 |

## 3. 신학적 의미와 교훈

1) 영적 갈망은 때로 부재를 통해 깊어진다.

    사랑하는 이를 찾았으나 만나지 못하는 경험은 관계의 소중함을 더 깊이 깨닫게 함.

    하나님과의 관계에서도 하나님의 '침묵기'는 갈망을 순수하게 정화하는 시간이다.(사 8:17)

2) 밤은 영적 시험과 갈급함의 상징

    밤은 안전과 빛이 사라진 때 → 신앙의 어두운 밤(the dark night of the soul)

    그러나 밤은 동시에 새로운 날을 준비하는 시간이다.

3) 사적인 공간에서의 갈망

    '내 침상'은 외부 활동이 멈춘 자리 → 하나님을 향한 갈망은 조용한 내밀한 시간에서

    시작된다.(시 63:6)

4) 반복과 지속의 영성

    '밤들에'라는 표현은 한 번의 시도가 아닌, 꾸준한 찾음을 나타낸다.

    하나님은 종종 꾸준함을 통해 신실함을 시험하시고, 성숙으로 이끄신다.

5) 하나님을 찾는 과정에서의 미완성 경험

    '찾았으나 만나지 못함'은 절망이 아니라, 더 적극적인 추구로 이끄는 동력이다.

    신앙 여정은 즉시 응답보다 점진적 발견의 과정이다.

## 4. 현대교회와 공동체에 주는 적용

1) 하나님의 부재를 신앙 훈련의 기회로 삼기
   적용: 응답이 없을 때 낙심보다 갈망을 키우기.
   실천: 응답 지연 상황에서 감사 제목 3가지 적어 기도하기.

2) '밤의 시간'을 준비와 성찰로 활용
   적용: 어려움·침묵기의 시간을 신앙 점검 기회로 가지기.
   실천: 매주 한 번, 고독 속에서 하루를 돌아보며 하나님께 보고하기.

3) 조용한 자리에서 하나님을 찾기
   적용: 바쁜 일상에서 침상(은밀한 자리)을 만들기.
   실천: 하루 15분, 방해받지 않는 시간과 장소 확보하기.

4) 꾸준함으로 신실함 증명하기
   적용: 기도와 말씀 묵상에 일정한 리듬 만들기.
   실천: 30일 성경 묵상 챌린지 계획 세우기.

5) 미완성의 갈망을 사명으로 전환
   적용: 아직 이루어지지 않은 기도 제목을 포기하지 않기.
   실천: 매달 '응답 대기 목록'을 작성해 공동체와 나누고 기도하기.

## 5. 결론

아가서 3장 1절은 사랑하는 이를 찾지만 만나지 못하는 경험을 통해, 갈망과 기다림이 어떻게 더 깊은 추구로 이어지는지를 보여줍니다. 영적으로 이 장면은 하나님의 부재처럼 느껴지는 시기에도, 끊임없이 찾는 신앙의 집요함이 필요하다는 교훈을 줍니다.

밤이 길고 응답이 없을지라도, 이 시간은 하나님이 우리를 더 깊은 자리로 초대하시는 은혜의 과정임을 믿어야 합니다.

# 아가서 3장 2절

אָקוּמָה נָּא וַאֲסוֹבְבָה בָעִיר בַּשְּׁוָקִים וּבָרְחֹבוֹת אֲבַקְשָׁה אֵת

שֶׁאָהֲבָה נַפְשִׁי בִּקַּשְׁתִּיו וְלֹא מְצָאתִיו:

직역: "일어나 이제 성읍을 돌아다니리라. 거리들과 넓은 곳에서 내 영혼이 사랑하는 이를 찾으리라. 내가 찾았으나 발견하지 못하였다."

해석적 의역: "나는 일어나 성 안을 이리저리 다니며, 거리와 광장에서 내 마음이 사랑하는 이를 찾았다. 그러나 여전히 그를 만나지 못했다."

## 1. 핵심 어휘 해설

**אָקוּמָה נָּא** – "이제 일어나리라"
동사: קוּם(일어서다) + cohortative ending(의지 강조) + נָא(간청, 결의).
의지적 결단과 즉각적 행동을 나타냄.

**וַאֲסוֹבְבָה** – "돌아다니리라"
סבב: 돌다, 순환하다, 둘러보다
단순한 산책이 아니라 '목적 있는 순환 탐색'.

**בַּשְּׁוָקִים** – "시장길들"
상업 중심지, 사람이 많은 번화가, 은밀한 침상(3:1)과 대비되는 공적 공간.

**וּבָרְחֹבוֹת** – "넓은 길들"
대로·광장, 사람들이 모이는 넓은 공터, 찾음의 범위를 넓히는 장면.

**אֲבַקְשָׁה … בִּקַּשְׁתִּיו** – "내가 찾으리라… 내가 찾았으나"
같은 동사(בקש) 반복 → 강한 의지와 지속성.

## 2. 전체 구조 요약표

| 구절 | 히브리어 구절 | 직역 | 문학적/신학적 의미 |
|------|------------|------|------------------|
| 3:2 | אָקוּמָה נָּא | 이제 일어나리라 | 결단과 행동 |
| | וַאֲסוֹבְבָה בָעִיר | 성읍을 돌아다니리라 | 목적 있는 탐색 |
| | בַּשְּׁוָקִים וּבָרְחֹבוֹת | 시장길들과 넓은 길들 | 사적인 자리에서 공적 자리로 |
| | אֲבַקְשָׁה אֵת שֶׁאָהֲבָה נַפְשִׁי | 내 영혼이 사랑하는 이를 찾으리라 | 전인격적 사랑의 대상 |
| | בִּקַּשְׁתִּיו וְלֹא מְצָאתִיו | 찾았으나 발견하지 못했다 | 여전히 미완성의 만남 |

## 3. 신학적 의미와 교훈

### 1) 영적 갈망은 행동으로 이어져야 한다

3장 1절에서는 마음으로만 찾았지만, 3장 2절에서는 '일어나' 직접 나아감.

신앙은 단순한 열망이 아니라, 그 열망이 구체적 행동으로 전환될 때 열매를 맺는다.(약 2:17)

### 2) 사적인 신앙에서 공적인 신앙으로의 확장

침상(개인) → 거리와 광장(공동체) 이동은 신앙 여정이 내면에서 외부로 확장되는 과정임.

하나님을 찾는 길은 종종 사람과의 관계 속에서 이루어진다.

### 3) 하나님을 찾는 길에는 광범위한 탐색이 필요

성읍 전체를 순환하며 찾는 모습은 '다양한 경로'를 통한 신앙 추구를 보여줌.

말씀, 기도, 예배, 공동체 섬김 등 폭넓은 접근 필요하다.

### 4) 끊임없는 추구에도 즉시 응답이 오지 않을 수 있다.

'찾았으나 발견하지 못했다'는 반복은 하나님의 시간과 방식에 순종해야 함을 상기시킴.

응답 지연은 더 깊은 추구를 낳는 하나님의 교육 방식이다.

### 5) 하나님의 임재는 사적인 공간에도, 공적인 삶에도 필요하다.

우리는 주일 예배(공적)뿐 아니라, 일상의 개인 경건(사적) 속에서도 하나님을 찾아야 한다.

## 4. 현대교회와 공동체에 주는 적용

  1) 결단에서 행동으로 전환하기
    적용: 마음으로만 '해야지' 하는 결심을 실제 행동으로 옮기기.
    실천: 매주 한 번, 신앙적 결단을 구체적 행동계획으로 작성하기.

  2) 사적 신앙을 공적으로 확장하기
    적용: 혼자만의 신앙생활에서 공동체 속 섬김과 나눔으로 나아가기.
    실천: 한 달에 한 번, 교회나 단체 봉사활동 참여하기.

  3) 다양한 경로로 하나님 찾기
    적용: 말씀 묵상뿐 아니라 찬양, 금식, 전도 등 다양한 방법 시도.
    실천: 한 주에 한 번 새로운 영적 습관 도전하기.

  4) 응답 지연을 인내로 견디기
    적용: 찾음이 오래 걸려도 포기하지 않기.
    실천: 40일 기도제목 하나 정하고 끝까지 기도하기.

  5) 삶의 모든 공간에서 하나님 찾기
    적용: 직장, 가정, 거리에서도 하나님을 의식하며 살기.
    실천: 하루 3번, 있는 자리에서 1분 기도하기.

## 5. 결론

   아가서 3장 2절은 사랑하는 이를 향한 갈망이 내면의 열망에서 외적 실천으로 확장되는 과정을 보여줍니다. 그러나 여전히 '발견하지 못함'으로 끝나, 신앙 여정의 과정적 성격을 강조합니다.

   이 구절은 하나님을 찾는 일이 단번에 완성되지 않으며, 끊임없는 추구와 인내가 필요함을 교훈합니다.

# 아가서 3장 3절

מְצָאוּנִי הַשֹּׁמְרִים הַסֹּבְבִים בָּעִיר אֵת שֶׁאָהֲבָה נַפְשִׁי רְאִיתֶם:

직역: "성읍을 순찰하는 파수꾼들이 나를 만났다. '내 영혼이 사랑하는 이를 보았느냐?'
해석적 의역: "성 안을 도는 파수꾼들이 나를 만나자, 나는 물었다. '내 마음이 사랑하는 그분을 보셨나요?'

## 1. 핵심 어휘 해설

**מְצָאוּנִי** – "그들이 나를 만났다"

**מצא**(만나다, 발견하다) + 1인칭 목적대명사(나를).

신부가 찾다가 '발견한' 것이 아니라, 오히려 파수꾼들이 그녀를 먼저 발견한 장면.

**הַשֹּׁמְרִים** – "파수꾼들"

도시의 성벽이나 길을 지키는 경비병, 순찰자.

상징적으로 영적 지도자, 교회의 목회자, 공동체 안의 경성하는 자들을 의미 하기도 함.

**הַסֹּבְבִים בָּעִיר** – "성읍을 돌아다니는"

**סבב**: 순환하다, 순찰하다 → 지속적·반복적 사역.

**אֵת שֶׁאָהֲבָה נַפְשִׁי** – "내 영혼이 사랑하는 이"

3장 1~2절에서 반복된 고백 → 사랑의 대상이 변함없이 동일함을 강조한다.

**רְאִיתֶם** – "보았느냐?"

단순한 확인이 아니라 '목격했으면 알려달라'는 간절한 요청이다.

## 2. 전체 구조 요약표

| 구절 | 히브리어 구절 | 직역 | 문학적/신학적 의미 |
|---|---|---|---|
| 3:3 | מְצָאוּנִי הַשֹּׁמְרִים | 파수꾼들이 나를 만났다 | 지도자·공동체와의 조우 |
| | הַסֹּבְבִים בָּעִיר | 성읍을 순찰하는 자들 | 지속적 돌봄과 경성 |
| | אֵת שֶׁאָהֲבָה נַפְשִׁי | 내 영혼이 사랑하는 이 | 사랑의 대상 고정 |
| | רְאִיתֶם | 보았느냐? | 간절한 정보 요청 |

## 3. 신학적 의미와 교훈

1) 하나님을 찾는 여정에는 공동체의 도움이 필요하다.
   신부는 홀로 찾다가 파수꾼과 마주침 → 영적 추구는 개인적이지만, 공동체를 통한 도움을 받을 수 있다.(히 10:24-25)

2) 파수꾼은 보호자이자 안내자
   구약에서 파수꾼은 경계와 경고, 안내의 역할함.(겔 33:7)
   영적 지도자는 하나님께 이르는 길을 가르쳐 주고, 위험에서 경고한다.

3) 찾는 대상이 분명해야 한다.
   '내 영혼이 사랑하는 이'라는 반복은 목적의 명확성을 보여줌.
   신앙의 여정에서 목표가 흔들리면 길을 잃는다.

4) 질문과 요청은 겸손의 표현
   신부는 직접 찾으면서도 파수꾼에게 묻는다 → 영적 여정에서 '나는 다 안다'는 태도보다 배우려는 마음이 필요함.

5) 파수꾼의 역할은 응답 뿐 아니라 동행
   본문에는 파수꾼의 대답이 없음 → 때로 지도자는 직접 답을 주기보다, 계속 찾도록 격려하는 역할을 한다.

## 4. 현대교회와 공동체에 주는 적용

1) 영적 지도자와의 관계 세우기
　　적용: 혼자만의 신앙생활에 머물지 않고 목회자·멘토와 소통하기.
　　실천: 한 달에 한 번 영적 점검 상담 예약하기.

2) 공동체의 파수꾼 되기
　　적용: 다른 성도의 영적 상태를 살피고 격려하는 역할 맡기.
　　실천: 매주 한 명 이상에게 영적 안부 메시지 전송하기.

3) 목표가 분명한 신앙 유지하기
　　적용: 내가 '찾는 대상'이 누구인지 명확히 기록하기.
　　실천: 매일 기도 시작 전에 '나는 오늘 주님을 찾습니다'라고 선포하기.

4) 배움의 자세로 질문하기
　　적용: 신앙적 의문이나 갈급함을 숨기지 말고 물어보기.
　　실천: 성경공부나 소그룹에서 질문 최소 1회 하기.

5) 답이 없어도 계속 찾기
　　적용: 사람의 대답보다 하나님의 응답을 기다리기.
　　실천: 응답 없는 기간에도 예배·기도·말씀생활 중단하지 않기.

## 5. 결론

　　아가서 3장 3절은 하나님을 찾는 여정에서 공동체와 지도자와의 만남이 중요한 역할을 할 수 있음을 보여줍니다. 그러나 최종적인 발견은 여전히 신부가 직접 경험해야 하는 일이기에, 공동체는 방향을 제시하고 함께 걸어가는 역할을 감당합니다.

　　신앙은 혼자만의 길이 아니며, 함께 경성하는 공동체 안에서 더 깊어지는 여정입니다.

# 아가서 3장 4절

כִּמְעַט שֶׁעָבַרְתִּי מֵהֶם עַד שֶׁמָּצָאתִי אֵת שֶׁאָהֲבָה נַפְשִׁי אֲחַזְתִּיו

וְלֹא אַרְפֶּנּוּ עַד־שֶׁהֲבֵיאתִיו אֶל־בֵּית אִמִּי וְאֶל־חֶדֶר הוֹרָתִי:

직역: "그들(파수꾼)에게서 거의 지나가자마자, 내 영혼이 사랑하는 이를 찾았다. 내가 그를
붙잡아 놓지 아니하여, 내 어머니의 집, 나를 잉태한 이의 방으로 이끌어들였다."
해석적 의역: "파수꾼들을 지나치자마자, 나는 내 마음이 사랑하는 이를 만났다. 나는 그를 꼭
붙잡고 결코 놓지 않고, 어머니의 집, 나를 낳아 주신 방으로 모셔왔다."

## 1. 핵심 어휘 해설

**כִּמְעַט** – "거의, 조금", 시간적으로 '잠깐 후에'라는 의미.
기다림의 끝이 예상보다 가까웠음을 암시한다.

**שֶׁעָבַרְתִּי מֵהֶם** – "그들을 지나가자", 파수꾼과의 짧은 조우 후 독자적인 여정 재개함.

**שֶׁמָּצָאתִי** – "내가 찾았다"
3장 1~2절에서 반복된 '못 찾았다'가 여기서 반전됨. 적극적 추구의 결실.

**אֲחַזְתִּיו** – "내가 그를 붙잡았다"
**אחז**: 단단히 잡다, 소유하다 → 감정적·육체적 결합뿐 아니라 관계의 확증을 뜻함.

**וְלֹא אַרְפֶּנּוּ** – "놓지 않았다"
**רפה**: 풀다, 놓다 → 결코 포기하지 않는 헌신.

**בֵּית אִמִּי … חֶדֶר הוֹרָתִי** – "내 어머니의 집… 나를 잉태한 이의 방"
사랑과 안전, 친밀함의 공간.
상징: 언약의 안정된 자리, 영적 본향.

## 2. 전체 구조 요약표

| 구절 | 히브리어 구절 | 직역 | 문학적/신학적 의미 |
|---|---|---|---|
| 3:4 | כִּמְעַט שֶׁעָבַרְתִּי מֵהֶם | 그들을 지나자마자 | 기다림의 끝이 가까움 |
| | עַד שֶׁמָּצָאתִי | 내가 찾을 때까지 | 추구의 결실 |
| | אֲחַזְתִּיו וְלֹא אַרְפֶּנּוּ | 붙잡아 놓지 않았다 | 헌신과 확증 |
| | עַד־שֶׁהֲבֵיאתִיו | 내가 그를 데려올 때까지 | 능동적 인도 |
| | אֶל־בֵּית אִמִּי וְאֶל־חֶדֶר הוֹרָתִי | 어머니의 집, 나를 잉태한 방 | 안전·보호·근원으로의 귀환 |

## 3. 신학적 의미와 교훈

1) 하나님과의 만남은 갑작스럽고 은혜롭게 주어진다.
'거의 지나가자마자' → 오랜 기다림이 끝날 때, 하나님의 응답은 예기치 않게 찾아옴.
(사 65:24)

2) 추구의 끝은 '발견'이 아니라 '붙잡음'이다
단순히 만나는 것(발견)과 붙잡아 놓지 않는 것(관계 유지)은 다르다.
신앙은 일시적 체험보다 지속적 헌신이 중요.

3) 하나님을 붙잡는 신앙의 결의
'놓지 않겠다'는 표현은 야곱이 얍복강에서 천사에게 한 고백(창 32:26)과 유사.
이는 축복과 임재를 놓지 않는 집요함.

4) 관계의 안전지대로 인도
어머니의 집은 사랑이 안정되고 보호받는 장소.
하나님과의 친밀함은 안전한 영적 거처를 제공.(시 91:1)

5) 만남 후에도 주도적 헌신 필요
신부가 직접 신랑을 모셔옴 → 은혜를 받았더라도 그 은혜를 지키고 확장하는 책임은
우리의 몫.

## 4. 현대교회와 공동체에 주는 적용

1) 응답의 순간을 준비하기
　　적용: 하나님의 응답이 갑자기 올 수 있음을 믿고 준비하기.
　　실천: 하루를 '오늘 하나님이 응답하신다면?'이라는 마음으로 시작하기.

2) 일시적 체험이 아닌 지속적 헌신으로
　　적용: 은혜 받은 후 신앙이 식지 않도록 관리하기.
　　실천: 은혜 받은 날의 감동을 일기·기도문으로 기록하기.

3) 하나님을 붙잡는 집요한 신앙
　　적용: 어려움에도 하나님의 임재를 놓지 않기.
　　실천: 매일 "주님, 저는 주님을 놓지 않겠습니다"라고 선포 기도하기.

4) 안전한 영적 거처 만들기
　　적용: 내 가정·공동체가 하나님의 임재가 머무는 '어머니의 집'이 되게 하기.
　　실천: 가정예배나 소그룹 모임 정례화하기.

5) 은혜 후의 관리와 확장
　　적용: 받은 은혜를 공동체와 나누기.
　　실천: 매달 은혜 간증을 한 번씩 나누기.

## 5. 결론

아가서 3장 4절은 오랜 찾음의 여정이 발견과 헌신으로 결실을 맺는 절정 장면입니다.

신부는 사랑하는 이를 붙잡고 안전한 곳으로 모심으로써, 사랑이 일시적 감정이 아니라 지속적 관계임을 보여줍니다.

신앙 역시 하나님을 만나고 붙잡아, 그분의 임재 속에 거하는 삶으로 이어져야 함을 가르칩니다.

# 아가서 3장 5절

הִשְׁבַּעְתִּי אֶתְכֶם בְּנוֹת יְרוּשָׁלַ͏ִם בִּצְבָאוֹת אוֹ בְּאַיְלוֹת הַשָּׂדֶה

אִם־תָּעִירוּ וְאִם־תְּעוֹרְרוּ אֶת־הָאַהֲבָה עַד שֶׁתֶּחְפָּץ:

직역: "예루살렘의 딸들아, 내가 너희에게 사슴들과 들노루들로 맹세하게 한다. 사랑이 원하기
   전에는, 그것을 깨우거나 일으키지 말라."
해석적 의역: "예루살렘의 딸들아, 사슴과 들노루를 두고 내가 너희에게 부탁한다. 사랑이
   스스로 원하기 전에는, 그 사랑을 깨우거나 자극하지 말라."

## 1. 핵심 어휘 해설

**הִשְׁבַּעְתִּי** – "내가 맹세하게 했다"
   **שבע**: 맹세하다. 강한 경고·간청의 형식.

**בְּנוֹת יְרוּשָׁלַ͏ִם** – "예루살렘의 딸들"
   여성 복수 → 청중·증인·공동체의 상징.

**בִּצְבָאוֹת אוֹ בְּאַיְלוֹת הַשָּׂדֶה** – "사슴들과 들노루들로"
   순결, 아름다움, 민첩함의 상징. 창세기 49장 21절, 잠언 5장 19절에서도 사랑의 은유로
   사용.

**אִם־תָּעִירוּ…וְאִם־תְּעוֹרְרוּ** – "깨우거나 일으키다"
   두 동사 모두 사랑을 '인위적으로 촉발'시키는 행위를 의미. 강한 부정 명령 형태.

**עַד שֶׁתֶּחְפָּץ** – "그것이 원할 때까지"
   **חפץ**: 기뻐하다, 바라다.
   사랑의 '하나님이 정하신 때'와 '자연스러운 무르익음'을 강조.

## 2. 전체 구조 요약표

| 구절 | 히브리어 구절 | 직역 | 문학적/신학적 의미 |
|---|---|---|---|
| 3:5 | הִשְׁבַּעְתִּי אֶתְכֶם | 내가 맹세하게 했다 | 강한 경고·간청 |
| | בְּנוֹת יְרוּשָׁלַָם | 예루살렘의 딸들 | 공동체적 청중 |
| | בִּצְבָאוֹת אוֹ בְּאַיְלוֹת הַשָּׂדֶה | 사슴과 들노루로 | 순결·아름다움 상징 |
| | אִם־תָּעִירוּ וְאִם־תְּעוֹרְרוּ | 깨우거나 일으키다 | 인위적 촉발 금지 |
| | עַד שֶׁתֶּחְפָּץ | 원할 때까지 | 하나님이 정한 때, 성숙의 시점 |

## 3. 신학적 의미와 교훈

1) 사랑은 하나님의 때를 기다려야 한다.

사랑을 '깨우지 말라'는 것은 하나님의 계획된 시점을 존중하라는 뜻.

신앙에서 하나님의 때를 기다리는 것은 순종의 핵심.(전 3:1)

2) 인위적 자극은 관계를 파괴할 수 있다.

감정·육체·관계 모두 준비되지 않은 상태에서 강제로 열리면 상처와 왜곡이 발생함.

영적 체험도 억지로 만들어내려는 시도는 위험.

3) 공동체가 순결을 지키는 증인 역할

'예루살렘의 딸들'은 사랑의 여정을 함께 지켜보는 증인.

교회 공동체는 서로의 사랑과 신앙을 성숙하게 지켜주는 울타리.

4) 자연스러운 성숙의 과정 존중

사랑의 감정·영적 친밀함 모두 서서히 무르익는 것이 건강함.

하나님의 인도하심에 맞춘 성숙이 관계를 지속 가능하게 함.

5) 하나님의 창조질서 속에서 사랑하기

사슴·들노루는 하나님의 창조 속에서 아름다움과 순결을 지키는 피조물.

사랑도 하나님의 창조 원리를 따라야 함.

## 4. 현대교회와 공동체에 주는 적용

1) 하나님의 때를 존중하는 연애·결혼관
   적용: 감정이 급해도 기도와 검증의 시간을 갖기.
   실천: 최소 3개월 이상 기도하며 관계의 방향 점검하기.

2) 영적 체험도 억지로 만들지 않기
   적용: 감정 과잉 유도보다 말씀과 기도로 자연스럽게 체험하도록 인도하기.
   실천: 예배 전 '하나님이 원하시는 만큼'이라는 기도 드리기.

3) 공동체적 사랑 보호 시스템
   적용: 연애·결혼·사역 모두 공동체 안에서 검증 받기.
   실천: 중요한 관계 결정 시 소그룹 리더나 목회자에게 알리기.

4) 성숙한 사랑을 위해 기다리는 훈련
   적용: 즉각적 만족보다 장기적 건강을 우선하기.
   실천: 결혼 전 '기다림의 서약서' 작성하기.

5) 순결과 거룩함의 상징 지키기
   적용: 사슴·노루처럼 순결과 경건의 이미지를 삶에서 구현하기.
   실천: 매주 한 번 '내 마음과 행동 점검표' 작성하기.

## 5. 결론

아가서 3장 5절은 사랑의 절정 장면 직후, 성급한 사랑을 경계하는 경고를 담아 독자와 청중 모두에게 시기와 순결의 중요성을 각인시킵니다.

이 구절은 사랑뿐 아니라 신앙 전반에서 하나님의 때를 기다리는 지혜를 가르치며, 공동체가 그 과정의 보호자이자 증인이 되어야 함을 상기시킵니다.

# 아가서 3장 6절

מִי זֹאת עֹלָה מִן־הַמִּדְבָּר כְּתִימֲרוֹת עָשָׁן מְקֻטֶּרֶת מוֹר וּלְבוֹנָה

מִכֹּל אַבְקַת רוֹכֵל:

직역: "이것이 누구인가? 광야에서 올라오는데, 연기 기둥들 같고, 몰약과 유향의 향기로

향기나며, 각종 향품 가루로 향기 나는구나."

해석적 의역: "저 광야에서 올라오는 이는 누구인가? 연기 기둥처럼 피어오르고, 몰약과 유향,

온갖 향품의 향기를 풍기며 다가오는구나."

## 1. 핵심 어휘 해설

**מִי זֹאת** – "이것이 누구인가?"

감탄사적 질문, 장면의 주목을 끄는 도입. 시청자의 시선을 한 인물(또는 행렬)에 집중시킴.

**עֹלָה** – "올라오다", 단순 이동이 아니라 '의식적·공적인 등장'을 암시.

**מִן־הַמִּדְבָּר** – "광야로부터"

광야: 성경에서 시험·정결·하나님의 임재의 장소.(출 3:1, 마 4:1)

결혼행렬이 광야에서 오는 이미지는 하나님의 구원 역사(출애굽)를 연상.

**כְּתִימֲרוֹת עָשָׁן** – "연기 기둥들처럼"

תִּימָרָה: 기둥 모양의 연기.(욜 3:3, 한글 2:30)

성막 번제단에서 피어오르는 향기로운 연기와 연결 가능.

**מְקֻטֶּרֶת מוֹר וּלְבוֹנָה** – "몰약과 유향으로 향기 나는"

מוֹר: 몰약 → 장례·결혼식·성별에 쓰인 귀한 향품.(출 30:23)

לבונה: 유향 → 성소 분향에 쓰이는 거룩한 향.(출 30:34)

**מִכֹּל אַבְקַת רוֹכֵל** – "온갖 향품 가루로"

רוֹכֵל: 향품·보석 등을 파는 상인. 향기로운 준비, 풍성한 혼인 예식의 이미지.

## 2. 전체 구조 요약표

| 구절 | 히브리어 구절 | 직역 | 문학적/신학적 의미 |
|---|---|---|---|
| 3:6 | מִי זֹאת | 이것이 누구인가? | 장면 주목·관심 유도 |
| | עֹלָה מִן־הַמִּדְבָּר | 광야에서 올라오다 | 시험 후 영광·구원의 여정 |
| | כְּתִימֲרוֹת עָשָׁן | 연기 기둥처럼 | 성소의 향·하나님의 임재 |
| | מְקֻטֶּרֶת מוֹר וּלְבוֹנָה | 몰약과 유향의 향기 | 거룩·사랑·헌신 |
| | מִכֹּל אַבְקַת רוֹכֵל | 온갖 향품 가루 | 풍성한 준비와 장엄함 |

## 3. 신학적 의미와 교훈

1) 광야에서 올라오는 행렬은 구원의 여정과 닮았다.

광야는 고난과 연단의 장소이지만, 하나님의 백성은 그곳에서 영광으로 나아간다.(신 8:2)

신앙은 시험을 거친 후 더욱 향기로운 모습으로 나타난다.

2) 향기와 연기는 예배와 임재의 상징

성막에서 향기로운 연기는 하나님께 드려진 기도와 예배이다.(시 141:2, 계 8:4)

신부(혹은 신랑)의 등장은 하나님의 임재를 닮은 장엄한 사건이다.

3) 몰약과 유향: 사랑과 거룩의 결합

몰약: 사랑의 헌신과 희생.(장례와 혼례 둘 다에 사용)

유향: 거룩과 기도의 상징.

참된 사랑은 감각적 매력과 영적 거룩이 함께 있어야 함.

4) 풍성함은 준비에서 나온다.

온갖 향품 가루는 철저한 준비와 정성을 상징한다.

영적·인격적 준비가 사랑의 깊이를 만든다.

5) 공적 증언의 순간

"이것이 누구인가?"라는 질문은 사랑의 관계가 은밀한 단계를 지나 공동체의 증인이 있는

자리로 나아감을 보여줌.

## 4. 현대교회와 공동체에 주는 적용

### 1) 광야를 영광의 통로로 이해하기
적용: 고난을 끝이 아닌 준비 과정으로 받아들이기.
실천: 어려움 속에서 하나님이 빚어 가시는 변화 3가지 기록하기.

### 2) 예배의 향기를 삶에서 풍기기
적용: 예배와 기도가 일상의 향기가 되게 하기.
실천: 하루 3분, 감사기도로 하루의 향기를 올려드리기.

### 3) 사랑과 거룩의 균형 지키기
적용: 관계에서 감정·열정만이 아니라 영적 기준도 함께 세우기.
실천: 매주 한 번, 말씀을 나누는 시간을 관계 속에 넣기.

### 4) 철저한 준비가 사랑을 존귀하게 한다.
적용: 결혼·사역·사랑의 모든 과정에서 준비 기간을 소중히 여기기.
실천: 중요한 관계와 사역 전에 '준비 체크리스트' 작성하기.

### 5) 공동체 속에서 사랑을 세우기
적용: 나의 사랑과 신앙이 공동체 앞에서도 당당할 수 있도록 관리하기.
실천: 소그룹과 함께 관계·사역에 대한 중보기도 요청하기.

## 5. 결론

아가서 3장 6절은 사랑 이야기의 새로운 국면을 열며, 광야에서 영광으로 나아오는 거룩한 혼인 행렬을 묘사합니다.

이는 단순한 결혼 장면이 아니라, 고난 후에 나타나는 하나님의 임재와 영광을 상징하며, 신앙과 사랑 모두에서 철저한 준비와 하나님의 때가 얼마나 중요한지를 보여줍니다.

# 아가서 3장 7절

הִנֵּה מִטָּתוֹ שֶׁלִּשְׁלֹמֹה שִׁשִּׁים גִּבֹּרִים סָבִיב לָהּ מִגִּבֹּרֵי יִשְׂרָאֵל:

직역: "보라, 이것은 솔로몬의 가마(연)이다. 이스라엘의 용사들 중 60명이 그 주위를 두르고
있도다."

해석적 의역: "보라, 솔로몬의 화려한 가마가 있다. 이스라엘의 용사들 60명이 그것을
호위하고 있다."

## 1. 핵심 어휘 해설

הִנֵּה – "보라!"

시각적 주목을 강하게 요구하는 감탄사. 새로운 장면 전환 시 독자의 시선을 모으는 기능.

מִטָּתוֹ – "그의 침상, 가마"

מִטָּה: 침상, 휴식처. 혼인 행렬에서는 신랑·신부가 타는 가마를 의미.

여기서는 왕의 위엄과 안락함을 상징.

שֶׁלִּשְׁלֹמֹה – "솔로몬의 것", '소유격 + 고유명사' 구조로, 이 연의 주인이 솔로몬임을 명시.

사랑의 주체가 왕적 권위와 존귀를 지님을 나타냄.

שִׁשִּׁים גִּבֹּרִים – "60명의 용사들"

גִּבֹּר: 힘센 자, 전사.

60이라는 숫자는 완전수(6 × 10)로, 충분한 보호와 완벽한 안전을 상징.

סָבִיב לָהּ – "그 주위에", 호위, 둘러싸다 → 안전·보호·위엄.

מִגִּבֹּרֵי יִשְׂרָאֵל – "이스라엘의 용사들 가운데서", 국가적으로 선발된 최고의 전사들.

신랑의 가치와 지위를 드러냄.

## 2. 전체 구조 요약표

| 구절 | 히브리어 구절 | 직역 | 문학적/신학적 의미 |
|---|---|---|---|
| 3:7 | הִנֵּה | 보라! | 주목과 감탄 유도 |
| | מִטָּתוֹ שֶׁלִּשְׁלֹמֹה | 솔로몬의 가마 | 왕적 권위·영광 |
| | שִׁשִּׁים גִּבֹּרִים | 60명의 용사들 | 완벽한 보호와 위엄 |
| | סָבִיב לָהּ | 주위에 | 안전·경호 |
| | מִגִּבֹּרֵי יִשְׂרָאֵל | 이스라엘의 용사들 | 국가적 명예·엘리트 호위 |

## 3. 신학적 의미와 교훈

1) 신랑의 위엄과 안전은 하나님의 보호를 상징

   60명의 용사들은 단순 경호가 아니라, 왕이 결코 위협받지 않는 완전한 안전을 의미.

   하나님이 자기 백성을 완전하게 지키신다는 약속(시 121:4)과 연결.

2) 왕의 혼인 행렬은 그리스도의 교회를 향한 사랑을 예표

   신약에서는 예수 그리스도를 신랑, 교회를 신부로 비유.(엡 5:25-27)

   그리스도의 권세와 사랑이 교회를 완벽히 보호함을 보여줌.

3) 숫자 '60'의 완전성과 충만함

   히브리 개념에서 6은 거짓의 수, 인간의 한계를 말함.

   인간의 한계에서 완전한 하나님의 보호가 필요하다는 것을 의미.

   그러나 그리스 전통에서 6은 완성, 10은 완전함을 뜻하므로 60은 '완전의 완전'을 의미함.

   하나님이 주시는 보호는 부족함이 없음을 상징한다.

4) 공적 사랑과 영광

   가마와 호위병은 사랑이 은밀한 단계를 지나 모두가 보는 공적·영광스러운 관계로
   발전했음을 의미한다. 신앙도 은밀한 믿음에서 드러나는 증언의 단계로 나아가야 함.

5) 선택된 자들의 헌신

'이스라엘의 용사들'은 철저히 선별된 이들. 하나님의 일을 맡는 사람은 준비와 헌신이 필수임.

## 4. 현대교회와 공동체에 주는 적용

1) 하나님의 보호를 확신하기

적용: 삶이 불안해 보여도 하나님의 절대적 보호를 신뢰하기.

실천: 매일 아침 "주님이 나를 둘러 싸십니다"라는 믿음의 고백하기.

2) 그리스도의 위엄을 바라보기

적용: 예배 때 신랑 되신 예수님의 존귀함을 상상하며 경배하기.

실천: 찬양 가사 속 '왕', '주권'이라는 단어에 집중 묵상하기.

3) 신앙의 은밀함에서 공적 증언으로 나아가기

적용: 믿음을 숨기지 말고 드러내기.

실천: 한 달에 한 번 복음을 친구나 가족에게 직접 나누기.

4) 사역과 관계를 위한 준비와 선발

적용: 하나님이 맡기실 일을 위해 오늘부터 준비하기.

실천: 내 은사·역량 점검표 작성 후 개발 계획 세우기.

5) 공동체의 보호망 안에 있기

적용: 혼자만의 신앙이 아닌, 서로 지켜주는 신앙생활하기.

실천: 교회 내 '영적 호위 그룹' 만들기.(서로 중보 기도하는 모임)

## 5. 결론

아가서 3장 7절은 사랑의 주체가 단순한 연인이 아니라 왕적 권세와 완전한 보호를 갖춘 신랑임을 드러냅니다.

이 장면은 궁극적으로 그리스도의 권세와 교회를 향한 사랑을 예표하며, 신자는 그 보호와 존귀속에서 살아가야 함을 가르칩니다.

# 아가서 3장 8절

כֻּלָּם אֲחֻזֵי חֶרֶב מְלֻמְּדֵי מִלְחָמָה אִישׁ חַרְבּוֹ עַל־יְרֵכוֹ מִפַּחַד

בַּלֵּילוֹת:

직역: "그들 모두 칼을 잡았고, 전쟁에 익숙하며, 각 사람이 칼을 허리에 찼으니, 밤의 두려움
때문이라."

해석적 의역: "그들은 모두 칼을 든 자들이며, 싸움에 능숙하고, 각자 허리에 칼을 찼다. 이는
밤에 닥칠 위험을 대비하기 위함이다."

## 1. 핵심 어휘 해설

כֻּלָּם - "그들 모두", 한 명도 예외 없이, 전체가 무장하고 있음을 강조.

אֲחֻזֵי חֶרֶב - "칼을 잡은 자들"
אחז: 붙들다, 소유하다.
단순한 소지가 아니라, 전투 태세를 의미.

מְלֻמְּדֵי מִלְחָמָה - "전쟁에 훈련된 자들"
למד: 배우 디, 훈련히 디.
실전 경험이 있는 전문가급 전사들.

אִישׁ חַרְבּוֹ עַל־יְרֵכוֹ - "각 사람이 칼을 허리에"
허리는 전투 준비의 상징.(시 45:3)
개인별로 완전무장 상태를 나타냄.

מִפַּחַד בַּלֵּילוֹת - "밤의 두려움 때문에"
פחד: 두려움, 위협.
밤: 고대에서 강도·적군의 습격이 잦았던 시간.

## 2. 전체 구조 요약표

| 구절 | 히브리어 구절 | 직역 | 문학적/신학적 의미 |
|---|---|---|---|
| 3:8 | כֻּלָּם אֲחֻזֵי חֶרֶב | 모두 칼을 잡았다 | 완전무장 |
| | מְלֻמְּדֵי מִלְחָמָה | 전쟁에 훈련된 자들 | 실력·전문성 |
| | אִישׁ חַרְבּוֹ עַל־יְרֵכוֹ | 각자 허리에 칼 | 즉시 전투 가능 |
| | מִפַּחַד בַּלֵּילוֹת | 밤의 두려움 때문에 | 경계와 준비의 이유 |

## 3. 신학적 의미와 교훈

1) 사랑과 보호는 함께 간다.
   왕의 혼인 행렬은 단순한 축제가 아니라 위험 속에서도 보호되는 사건.
   하나님은 사랑하는 자를 반드시 지키신다.(시 121:7)

2) 전문성과 준비성의 중요성
   '전쟁에 익숙한 자'는 우연히 생기지 않는다.
   영적 싸움에서도 훈련된 준비가 필요.(엡 6:11-17)

3) 밤의 두려움 대비
   밤은 영적 전쟁과 시련의 은유한다.
   믿음의 사람은 '위험이 없을 때'보다 '위험이 올 때'를 대비해야 한다.(시 91:5)

4) 개인적 무장과 공동체적 안전망
   각자가 허리에 칼을 찼지만, 동시에 60명이 함께 서 있다.
   신앙생활은 개인 준비와 공동체 연대가 동시에 필요하다.

5) 영적 호위의 필요성
   신부(교회)는 스스로를 지키기보다, 신랑(그리스도)의 보호를 신뢰하면서도 공동체의
   호위 아래 있어야 한다.

## 4. 현대교회와 공동체에 주는 적용

### 1) 영적 무장을 생활화하기
적용: 말씀·기도·찬양을 '칼'처럼 매일 훈련하기.
실천: 하루 1절 암송, 매일 아침 5분 감사 기도하기.

### 2) 위기 대비 훈련
적용: 신앙이 순탄할 때 위기 대비 훈련을 해두기.
실천: '위기 상황 대처 묵상 노트' 작성하기.

### 3) 개인과 공동체의 균형
적용: 개인 신앙만이 아니라 소그룹·교회 전체와 연결하기.
실천: 주중 중보기도 모임 참여하기.

### 4) 밤의 두려움을 하나님께 맡기기
적용: 불안한 상황에서 먼저 주님께 피하기.
실천: 잠들기 전 시편 4편, 91편 낭독 기도하기.

### 5) 사랑을 지키는 경계선 세우기
적용: 관계·사역에서 지켜야 할 경계 설정하기.
실천: '내 영적·정서적 안전 수칙' 작성 후 실천하기.

## 5. 결론

아가서 3장 8은 사랑과 안전이 결코 분리되지 않음을 보여줍니다. 왕의 행렬은 전쟁에 능한 용사들의 완전한 호위 속에서 진행되며, 이는 하나님의 백성이 어둠 속에서도 철저히 보호받는 영적 현실을 상징합니다.

신앙과 사랑 모두에서 우리는 훈련된 준비, 공동체의 협력, 하나님 안에서의 안전이 필요합니다.

# 아가서 3장 9절

אַפִּרְיוֹן עָשָׂה לוֹ הַמֶּלֶךְ שְׁלֹמֹה מֵעֲצֵי הַלְּבָנוֹן:

직역: "솔로몬 왕이 자신을 위해 레바논의 나무로 가마를 만들었다."
해석적 의역: "솔로몬 왕이 레바논 백향목으로 자신의 가마를 정성껏 지었다."

## 1. 핵심 어휘 해설

**אַפִּרְיוֹן** – "가마, 혼인 연"

고대 근동 혼인 행렬에서 신부 또는 신랑을 태우는 화려한 가마.

귀족·왕실 혼례에서만 사용되는 사치품.

칠십인역(LXX)은 φορητόν ('운반되는 것')으로 번역.

여기서 운반되는 것은 가마 자체가 아니라 가마에 태워진 신부를 가리킴.

**עָשָׂה לוֹ** – "자신을 위해 만들었다"

**עָשָׂה**: 만들다, 준비하다.

'그를 위해'가 아닌 '자신을 위해' → 주체의 의도와 소유를 강조.

사랑을 위한 직접적 준비와 헌신 의미.

**הַמֶּלֶךְ שְׁלֹמֹה** – "솔로몬 왕"

여기서 신랑의 왕적 신분을 명시하여 혼인의 영광과 존귀함을 부각.

**מֵעֲצֵי הַלְּבָנוֹן** – "레바논의 나무로"

레바논: 성경에서 최고급 백향목의 산지.(왕상 5:6)

백향목: 부패와 해충에 강하며, 향기가 좋고, 고급 건축 자재로 사용.

성전과 왕궁 건축에도 사용.(왕상 6:9-10)

## 2. 전체 구조 요약표

| 구절 | 히브리어 구절 | 직역 | 문학적/신학적 의미 |
|------|------------|------|------------------|
| 3:9 | אַפִּרְיוֹן | 가마 | 왕실 혼례·영광 |
| | עָשָׂה לוֹ | 자신을 위해 만들다 | 사랑의 준비·헌신 |
| | הַמֶּלֶךְ שְׁלֹמֹה | 솔로몬 왕 | 신랑의 위엄 |
| | מֵעֲצֵי הַלְּבָנוֹן | 레바논의 나무로 | 최고급 재질·영속성 |

## 3. 신학적 의미와 교훈

1) 사랑에는 준비와 헌신이 필요하다.
   솔로몬이 '자신을 위해' 만든 가마는, 사랑을 단순 감정이 아니라 의도적이고 계획적인
   준비로 표현함. 하나님과의 관계도 우연이 아니라 의도적 헌신과 훈련이 필요함.

2) 최고를 드리는 사랑
   레바논의 백향목은 최고의 재질.
   참된 사랑은 상대를 위해 '아낌없이 최고를 드림'으로 나타남.(말 1:14)

3) 왕적 사랑과 그리스도의 예표
   솔로몬 왕의 가마 준비는 그리스도께서 교회를 위해 처소를 예비하신 것을 상징한다.
   (요 14:2-3)
   혼인 잔치(계 19:7)는 준비된 신랑과 단장한 신부의 만남이다.

4) 백향목의 상징 - 변치 않는 관계
   백향목은 부패하지 않고 향기가 오래 지속됨.
   하나님과의 언약적 사랑은 시간과 환경을 넘어 지속됨.

5) 사랑은 개인적 만족이 아닌 '공적 선언'이 되어야 함
   왕이 가마를 만들었다는 것은 온 백성 앞에 혼인의 의지를 공표한 것.
   신앙도 은밀히만이 아니라 공동체 앞에 공개적으로 고백해야 함.(마 10:32)

## 4. 현대교회와 공동체에 주는 적용

1) 사랑과 신앙을 위한 의도적 준비
   적용: 중요한 관계·사역을 위해 미리 준비하기.
   실천: 6개월 기도 계획·훈련 계획 수립하기.

2) 하나님께 최고의 것을 드리기
   적용: 남는 시간·자원 아닌, 가장 좋은 것으로 하나님께 드리기.
   실천: 월 수입 중 '첫 부분'을 감사 헌금으로 구별하기.

3) 영속적인 관계를 위한 재질 선택
   적용: 신앙·사랑의 토대를 변하지 않는 가치 위에 세우기.
   실천: 매주 '변치 않는 진리' 1가지 묵상·기록하기.

4) 하나님 나라 혼인 잔치를 사모하기
   적용: 장차 올 '어린양의 혼인 잔치'를 준비하는 마음으로 살기.
   실천: 요한계시록 19장 6-9절을 주 1회 묵상하기.

5) 공동체 안에서의 공개적 고백
   적용: 신앙·사랑의 결단을 공개적으로 선포하기.
   실천: 결혼·세례·사역 헌신을 공동체 예배에서 발표하기.

## 5. 결론

아가서 3장 9절은 신랑이 직접 준비한 영광스럽고 견고한 가마를 통해 사랑의 헌신, 준비, 그리고 변치 않는 지속성을 보여줍니다.

이 구절은 그리스도께서 교회를 위해 완벽하게 준비하신 사랑을 예표하며, 오늘날 우리도 하나님과 이웃을 향한 사랑을 최고의 준비와 헌신으로 표현해야 함을 가르칩니다.

# 아가서 3장 10절

עַמּוּדָיו עָשָׂה כֶסֶף רְפִידָתוֹ זָהָב מֶרְכָּבוֹ אַרְגָּמָן תּוֹכוֹ רָצוּף אַהֲבָה
מִבְּנוֹת יְרוּשָׁלָ͏ִם:

직역: "그 기둥들은 은으로 만들었고, 그 받침은 금이며, 그 자리(좌석)는 자주색이고,
　　　그 안은 예루살렘의 딸들이 사랑으로 꾸몄다."
해석적 의역: "기둥은 은으로, 바닥은 금으로, 좌석은 자주색으로 장식되었고, 그 안은
　　　예루살렘의 여인들이 사랑으로 아름답게 꾸몄다."

## 1. 핵심 어휘 해설

**עַמּוּדָיו** – "그 기둥들"
　**עַמּוּד**: '기둥, 지지대', 가마를 받치는 구조물로, 안정과 장엄함의 상징.

**כֶסֶף** – "은", 성경에서 은은 정결·순수·속전의 상징.(출 30:16)
　관계의 순수성과 신부의 존귀함을 표현.

**רְפִידָתוֹ** – "그 받침, 바닥", 안정적으로 앉을 수 있는 평면 구조.
　**זָהָב**(자하브, 금): 왕권·영광·하나님의 신적 권위.

**מֶרְכָּבוֹ אַרְגָּמָן** – "그 좌석은 자주색"
　**אַרְגָּמָן**(아르가만): 고대 왕족·귀족의 전유색.(삿 8:26)
　염색 과정이 고가였기 때문에, 절대 권위와 부를 상징함.

**תּוֹכוֹ רָצוּף אַהֲבָה** – "그 안은 사랑으로 깔려 있다"
　**רָצוּף**(라쭈프): '깔다, 덮다', 내부 장식 전체를 뜻함.
　**אַהֲבָה**(아하바): '사랑, 애정', 물리적 장식이 아니라 마음과 정성을 의미함.

**מִבְּנוֹת יְרוּשָׁלָ͏ִם** – "예루살렘의 딸들로부터", 혼인 준비에 공동체 여인들이 직접 참여.
　사랑이 공동체적으로 축하·지지받고 있음을 상징.

## 2. 전체 구조 요약표

| 구절 | 히브리어 구절 | 직역 | 문학적/신학적 의미 |
|---|---|---|---|
| 3:10 | עַמּוּדָיו עָשָׂה כֶסֶף | 기둥은 은으로 | 순결·안정 |
| | רְפִידָתוֹ זָהָב | 받침은 금으로 | 왕권·영광 |
| | מֶרְכָּבוֹ אַרְגָּמָן | 좌석은 자주색 | 권위·부귀 |
| | תּוֹכוֹ רָצוּף אַהֲבָה | 내부는 사랑으로 덮음 | 관계의 본질은 사랑 |
| | מִבְּנוֹת יְרוּשָׁלָ‍ם | 예루살렘의 딸들로부터 | 공동체의 축복 |

## 3. 신학적 의미와 교훈

### 1) 외적 화려함보다 내적 사랑이 본질

은·금·자주색은 외적 영광을 나타내지만, 내부를 덮은 것은 '사랑이다'.

참된 관계와 신앙의 가치는 겉모습보다 내면의 진실함에 있음.(삼상 16:7)

### 2) 사랑의 준비에는 공동체가 함께함

예루살렘의 딸들이 함께 장식 → 혼인은 개인의 일이 아니라 공동체적 사건임.

교회 공동체 안에서 신앙·사랑이 지지받을 때 더 건강해짐.

### 3) 재질의 상징성

은: 정결·속죄.(민 18:16)

금: 하나님의 영광·신적 속성.(계 21:18)

자주색: 왕권·영광.(마 27:28, 예수께서 조롱받을 때 입혀짐)

이는 혼인(혹은 구원)이 단순한 감정이 아니라 하나님 나라의 장엄한 일임을 상징함.

### 4) 하나님의 사랑은 준비된 사랑

요한복음 14장 2~3절처럼, 예수께서 우리를 위해 처소를 예비하심.

준비는 단순한 시간 소모가 아니라 사랑의 표현이다.

### 5) 화려함과 거룩함의 조화

성경 속 거룩한 일(성막·성전)도 최고의 재질과 아름다움으로 준비됨.

하나님을 향한 사랑과 예배에도 최선의 정성을 드려야 함.

## 4. 현대교회와 공동체에 주는 적용

### 1) 내적 사랑을 우선시하기
적용: 겉모습보다 관계의 진심과 성품을 가꾸기.
실천: 매주 한 번, 내가 사랑하는 사람을 위해 '숨은 선행' 실천하기.

### 2) 공동체적 사랑의 표현
적용: 중요한 순간(결혼·세례·사역 시작)에 공동체의 지지를 받기.
실천: 신앙·관계의 중요한 결정을 소그룹과 나누고 기도받기.

### 3) 하나님께 최고의 것을 드리기
적용: 예배·사역 준비에 최선의 자원과 시간 사용하기.
실천: 예배 전 준비 체크리스트 작성 및 주중 기도 준비하기.

### 4) 준비된 사랑 실천
적용: 중요한 관계와 사역을 위해 계획적으로 준비하기.
실천: 3개월·6개월·1년 목표를 사랑과 신앙 영역으로 구체화하기.

### 5) 사랑과 거룩함을 함께 추구
적용: 감정적 사랑을 영적 가치와 연결하기.
실천: 관계에서 성경적 원칙과 기도 시간을 반드시 포함하기.

## 5. 결론

아가서 3장 10절은 혼인 가마의 화려한 장식과 재질을 통해, 사랑이 단순한 사적인 감정이 아니라 왕적·거룩한 사건임을 보여줍니다.

겉의 영광(은·금·자주색)과 안의 본질(사랑)이 조화를 이룰 때, 그 관계는 흔들리지 않는 영광스러운 관계가 됩니다.

오늘 우리도 하나님과 사람을 향한 사랑을 준비하고, 최선을 다해 장식하며, 공동체 안에서 축복받는 사랑으로 세워야 합니다

# 아가서 3장 11절

צְאֶינָה וּרְאֶינָה בְּנוֹת צִיּוֹן בַּמֶּלֶךְ שְׁלֹמֹה בָּעֲטָרָה שֶׁעִטְּרָה-לּוֹ

אִמּוֹ בְּיוֹם חֲתֻנָּתוֹ וּבְיוֹם שִׂמְחַת לִבּוֹ:

직역: "나가서 보라, 시온의 딸들아, 왕 솔로몬을! 그의 어머니가 그에게 씌운 관을, 그의 혼인 날,
그의 마음의 기쁨의 날에."

해석적 의역: "시온의 딸들아, 밖으로 나와 보아라! 그의 혼인 날, 그 마음이 기뻐하는 날에,
어머니가 씌워준 관을 쓴 솔로몬 왕을."

## 1. 핵심 어휘 해설

**צְאֶינָה** - "나가라!"

동사: יצא, '나가다', 여성 복수 명령형. 집안에서 나와서 직접 목격하라는 초대.

**וּרְאֶינָה** - "보라!"

동사: ראה, '보다', 여성 복수 명령형. 단순 시각이 아닌, 주의 깊게 보고 인식하라는 뜻.

**בְּנוֹת צִיּוֹן** - "시온의 딸들", 예루살렘 여인들, 또는 하나님의 백성을 은유.

**בַּמֶּלֶךְ שְׁלֹמֹה** - "왕 솔로몬", 주목 대상이 '혼인식'이 아니라 '왕 자신'임을 강조.

**בָּעֲטָרָה** - "관", 왕권·영광·승리의 상징. 혼인에서는 기쁨과 존귀를 나타냄.

**אִמּוֹ שֶׁעִטְּרָה-לּוֹ** - "그의 어머니가 그에게 씌운", 고대 이스라엘 문화에서 어머니는 혼인
준비의 핵심 인물. 이는 축복과 사랑, 가문의 인정을 의미한다.

**בְּיוֹם חֲתֻנָּתוֹ** - "그의 혼인 날", 혼인: 언약의 날, 새로운 관계의 시작.

וּבְיוֹם שִׂמְחַת לִבּוֹ - "그의 마음의 기쁨의 날", 단순한 행사일이 아니라,

내면의 가장 큰 기쁨이 폭발하는 날.

## 2. 전체 구조 요약표

| 구절 | 히브리어 구절 | 직역 | 문학적/신학적 의미 |
|------|-------------|------|-------------------|
| 3:11 | צְאֶינָה וּרְאֶינָה | 나가서 보라 | 공적 초대·목격 |
| | בְּנוֹת צִיּוֹן | 시온의 딸들 | 하나님의 백성·공동체 |
| | בַּמֶּלֶךְ שְׁלֹמֹה | 왕 솔로몬 | 신랑의 위엄 |
| | בָּעֲטָרָה | 관 | 승리·영광·존귀 |
| | שֶׁעִטְּרָה-לּוֹ אִמּוֹ | 어머니가 씌운 | 가문의 축복·인정 |
| | בְּיוֹם חֲתֻנָּתוֹ | 그의 혼인 날 | 언약 성립 |
| | וּבְיוֹם שִׂמְחַת לִבּוֹ | 마음의 기쁨의 날 | 사랑의 완성·감정 절정 |

## 3. 신학적 의미와 교훈

1) 사랑과 언약은 공동체 안에서 공적으로 증언됨

   혼인은 사적 사건이 아니라, 모두가 보는 가운데 화증되는 언약.

   신앙 고백과 세례도 마찬가지로 공개적 선언이 중요함.(롬 10:9-10)

2) 왕의 혼인 = 그리스도의 교회와의 연합의 예표

   신약에서 어린양의 혼인(계 19:7)은 예수와 교회의 완전한 연합.

   시온의 딸들은 그 장엄한 날에 초대받은 성도들.

3) 관을 씌운 어머니의 상징성

   모성의 축복과 가문의 인정은 관계의 공적 승인을 의미.

   영적으로는 '하늘 예루살렘'이 성도에게 영광의 면류관을 씌움.(딤후 4:8)

4) 이 날은 기쁨의 절정

  '혼인 날'과 '마음의 기쁨의 날'이 병행법으로 쓰임 → 사건과 감정이 하나 되는 절정.

  하나님과의 만남도 사건(구원)과 감정(기쁨)이 함께해야 함.

5) '나가서 보라'는 초청의 의미

  현재의 삶에서 한 걸음 나와, 하나님의 영광을 직접 목격하라는 부르심.

  예배는 바로 이 '밖으로 나와 보는' 영적 경험.

## 4. 현대교회와 공동체에 주는 적용

1) 공개적 신앙 고백의 중요성

  적용: 신앙은 숨기는 것이 아니라 선포하는 것임.

  실천: 세례·간증·결단을 공동체 앞에서 선포임.

2) 하나님의 영광을 직접 목격하기

  적용: 예배를 단순 의식이 아닌 '하나님의 혼인 잔치'로 경험.

  실천: 예배 전 10분 묵상으로 '하나님을 바라볼 준비' 하기.

3) 가정과 공동체의 축복을 받는 관계

  적용: 중요한 관계와 결정을 신앙 공동체의 인정과 축복 아래 두기.

  실천: 결혼·사역 전 반드시 공동체 중보기도 받기.

4) 영광의 면류관을 사모하기

  적용: 마지막 날 받을 의의 면류관을 바라보며 살아가기.

  실천: 디모데 후서 4장 8절, 요한계시록 2장10절을 주 1회 묵상하기.

5) '밖으로 나와 보라'는 영적 순종

  적용: 일상의 편안함에서 나와 새로운 영적 체험에 응답하기.

  실천: 1년에 한 번, 새로운 사역·선교·훈련에 도전하기.

## 5. 결론

아가서 3장 11절은 왕의 혼인식 초대 장면이자, 사랑의 언약이 공동체 앞에서 확증되는 절정의 순간을 보여줍니다. 이 장면은 장차 있을 그리스도와 교회의 혼인 잔치를 예표하며, 오늘 우리는 그 초청에 응답하여 밖으로 나가 주님의 영광을 직접 목격하는 자가 되어야 합니다.

아가서 4 장

## 제 4장 (개역개정)

1 내 사랑 너는 어여쁘고도 어여쁘다 너울 속에 있는 네 눈이 비둘기 같고
  네 머리털은 길르앗 산 기슭에 누운 염소 떼 같구나

2 네 이는 목욕장에서 나오는 털 깎인 암양 곧 새끼 없는 것은 하나도 없이
  각각 쌍태를 낳은 양 같구나

3 네 입술은 홍색 실 같고 네 입은 어여쁘고 너울 속의 네 뺨은 석류 한 쪽 같구나

4 네 목은 무기를 두려고 건축한 다윗의 망대 곧 방패 천 개,
  용사의 모든 방패가 달린 망대같고

5 네 두 유방은 백합화 가운데서 꼴을 먹는 쌍태 어린 사슴 같구나

6 날이 저물고 그림자가 사라지기 전에 내가 몰약 산과 유향의 작은 산으로 가리라

7 나의 사랑 너는 어여쁘고 아무 흠이 없구나

8 내 신부야 너는 레바논에서부터 나와 함께 하고 레바논에서부터 나와 함께 가자
  아마나와 스닐과 헤르몬 꼭대기에서 사자 굴과 표범 산에서 내려오너라

9 내 누이, 내 신부야 네가 내 마음을 빼앗았구나 네 눈으로 한 번 보는 것과
  네 목의 구슬 한 꿰미로 내 마음을 빼앗았구나

10 내 누이, 내 신부야 네 사랑이 어찌 그리 아름다운지 네 사랑은 포도주보다 진하고
  네 기름의 향기는 각양 향품보다 향기롭구나

11 내 신부야 네 입술에서는 꿀 방울이 떨어지고 네 혀 밑에는 꿀과 젖이 있고
  네 의복의 향기는 레바논의 향기 같구나

12 내 누이, 내 신부는 잠근 동산이요 덮은 우물이요 봉한 샘이로구나

13 네게서 나는 것은 석류나무와 각종 아름다운 과수와 고벨화와 나도풀과

14 나도와 번홍화와 창포와 계수와 각종 유향목과 몰약과 침향과 모든 귀한 향품이요

15 너는 동산의 샘이요 생수의 우물이요 레바논에서부터 흐르는 시내로구나

16 북풍아 일어나라 남풍아 오라 나의 동산에 불어서 향기를 날리라
  나의 사랑하는 자가 그 동산에 들어가서 그 아름다운 열매 먹기를 원하노라

# 제 4 장
(Song of Songs [kjv])

1. Behold, thou art fair, my love; behold, thou art fair; thou hast doves' eyes within thy
   locks: thy hair is as a flock of goats, that appear from mount Gilead.

2. Thy teeth are like a flock of sheep that are even shorn, which came up from the washing;
   whereof every one bear twins, and none is barren among them.

3. Thy lips are like a thread of scarlet, and thy speech is comely: thy temples are like a piece
   of a pomegranate within thy locks.

4. Thy neck is like the tower of David builded for an armoury,
   whereon there hang a thousand bucklers, all shields of mighty men.

5. Thy two breasts are like two young roes that are twins, which feed among the lilies.

6. Until the day break, and the shadows flee away, I will get me to the mountain of myrrh,
   and to the hill of frankincense.

7. Thou art all fair, my love; there is no spot in thee.

8. Come with me from Lebanon, my spouse, with me from Lebanon: look from the top of Amana
   from the top of Shenir and Hermon, from the lions' dens, from the mountains of the leopards.

9. Thou hast ravished my heart, my sister, my spouse;
   thou hast ravished my heart with one of thine eyes, with one chain of thy neck.

10. How fair is thy love, my sister, my spouse! how much better is thy love than wine!
    And the smell of thine ointments than all spices!

11. Thy lips, O my spouse, drop as the honeycomb: honey and milk are under thy tongue;
    and the smell of thy garments is like the smell of Lebanon.

12. A garden inclosed is my sister, my spouse; a spring shut up, a fountain sealed.

13. Thy plants are an orchard of pomegranates, with pleasant fruits; camphire, with spikenard,

14. Spikenard and saffron; calamus and cinnamon, with all trees of frankincense;
    myrrh and aloes, with all the chief spices:

15. A fountain of gardens, a well of living waters, and streams from Lebanon.

16. Awake, O north wind; and come, thou south; blow upon my garden, that the spices thereof
    may flow out. Let my beloved come into his garden, and eat his pleasant fruits.

# 아가서 4장 1절

הִנָּךְ יָפָה רַעְיָתִי הִנָּךְ יָפָה עֵינַיִךְ יוֹנִים מִבַּעַד לְצַמָּתֵךְ

שַׂעְרֵךְ כְּעֵדֶר הָעִזִּים שֶׁגָּלְשׁוּ מֵהַר גִּלְעָד:

직역: "보라, 너는 아름답다, 나의 사랑아, 보라, 너는 아름답다. 너울 뒤의 네 눈은 비둘기 같고,
　　　네 머리털은 길르앗에서 흘러내리는 염소 떼 같구나."

해석적 의역: "내 사랑아, 너는 참으로 아름답구나! 너울 사이로 보이는 네 눈은 비둘기처럼
　　　　맑고 온유하며, 네 머리카락은 길르앗 산에서 물결치듯 내려오는 윤기 나는
　　　　검은 염소 떼 같아 우아하고 생기 넘친다."

## 1. 핵심 어휘 해설

### הִנָּךְ יָפָה - "보라, 너는 아름답다"

감탄사 הִנֵּה(보라)에 2인칭 여성 단수 접미어와 형용사 יָפָה(아름답다)가 결합된 구조.
감탄과 확신이 함께하며, 반복은 강한 강조와 사랑의 확언을 전달한다.

### רַעְיָתִי - "나의 사랑"

아가서 전반에 등장하는 애칭으로, 단순한 애정 표현이 아니라 언약적·동반자적 사랑을
뜻한다. 히브리어 רֵעַ(친구, 동반자)에서 파생되었다.

### עֵינַיִךְ יוֹנִים - "네 눈은 비둘기들"

비둘기는 성결, 평화, 온유의 상징. 복수형 사용은 두 눈의 쌍을 그대로 묘사하며, 부드럽고
맑은 시선을 나타낸다.

### מִבַּעַד לְצַמָּתֵךְ - "너울 뒤에서"

צַמָּה: 머리 장식 또는 너울을 의미.
혼인·약혼 시 착용하여 은밀함, 품위, 수줍음을 암시한다.

שַׂעְרֵךְ כְּעֵדֶר הָעִזִּים - "네 머리털은 염소 떼 같구나"

고대 팔레스타인의 검은 염소 털은 광택과 윤기가 뛰어났다. 바람에 흩날리는 머리결의 물결을 시각적으로 표현한다.

שֶׁגָּלְשׁוּ מֵהַר גִּלְעָד - "길르앗에서 흘러내리는"

길르앗 산은 가파른 초지로, 염소 떼가 흘러내리는 모습은 장관이었다. 사랑의 생동감과 자연미를 더한다.

## 2. 전체 구조 요약표

| 구절 | 히브리어 구절 | 직역 | 문학적/신학적 의미 |
|---|---|---|---|
| 4:1 | הִנָּךְ יָפָה רַעְיָתִי הִנָּךְ יָפָה | 보라, 너는 아름답다, 나의 사랑아, 보라, 너는 아름답다 | 반복된 감탄과 애칭으로 사랑과 언약의 확신을 강조. 하나님이 성도를 향해 주시는 변함없는 칭찬을 상징(사 43:4) |
| | עֵינַיִךְ יוֹנִים | 네 눈은 비둘기들 | 순결·평화·성령의 상징 (마 3:16) 내면의 맑음과 온유를 드러냄. |
| | מִבַּעַד לְצַמָּתֵךְ | 너울 뒤에서 | 은밀함과 품위, 절제를 표현. 경건함 속에 감추어진 아름다움을 묘사(창 24:65) |
| | שַׂעְרֵךְ כְּעֵדֶר הָעִזִּים | 네 머리털은 염소 떼 같구나 | 풍성함·윤기·생명력의 상징. 하나님이 주신 축복과 아름다움을 표현. |
| | שֶׁגָּלְשׁוּ מֵהַר גִּלְעָד | 길르앗에서 흘러내리는 | 역동적이고 살아 있는 사랑의 흐름을 자연 이미지로 묘사. |

## 3. 신학적 의미와 교훈

1) 반복되는 사랑의 확언

사랑의 언어는 반복과 강조를 통해 상대방의 존재를 확증한다. 주님도 우리에게 동일하게 "너는 내게 아름답다"라고 말씀하시며, 변함없는 사랑과 수용을 보여주신다.

2) 순결과 온유의 눈

비둘기 같은 눈은 내면의 순결을 상징한다. 외적인 조건보다 마음의 상태가 관계의 깊이를 결정하며, 성도의 눈은 성령의 빛을 반영해야 한다.

### 3) 은밀함 속의 아름다움

너울 뒤에서 드러나는 눈은 무분별한 노출이 아닌 거룩한 절제를 통한 매력을 보여준다.
경건은 숨김이 아니라 절제를 통한 보호다.

### 4) 풍성하고 생명력 있는 머리카락

길르앗의 염소 떼 이미지는 끊임없이 흐르는 생명과 윤기를 나타낸다. 정체된 신앙이
아니라 역동적으로 자라나는 믿음을 보여준다.

### 5) 창조세계 속에서 드러나는 사랑

자연 이미지를 통한 사랑 묘사는 하나님의 창조와 구속 사역이 결코 분리되지 않음을
드러낸다. 사랑은 창조 세계 안에서도 하나님의 성품을 반영한다.

## 4. 현대교회와 공동체에 주는 적용

### 1) 공개적 사랑의 확언

적용: 공동체 안에서 서로의 믿음과 헌신을 공개적으로 인정하고 축복하기.
실천: 예배나 소그룹 모임 중 서로의 섬김과 수고를 감사와 축복의 말로 나누기.

### 2) 순결한 시선 지키기

적용: 세상의 왜곡된 시선이 아니라 하나님의 거룩한 시선으로 사람을 바라보기.
실전. 하루 한 번 복음서에서 예수님의 시선과 태도를 묵상하며 삶에 적용하기.

### 3) 거룩한 절제의 매력

적용: 모든 관계에서 적절한 경계와 절제를 유지해 거룩함을 보호하기.
실천: 대화와 행동에서 경솔함을 피하고, 경건한 품위를 의식적으로 유지하기.

### 4) 생명력 있는 신앙 유지

적용: 신앙 생활이 형식에 머무르지 않고 역동적으로 흐르게 하기.
실천: 정기적으로 새로운 봉사, 학습, 선교 참여를 통해 신앙에 활력을 공급하기.

5) 창조 세계를 통한 하나님의 사랑 경험

　　적용: 자연 속에서 하나님의 성품과 사랑을 발견하기.

　　실천: 주 1회 자연을 산책하며 성경 구절과 연결해 묵상하기.

## 5. 결론

아가서 4장 1절은 신랑의 반복된 칭찬과 자연의 이미지를 통해 신부의 내적·외적 아름다움을 그려낸다. 이 아름다움은 언약적 사랑의 확신, 순결과 절제, 그리고 생명력 있는 신앙을 상징하며, 궁극적으로 그리스도와 교회 사이의 변함없는 사랑을 예표한다.

# 아가서 4장 2절

שִׁנַּיִךְ כְּעֵדֶר הַקְּצוּבוֹת שֶׁעָלוּ מִן־הָרַחְצָה שֶׁכֻּלָּם מַתְאִימוֹת

וְשַׁכֻּלָה אֵין בָּהֶם:

직역: "네 이는 목욕하고 올라온 깎인 암양 떼 같구나. 모두가 쌍을 이루었고, 그들 가운데
하나도 잃은 것이 없구나."

해석적 의역: "네 치아는 막 목욕하고 나온, 고르게 깎인 암양 떼처럼 깨끗하고 가지런하다.
모두 쌍을 이루었으며, 빠진 것이 하나도 없구나."

## 1. 핵심 어휘 해설

**שִׁנַּיִךְ** – "네 이"

'이빨, 치아'를 뜻하는 שֵׁן의 복수형에 2인칭 여성 단수 접미어.
신부의 미소와 말의 아름다움을 상징.

**כְּעֵדֶר הַקְּצוּבוֹת** – "깎인 암양 떼처럼"

עֵדֶר(무리, 떼) + קְצוּבוֹת(깎이다, 깎인).
양털이 고르게 깎여 단정한 모습을 표현으로 단정함과 정돈됨을 상징.

**שֶׁעָלוּ מִן־הָרַחְצָה** – "목욕하고 올라온"

רַחְצָה: '목욕, 씻음'에서 나온 표현.
양이 물에서 나와 깨끗하고 윤기 나는 상태를 묘사하며 순결과 정결 의식을 상징한다.

**שֶׁכֻּלָּם מַתְאִימוֹת** – "모두가 쌍을 이루었고"

מַתְאִים: '짝이 맞다, 쌍을 이루다'의 복수 여성형. 치아의 완전함과 균형미를 나타냄.

**וְשַׁכֻּלָה אֵין בָּהֶם** – "그들 가운데 잃은 것이 없다"

שַׁכֻּלָה: '자식을 잃은', 상실함이 부정형으로 쓰여 '결핍 없음'을 뜻함.
완전성과 온전함의 상징.

## 2. 전체 구조 요약표

| 구절 | 히브리어 구절 | 직역 | 문학적/신학적 의미 |
|---|---|---|---|
| 4:2 | שֶׁנַּיִךְ כְּעֵדֶר הַקְּצוּבוֹת | 네 이는 깎인 암양 떼 같구나 | 정돈되고 깨끗한 아름다움. 말과 미소의 순결함을 표현. |
| | שֶׁעָלוּ מִן־הָרַחְצָה | 목욕하고 올라온 | 정결 예식과 깨끗함의 상징. 영적 순결을 암시. |
| | שֶׁכֻּלָּם מַתְאִימוֹת | 모두 쌍을 이루었고 | 균형과 온전함. 하나님의 창조 질서 안에 있는 아름다움. |
| | וְשַׁכֻּלָה אֵין בָּהֶם | 그들 가운데 잃은 것이 없다 | 결핍 없는 완전한 상태. 구속받은 자의 온전함을 예표. |

## 3. 신학적 의미와 교훈

1)정결과 온전함의 미

목욕하고 나온 양 떼의 이미지는 신부의 내적·외적 정결을 나타낸다.

이는 죄 씻음을 받은 성도의 모습을 연상시킨다.(엡 5:26-27)

2) 하나님의 질서와 균형

치아가 쌍을 이루듯, 하나님은 그의 백성을 온전한 질서와 조화 속에 세우신다.

불균형과 결핍은 하나님의 나라에서 회복된다.

3) 결핍 없는 사랑

'하나도 잃은 것이 없다'는 표현은 하나님의 사랑이 완전하고 결핍이 없음을 보여준다.

예수께서 한 영혼도 잃지 않으시는 목자이심을 암시한다.(요 6:39)

4) 말의 순결함

이는 단순히 외모가 아니라, 입에서 나오는 말이 정결하고 은혜로운 것을 포함한다.(골 4:6)

5) 언약 공동체의 온전성

완전한 양 떼는 하나님 백성의 전체성을 상징하며, 언약 안에서 잃어버림 없이 보호됨을 의미한다.

## 4. 현대교회와 공동체에 주는 적용

### 1) 영적 정결 유지
적용: 매일의 회개와 말씀 묵상을 통해 내면을 깨끗이 하기.
실천: 하루 끝에 5분간 자신을 돌아보며 하나님 앞에 마음을 씻는 기도하기.

### 2) 균형 잡힌 삶
적용: 일·가정·신앙의 균형을 유지해 조화롭게 살기.
실천: 주간 계획에 영적 활동과 휴식 시간을 반드시 포함하기.

### 3) 결핍 없는 사랑 실천
적용: 관계 속에서 차별 없이 사랑을 베풀기.
실천: 이번 주에 평소 덜 주목했던 공동체 구성원 한 명을 찾아 격려하기.

### 4) 은혜로운 말 사용
적용: 말이 상대를 세우는 도구가 되게 하기.
실천: 대화 전 '이 말이 은혜로운가?'를 점검하고 말하기.

### 5) 교회의 온전성 지키기
적용: 교회 안에서 한 사람도 소외되지 않게 하기.
실천: 소그룹 내 결석자나 힘든 성도를 찾아 연락하고 돌보기.

## 5. 결론

아가서 4장 2절은 치아를 목욕한 양 떼에 비유하여 신부의 정결함, 균형, 온전함을 묘사한다. 이는 외모의 묘사를 넘어 하나님의 백성이 죄에서 깨끗이 씻기고, 결핍 없이 온전히 보존되는 영적 실재를 예표한다.

# 아가서 4장 3절

כְּחוּט הַשָּׁנִי שִׂפְתֹתַיִךְ וּמִדְבָּרֵיךְ נָאוֶה כְּפֶלַח הָרִמּוֹן רַקָּתֵךְ
מִבַּעַד לְצַמָּתֵךְ׃

직역: "네 입술은 주홍 실 같고, 네 말은 아름답다. 네 뺨은 너울 뒤의 석류 조각 같다."
해석적 의역: "네 입술은 붉은 실처럼 곱고, 네 입에서 나오는 말은 곱고 사랑스럽다. 네 뺨은
　　　　　　너울 사이로 보이는 석류 조각처럼 곱고 빛난다."

## 1. 핵심 어휘 해설

**כְּחוּט הַשָּׁנִי** - "주홍 실처럼", חוּט(실, 끈) + שָׁנִי(진홍색, 붉은 색)
　강렬하고 생기 있는 색감을 표현하며, 생명력과 매혹을 상징.

**שִׂפְתֹתַיִךְ** - "네 입술", שָׂפָה(입술)의 복수형에 2인칭 여성 단수 접미어.
　말, 표정, 애정 표현의 상징.

**וּמִדְבָּרֵיךְ נָאוֶה** - "네 말은 아름답다", דָּבָר(말, 말씀)에서 파생.
　단순한 언어가 아니라 듣는 이를 기쁘게 하고 세우는 말의 아름다움.

**כְּפֶלַח הָרִמּוֹן** - "석류 조각처럼", פֶּלַח(조각, 부분) + רִמּוֹן(석류)
　석류는 다산과 풍요, 사랑의 열매를 상징.
　붉고 윤기 나는 빛깔이 매혹적인 아름다움과 결합.

**רַקָּתֵךְ** - "네 뺨"
　얼굴의 측면을 가리키는 말. 부끄러움, 수줍음, 내면의 감정을 드러내는 부위.

**מִבַּעַד לְצַמָּתֵךְ** - "너울 뒤에서"
　결혼이나 약혼 시 신부가 쓰는 머리 장식 또는 베일을 뜻함. 은밀함과 경건한 절제를 암시

## 2. 전체 구조 요약표

| 구절 | 히브리어 구절 | 직역 | 문학적/신학적 의미 |
|---|---|---|---|
| 4:3 | כְּחוּט הַשָּׁנִי שְׂפְתֹתַיִךְ | 네 입술은 주홍 실 같구나 | 사랑의 언어와 생명력, 매혹의 상징. |
| | וּמִדְבָּרֵיךְ נָאוֶה | 네 말은 아름답다 | 은혜롭고 덕을 세우는 말. 그리스도인의 언어 규범을 암시. |
| | כְּפֶלַח הָרִמּוֹן רַקָּתֵךְ | 네 뺨은 석류 조각 같다 | 사랑의 열매, 풍요, 생명의 상징. |
| | מִבַּעַד לְצַמָּתֵךְ | 너울 뒤에서 | 거룩한 절제와 은밀한 아름다움. |

## 3. 신학적 의미와 교훈

### 1) 언어의 아름다움과 거룩함
입술과 말은 단순한 소통의 도구가 아니라, 마음과 영혼의 상태를 드러낸다.(마 12:34)
성도는 은혜로운 말로 공동체를 세우도록 부름받았다.(골 4:6)

### 2) 사랑의 열매와 풍요
석류는 많은 씨앗으로 인해 다산과 풍요를 상징한다. 이는 성령의 열매(갈 5:22-23)와
연결되며, 사랑의 관계 안에서 맺히는 영적 풍요를 나타낸다.

### 3) 은밀함과 거룩한 절제
너울 뒤의 뺨은 공개되지 않은 신비로움을 표현한다. 신앙의 매력은 무분별한 노출이
아니라 경건한 절제 속에서 더욱 빛난다.

### 4) 내면의 아름다움
화려한 장식보다 은혜로운 말과 경건한 마음이 진정한 아름다움임을 강조.(벧전 3:3-4)

### 5) 그리스도의 신부로서의 품위
그리스도인 공동체는 세상 앞에 겸손하고 절제된 품위를 유지하면서도, 안에서는 사랑과
기쁨이 풍성해야 한다.

## 4. 현대교회와 공동체에 주는 적용

1) 말의 거룩함 유지

적용: 공동체 안에서 덕을 세우는 말을 사용하기.

실천: 하루에 한 번, 의도적으로 감사와 칭찬의 말을 나누기.

2) 영적 열매 맺기

적용: 사랑과 기쁨, 화평, 오래 참음의 열매를 삶에 드러내기.

실천: 매주 한 가지 성령의 열매를 집중적으로 실천해 보기.

3) 거룩한 절제의 실천

적용: 관계와 생활 속에서 경계와 절제를 지키기.

실천: SNS나 대화에서 불필요한 사생활 노출 줄이기.

4) 내면을 가꾸는 신앙

적용: 외적 활동만큼 내적 경건 생활에 힘쓰기.

실천: 매일 10분 이상 묵상과 기도로 내면을 점검하기.

5) 공동체 품위 세우기

적용: 세상 속에서 교회의 좋은 평판을 유지하기.

실천: 봉사와 선행으로 주변 이웃에게 신앙의 향기를 전하기.

## 5. 결론

아가서 4장 3절은 신부의 입술과 말, 뺨을 통해 언어의 거룩함, 사랑의 풍요, 은밀한 아름다움을 노래한다.

이는 그리스도의 신부인 교회가 세상 속에서 품위와 경건을 지키며, 은혜로운 말과 풍성한 열매로 주님을 영화롭게 해야 함을 보여준다.

# 아가서 4장 4절

כְּמִגְדַּל דָּוִיד צַוָּארֵךְ בָּנוּי לְתַלְפִּיּוֹת אֶלֶף הַמָּגֵן תָּלוּי
עָלָיו כֹּל שִׁלְטֵי הַגִּבּוֹרִים:

직역: "네 목은 다윗의 망대 같구나, 층층이 세워졌으며, 천 방패가 그 위에 걸렸으니, 모두
용사들의 작은 방패이다."

해석적 의역: "네 목은 다윗의 망대처럼 당당하고 견고하며, 층층이 아름답게 세워져 있다.
그 위에는 천 개의 방패가 걸려 있는데, 모두 용사들의 방패이다."

## 1. 핵심 어휘 해설

**כְּמִגְדַּל דָּוִיד** - "다윗의 망대처럼"

**מִגְדַּל**: '탑, 망대' + '다윗' 으로 예루살렘 성벽의 군사적 방어 시설을 비유.
위엄과 보호, 안전의 상징.

**צַוָּארֵךְ** - "네 목"

인격과 태도를 드러내는 상징적 부위. 곧고 당당한 목은 품위와 존귀함을 나타냄.

**בָּנוּי לְתַלְפִּיּוֹת** – "층층이 세워진"

**תַלְפִּיּוֹת**: '층계', '단' 또는 '전시된 것들'을 의미.
구조적 아름다움과 질서, 조화로움의 표현.

**אֶלֶף הַמָּגֵן** - "천 개의 방패"

방패는 보호와 승리의 상징. 천 이라는 수는 완전함과 풍성함, 압도적 안전을 나타냄.

**כֹּל שִׁלְטֵי הַגִּבּוֹרִים** - "모든 용사들의 작은 방패"

**שֶׁלֶט**: 작은 원형 방패.
**גִּבּוֹר**: 용사, 전투에서 뛰어난 자를 의미.
영적 전쟁에서의 승리와 명예를 시사.

## 2. 전체 구조 요약표

| 구절 | 히브리어 구절 | 직역 | 문학적/신학적 의미 |
|---|---|---|---|
| 4:4 | כְּמִגְדַּל דָּוִיד צַוָּארֵךְ | 네 목은 다윗의 망대 같구나 | 당당함, 존귀, 영적 안전의 상징 |
| | בָּנוּי לְתַלְפִּיּוֹת | 층층이 세워진 | 질서와 아름다움, 조화의 완성 |
| | אֶלֶף הַמָּגֵן | 천 개의 방패 | 완전한 보호와 압도적 승리 |
| | כֹּל שִׁלְטֵי הַגִּבּוֹרִים | 모든 용사들의 작은 방패 | 영적 용사들의 명예와 승리의 증거 |

## 3. 신학적 의미와 교훈

1) 신앙의 당당함과 품위

목이 망대처럼 곧다는 것은 외적 자세뿐 아니라 내적 신념과 신앙의 견고함을 뜻한다. 하나님 안에 서 있는 자의 당당함을 보여준다.

2) 질서와 조화의 영성

층층이 세워진 망대는 무질서가 아닌, 하나님께서 세우신 구조 속에서 자라는 영적 삶을 상징한다.

3) 하나님의 완전한 보호

천 개의 방패는 세밀하고도 완벽한 하나님의 보호하심을 나타낸다.(시 91:4)

4) 영적 전쟁의 승리의 표식

용사들의 방패는 전투에서의 승리를 기념하는 표식이며, 믿음의 싸움에서 승리한 자들의 영광을 나타낸다.(딤후 4:7)

5) 공동체의 안전한 성벽

다윗의 망대는 단일 인물만의 안전이 아니라, 공동체 전체의 보호를 위해 세워졌다는 점에서 교회의 역할을 보여준다.

## 4. 현대교회와 공동체에 주는 적용

### 1) 당당한 신앙의 태도
적용: 신앙의 이유를 담대하게 밝히기.
실천: 직장이나 학교에서 믿음을 숨기지 않고 자연스럽게 나누기.

### 2) 질서 있는 공동체 세움
적용: 하나님 나라의 질서에 따라 교회를 세우기.
실천: 사역·행사에서 준비와 질서를 최우선으로 지키기.

### 3) 하나님의 보호를 신뢰하기
적용: 두려움보다 하나님의 약속을 붙잡기.
실천: 매일 시편 91편을 묵상하며 하나님의 보호를 선포하기.

### 4) 영적 전쟁의 승리 준비
적용: 영적 무장을 생활화하기.
실천: 에베소서 6장 전신갑주 기도를 매일 드리기.

### 5) 공동체의 안전망 강화
적용: 믿음 약한 자를 세우고 지키는 사역에 힘쓰기.
실천: 정기적인 심방과 소그룹 나눔으로 성도 보호하기.

## 5. 결론

아가서 4장 4절은 신부의 목을 다윗의 망대에 비유하여, 신앙의 견고함과 품위, 그리고 하나님의 완전한 보호와 공동체의 안전을 노래한다. 교회는 그리스도의 신부로서 질서와 승리의 표식을 간직하며, 세상 속에서 당당하게 서야 한다.

# 아가서 4장 5절

שְׁנֵי שָׁדַיִךְ כִּשְׁנֵי עֳפָרִים תְּאוֹמֵי צְבִיָּה הָרוֹעִים בַּשׁוֹשַׁנִּים:

직역: "네 두 유방은 두 새끼 노루 같고, 쌍둥이 사슴 새끼 같으며, 백합화 가운데에서 먹는구나."

해석적 의역: "네 가슴은 두 마리 새끼 노루처럼, 서로 닮은 쌍둥이 사슴 새끼 같고, 백합화속에서 풀을 뜯고 있다."

## 1. 핵심 어휘 해설

### שְׁנֵי שָׁדַיִךְ - "네 두 유방"

육체적 아름다움의 묘사이면서, 사랑과 풍요, 생명을 길러내는 능력을 상징.

성경에서 '유방'은 때로 양육과 위로의 이미지로 사용됨.(사 66:11)

### כִּשְׁנֵי עֳפָרִים - "두 새끼 노루처럼"

עֹפֶר: 부드럽고 민첩하며 연약한 새끼 노루. 청춘과 순수함, 사랑의 신선함을 상징.

### תְּאוֹמֵי צְבִיָּה - "쌍둥이 사슴 새끼"

צְבִי: 사슴, 우아함과 사랑스러움을 나타낸다.

쌍둥이라는 표현은 완벽한 대칭과 조화를 의미이다.

### הָרוֹעִים בַּשׁוֹשַׁנִּים - "백합화 가운데에서 먹는"

שׁוֹשַׁנִּים: 백합화, 순결과 향기를 뜻함.

그 속에서 풀을 뜯는 이미지는 사랑의 관계가 거룩함과 아름다움 안에서 유지됨을 표현.

## 2. 전체 구조 요약표

| 구절 | 히브리어 구절 | 직역 | 문학적/신학적 의미 |
|---|---|---|---|
| 4:5 | שְׁנֵי שָׁדַיִךְ | 네 두 유방 | 사랑과 생명, 양육과 위로의 상징 |
| | כִּשְׁנֵי עֳפָרִים | 두 새끼 노루처럼 | 청춘의 생기와 순수함 |
| | תְּאוֹמֵי צְבִיָּה | 쌍둥이 사슴 새끼 | 완벽한 조화와 대칭, 관계의 균형 |
| | הָרוֹעִים בַּשּׁוֹשַׁנִּים | 백합화 가운데에서 먹는 | 거룩함 속에서 유지되는 사랑 |

## 3. 신학적 의미와 교훈

1) 사랑의 풍요와 생명력

유방의 이미지는 단순한 육체미가 아니라, 생명을 공급하고 자라게 하는 능력을 상징한다.
교회는 세상 속에서 복음을 젖처럼 공급해야 한다.(벧전 2:2)

2) 청춘의 순수함 보존

새끼 노루의 이미지는 젊음과 순결을 표현한다.
신앙 안에서 순수함을 지키는 것은 사랑의 본질을 보존하는 길이다.

3) 관계의 균형과 조화

쌍둥이 사슴은 서로 닮고 함께 움직인다.
부부나 공동체 관계에서 균형과 조화는 하나됨의 핵심이다.

4) 거룩함 속의 친밀함

백합화는 거룩함과 깨끗함의 상징이다.
사랑의 친밀함도 경건한 토양 위에 있을 때 아름답게 유지된다.

5) 하나님 나라의 양육 사명

신부의 아름다움 속에 담긴 양육의 이미지는 교회가 성도들을 말씀과 사랑으로 길러야
함을 가르친다.

## 4. 현대교회와 공동체에 주는 적용

### 1) 복음으로 영적 양육하기
적용: 어린 신자와 다음 세대를 말씀과 사랑으로 돌보기.
실천: 주 1회, 양육 대상과 말씀 나눔 및 기도하기.

### 2) 순결과 거룩함 지키기
적용: 모든 관계에서 하나님의 기준을 따르기.
실천: 유혹 상황에서 말씀을 암송하며 마음을 지키기.

### 3) 균형 잡힌 관계 세우기
적용: 가정·교회에서 대화와 이해를 통한 균형 유지.
실천: 주기적인 대화와 피드백 시간을 마련하기.

### 4) 거룩한 친밀함 추구하기
적용: 부부 관계와 공동체 친밀감도 경건한 영역 안에서 지키기.
실천: 친밀한 교제 전·후에 함께 기도하는 습관 세우기.

### 5) 사명 있는 아름다움
적용: 외적 아름다움보다 하나님의 뜻을 이루는 내적 아름다움 추구하기.
실천: 매일 잠언 31장 말씀을 묵상하며 내면을 가꾸기.

## 5. 결론

아가서 4장 5절은 사랑의 친밀함을 매우 섬세하게 묘사하면서도, 그 안에 생명력, 균형, 거룩함의 의미를 담고 있다. 오늘날 교회와 성도는 이러한 사랑의 원리를 영적 양육과 공동체 관계 속에서 살아내야 한다.

# 아가서 4장 6절

עַד שֶׁיָּפוּחַ הַיּוֹם וְנָסוּ הַצְּלָלִים אֵלֶךְ לִי אֶל־הַר הַמּוֹר
וְאֶל־גִּבְעַת הַלְּבוֹנָה:

직역: "날이 시원해지고, 그림자가 사라질 때까지, 나는 몰약의 산과 유향의 언덕으로 가리라."
해석적 의역: "날이 기울고 그림자가 사라질 때까지, 나는 몰약이 가득한 산과 유향이 피어나는
언덕으로 가겠다."

## 1. 핵심 어휘 해설

### עַד שֶׁיָּפוּחַ הַיּוֹם – "날이 시원해질 때까지"

יָפֻחַ: '숨을 불다', '바람이 불다'를 뜻함.

하루의 더위가 가라앉고 저녁 바람이 불어오는 시간을 가리킴.

고대 근동에서 저녁은 사랑과 교제가 깊어지는 시간으로 묘사됨.

### וְנָסוּ הַצְּלָלִים – "그림자가 사라질 때까지"

그림자는 해질 무렵 점점 길어지다 사라짐.

이는 시간의 흐름과 더불어 긴 기다림의 끝, 혹은 불확실함이 걷히는 순간을 상징.

### אֵלֶךְ לִי – "나는 가리라"

결단과 의지의 표현. 단순한 이동이 아니라 사랑을 향한 적극적인 접근을 의미.

### הַר הַמּוֹר – "몰약의 산"

몰약은 향료이자 방부제로, 사랑의 향기와 헌신.

때로는 고난 속에서도 변치 않는 사랑을 상징한다.

### גִּבְעַת הַלְּבוֹנָה – "유향의 언덕"

유향은 제사에 쓰이는 귀한 향료로, 경배와 헌신, 하나님께 드려지는 거룩한 사랑을 나타냄.

## 2. 전체 구조 요약표

| 구절 | 히브리어 구절 | 직역 | 문학적/신학적 의미 |
|---|---|---|---|
| 4:6 | עַד שֶׁיָּפוּחַ הַיּוֹם | 날이 시원해질 때까지 | 시련이 지나고 평안이 오는 때 |
| | וְנָסוּ הַצְּלָלִים | 그림자가 사라질 때까지 | 불확실함·두려움이 사라짐 |
| | אֵלֶךְ לִי | 나는 가리라 | 사랑과 헌신의 결단 |
| | הַר הַמּוֹר | 몰약의 산 | 헌신과 고난 속의 향기 |
| | גִּבְעַת הַלְּבוֹנָה | 유향의 언덕 | 거룩한 사랑과 예배의 상징 |

## 3. 신학적 의미와 교훈

1) 사랑은 기다림 속에서 성숙한다.

　날이 시원해지고 그림자가 사라질 때까지의 기다림은 사랑이 조급하지 않음을 보여준다.
　완성의 때를 향해 성숙해지는 과정을 상징한다.

2) 불확실함이 사라지는 순간

　그림자가 걷히는 이미지는 두려움·오해·장벽이 제거되는 것을 의미한다.
　주님의 재림 때 모든 것이 밝히 드러난다.(고전 13:12)

3) 헌신의 자리로 가는 결단

　'나는 가리라'는 표현은 사랑을 위한 의도적 발걸음이다.
　신앙도 마찬가지로 헌신의 장소로 나아가는 결단이 필요하다.

4) 고난 속의 향기

　몰약은 고난과 연결되지만, 그 안에서 더 깊은 사랑의 향기를 발산한다.
　예수님의 십자가 사랑이 바로 그 향기다.(엡 5:2)

5) 거룩한 사랑의 목적

　유향의 언덕은 하나님께만 드려지는 향기로운 사랑을 뜻한다.
　참된 사랑은 하나님 중심으로 완성된다.

## 4. 현대교회와 공동체에 주는 적용

### 1) 기다림의 훈련
적용: 하나님의 때를 기다리는 법을 배우기.
실천: 매일 기도에서 '주님의 때'를 인정하며, 조급함 대신 평안을 구하기.

### 2) 두려움 제거하기
적용: 관계와 사역에서 불필요한 의심과 오해를 해소하기.
실천: 정직하고 열린 대화의 시간을 마련하기.

### 3) 헌신의 발걸음 내딛기
적용: 주저하던 사역과 섬김의 자리에 들어가기.
실천: 이번 달 안에 한 가지 새로운 섬김을 시작하기.

### 4) 고난 중의 사랑 유지
적용: 어려운 상황 속에서도 사랑과 친절을 포기하지 않기.
실천: 힘든 시기일수록 감사 제목 3가지를 기록하기.

### 5) 하나님 중심의 사랑
적용: 모든 관계와 사역의 중심을 하나님께 두기.
실천: 매주 한 번, 관계와 사역을 하나님께 다시 헌신하는 기도 드리기.

## 5. 결론

아가서 4장 6절은 사랑의 완성을 향한 기다림과 결단, 그리고 그 여정의 목적이 거룩함에 있음을 보여준다. 참된 사랑은 고난 속에서도 향기를 잃지 않으며, 결국 하나님께 드려지는 헌신으로 귀결된다.

# 아가서 4장 7절

직역: "너는 온전히 아름답다, 나의 사랑이여, 그리고 흠이 네 안에 없다."
해석적 의역: "나의 사랑이여, 너는 머리부터 발끝까지 완벽히 아름답다. 너에게는 어떤 흠도
　　　　　　없다."

## 1. 핵심 어휘 해설

כֻּלָּךְ - "너 전부"

　전체를 가리키는 강조어. 단순히 일부가 아닌 전 존재, 외적·내적 모든 면을 포함.

יָפָה - "아름답다"

　외모뿐 아니라 내면의 품성과 덕까지 포함하는 포괄적 아름다움.
　히브리 시어에서 영적·도덕적 완전성을 함축한다.

רַעְיָתִי - "나의 사랑"

　아가서 전반에 반복되는 애칭. 깊은 관계, 언약적 헌신, 절대적인 소속감을 나타냄.

וּמוּם - "흠"

　신체적 결함, 도덕적 결점, 영적 결핍을 모두 포함.
　제사 제물의 '흠 없음'(레 22:21)과 연결되어 완전한 수용과 인정의 의미를 가짐.

אֵין בָּךְ - "네 안에 없다"

　부정문 강조. 완전 무결함을 선언하는 절대적 표현.
　사랑의 시선이 결점을 덮고, 온전히 아름답게 본다는 의미.

## 2. 전체 구조 요약표

| 구절 | 히브리어 구절 | 직역 | 문학적/신학적 의미 |
|------|------------|------|------------------|
| 4:7 | כֻּלָּךְ יָפָה | 너 전부가 아름답다 | 존재 전체의 아름다움, 전인적 칭찬 |
| | רַעְיָתִי | 나의 사랑 | 언약과 헌신의 관계 |
| | וּמוּם אֵין בָּךְ | 흠이 네 안에 없다 | 절대적 수용, 완전함, 속죄와 거룩함 |

## 3. 신학적 의미와 교훈

1) 전인적 아름다움의 선언

사랑의 시선은 부분이 아니라 전체를 본다.

주님께서 성도를 보실 때 우리의 모든 연약함을 덮고 의롭다 하신다.(골 1:22)

2) 흠 없는 신부의 이미지

흠 없음'은 제사 제물의 필수 조건처럼, 교회가 그리스도의 피로 깨끗케 된 상태를 상징한다.(엡 5:27)

3) 언약적 소속감

'나의 사랑'이라는 표현은 배타적이고 확정적인 관계를 나타낸다.

구원받은 자는 하나님의 소유로서 완전히 속한 자다.(벧전 2:9)

4) 사랑의 완전한 수용

흠이 없음은 사랑이 결점을 보지 않는 것이 아니다.

사랑이 결점을 덮고 변화시켰음을 의미한다.(잠 10:12)

5) 종말론적 완성

이 선언은 장차 어린양 혼인 잔치에서 성도가 완전히 영화롭게 될 모습을 예고한다.

(계 19:7-8)

## 4. 현대교회와 공동체에 주는 적용

### 1) 전인적 인정하기
적용: 사람을 평가할 때 부분이 아니라 전체를 보며 칭찬하기.
실천: 가족·성도에게 하루에 한 번, 그들의 전인적 가치를 인정하는 말하기.

### 2) 깨끗함을 지키기
적용: 도덕적·영적 순결을 유지하기.
실천: 유혹이 오는 순간, 즉시 말씀과 기도로 마음을 지키기.

### 3) 언약 관계를 소중히 여기기
적용: 하나님과의 언약, 그리고 공동체의 신뢰를 깨뜨리지 않기.
실천: 주 1회 언약적 관계에 대해 감사 기도 드리기.

### 4) 결점을 덮는 사랑 실천하기
적용: 타인의 부족함보다 장점을 먼저 보기.
실천: 공동체 안에서 비판보다 격려를 우선하기.

### 5) 완성된 미래를 바라보기
적용: 현재의 부족함에도 불구하고 하나님이 완성하실 모습을 소망하기.
실천: 계 19장을 주 1회 묵상하며 장차 올 영광을 기억하기.

## 5. 결론

아가서 4장 7절은 전인격적인 사랑과 흠 없는 수용의 절정을 보여준다. 이는 그리스도께서 교회를 향해 하시는 궁극적 선언이며, 우리 또한 서로에게 이런 사랑의 시선을 가져야 한다.

# 아가서 4장 8절

אִתִּי מִלְּבָנוֹן כַּלָּה אִתִּי מִלְּבָנוֹן תָּבוֹאִי תָּשׁוּרִי מֵרֹאשׁ אֲמָנָה

מֵרֹאשׁ שְׂנִיר וְחֶרְמוֹן מִמְּעֹנוֹת אֲרָיוֹת מֵהַרְרֵי נְמֵרִים:

직역: "레바논에서 나와 함께하라, 나의 신부여, 레바논에서 나와 함께 오라. 아마나 산 꼭대기
에서, 스니르와 헤르몬 꼭대기에서, 사자의 굴과 표범의 산에서."
해석적 의역: "레바논에서 나와 함께하라, 나의 신부여, 레바논에서 나와 함께 오라. 아마나 산
꼭대기에서, 스니르와 헤르몬 꼭대기에서, 사자의 굴과 표범의 산에서."

## 1. 핵심 어휘 해설

**אִתִּי** - "나와 함께"

단순 동행이 아니라 관계적 연합을 강조. 사랑의 초대와 언약적 동반 의미가 함축.

**מִלְּבָנוֹן** - "레바논에서"

레바논은 고대에 웅장한 산과 백향목으로 유명.
시적 맥락에서는 웅장함·아름다움·위험성을 동시에 내포.

**כַּלָּה** - "나의 신부"

혼인 관계의 절정을 나타내는 호칭. 약혼 이후 완전한 연합을 기대하는 애칭.

**תָּבוֹאִי** - "너는 오라"

2인칭 여성 단수 미래형이 명령적 용법으로 사용. 부드러운 초청이자 강한 요청.

**תָּשׁוּרִי** - "너는 바라보라/돌아보라"

'둘러보다, 살피다'의 의미. 위험지대에서 나와 안전한 곳으로 인도하려는 배려의 뉘앙스.

אֲמָנָה / שְׂנִיר / חֶרְמוֹן

팔레스타인 북부와 시리아에 걸친 험준한 산맥과 봉우리들.
전략적 요충지이자 야생 동물 서식지로, 상징적으로 위험과 도전을 나타냄.

מִמְּעֹנוֹת אֲרָיוֹת - "사자의 굴"

포식자의 영역. 위협과 불안을 상징하며, 사랑의 초대는 그곳에서의 구출을 함축.

מֵהַרְרֵי נְמֵרִים - "표범의 산"

민첩하고 포악한 맹수의 거처. 영적·정서적 위험을 의미.

## 2. 전체 구조 요약표

| 구절 | 히브리어 구절 | 직역 | 문학적/신학적 의미 |
|---|---|---|---|
| 4:8 | אִתִּי מִלְּבָנוֹן כַּלָּה | 레바논에서 나와 함께하라, 나의 신부여 | 사랑의 초대, 관계적 연합 |
| | תָּבוֹאִי תָּשׁוּרִי | 오라, 바라보라 | 부드러운 명령과 보호의 요청 |
| | אֲמָנָה מֵרֹאשׁ שְׂנִיר וְחֶרְמוֹן | 아마나·스니르·헤르몬 꼭대기에서 | 높음과 위험, 도전의 상징 |
| | מִמְּעֹנוֹת אֲרָיוֹת מֵהַרְרֵי נְמֵרִים | 사자의 굴, 표범의 산 | 위험과 구출의 이미지 |

## 3. 신학적 의미와 교훈

1) 사랑의 초대는 위험에서 부름
   그리스도는 교회를 세상과 죄의 위험에서 불러내신다.
   산꼭대기와 맹수의 거처는 영적 전쟁의 현실을 상징.

2) 동행의 친밀함
   '나와 함께'라는 반복은 그분의 임재와 보호 속에서만 안전과 완전한 기쁨이 있음을 나타냄.

## 3) 위험지대에서의 구출

사자와 표범은 사탄과 세상의 세력(벧전 5:8)을 연상케 하며, 그리스도의 초대는
그 세력에서의 구원을 뜻함.

## 4) 신부의 응답 필요성

초대는 자동이 아니라 응답을 전제. 사랑과 구원은 자발적 동의와 순종 안에서 이루어짐.

## 5) 영적 이주

레바논에서의 이동은 상징적으로 과거의 삶, 위험, 고립에서 공동체와 사랑의 관계로
옮겨가는 변화를 뜻함.

## 4. 현대교회와 공동체에 주는 적용

### 1) 위험한 환경에서의 부르심

적용: 신앙을 위협하는 환경에서 벗어나 하나님이 주신 안전한 관계와 공동체로 나아가기.
실천: 내 신앙을 위태롭게 하는 습관·관계를 점검하고 정리하기.

### 2) 그리스도와의 동행 우선하기

직용: 문제 해결보다 민저 주님과 함께하는 시간을 확보하기.
실천: 하루 시작 전 10분 '임마누엘 묵상' 시간을 갖기.

### 3) 영적 위험을 분별하기

적용: 사자·표범 같은 영적 위협을 인식하고 회피하기.
실천: 매주 한 번, 내 삶의 위험 신호를 점검하며 기도하기.

### 4) 순종의 결단

적용: 부르심을 들었을 때 즉시 반응하는 습관 기르기.
실천: 설교·말씀 묵상 중 받은 감동은 24시간 안에 실행하기.

5) 과거로부터의 단절

　　적용: 옛 삶의 방식에서 떠나 새 삶으로 나아가기.

　　실천: 세례 기념일이나 결신일에 새로운 헌신 서약 갱신하기.

## 5. 결론

아가서 4장 8절은 사랑하는 이가 위험과 고립의 자리에서 안전과 연합의 자리로 불러내는 장면이다. 그리스도께서 교회를 세상과 죄에서 불러내듯, 오늘 우리도 그 부르심에 응답해 함께 걷는 삶을 선택해야 한다.

# 아가서 4장 9절

לִבַּבְתִּנִי אֲחֹתִי כַלָּה לִבַּבְתִּנִי בְּאַחַד בְּאַחַת מֵעֵינַיִךְ

בְּאַחַד עֲנָק מִצַּוְּרֹנָיִךְ:

직역: "네가 내 마음을 빼앗았구나, 나의 누이, 나의 신부여. 네 눈 하나로, 네 목의 한 사슬로
내 마음을 빼앗았구나."
해석적 의역: "나의 누이요, 나의 신부여, 너는 내 마음을 사로잡았구나. 네 눈빛 한 번에, 네
목의 장식 하나로 내 마음이 붙잡혔다."

## 1. 핵심 어휘 해설

לִבַּבְתִּנִי – "네가 내 마음을 빼앗았다"
  לבב: '마음을 사로잡다, 감동시키다'의 의미.
  단순한 감정이 아니라 존재 전체를 움직이는 사랑의 영향력.

אֲחֹתִי – "나의 누이", 혈육 관계를 가리키는 말이 아니라 친밀함과 보호의 애칭.
  결혼 관계에서 '누이'라는 호칭은 깊은 우정과 신뢰를 내포.

כַלָּה – "나의 신부", 이중 호칭으로, 친밀함과 언약적 결합을 동시에 강조.

בְּאַחַת מֵעֵינַיִךְ – "네 눈 하나로", 단 한 번의 시선으로도 마음이 움직였음을 표현.
  히브리 시어에서 '눈'은 영혼과 내면의 창을 의미.

בְּאַחַד עֲנָק מִצַּוְּרֹנָיִךְ – "네 목의 한 사슬로"
  목 장식은 신부의 아름다움과 품위를 드러내는 요소.
  사슬 하나는 전체가 아닌 일부임에도 강력한 매력을 상징.

## 2. 전체 구조 요약표

| 구절 | 히브리어 구절 | 직역 | 문학적/신학적 의미 |
|---|---|---|---|
| 4:9 | לִבַּבְתִּנִי ... לִבַּבְתִּנִי | 네가 내 마음을 빼앗았다 2회 반복 | 반복을 통한 강한 감정의 강조 |
| | אֲחֹתִי כַלָּה | 나의 누이, 나의 신부 | 친밀함과 언약적 사랑의 결합 |
| | בְּאַחַת מֵעֵינַיִךְ | 네 눈 하나로 | 한 순간의 시선이 주는 압도적 영향 |
| | בְּאַחַד עֲנָק מִצַּוְּרֹנָיִךְ | 네 목의 한 사슬로 | 세밀한 아름다움의 힘과 품위 |

## 3. 신학적 의미와 교훈

### 1) 사랑은 전인적 영향력이다.
마음을 '빼앗는다'는 표현은 감정만이 아니라 존재 전체를 사로잡는 사랑의 힘을 드러낸다.

### 2) 친밀함과 언약의 병행
'누이'와 '신부'의 결합된 호칭은 사랑 안에서의 신뢰와 언약의 결합을 보여준다.

### 3) 작은 것도 큰 변화를 만든다.
눈빛 하나, 사슬 하나라는 미세한 요소가 큰 감동을 주는 것은 사랑이 세부에서 시작됨을 시사한다.

### 4) 하나님의 시선과 장식
하나님은 작은 믿음의 표현과 헌신을 귀히 여기신다.(막 12:42-44)
작은 순종과 헌신이 그분의 마음을 감동시킨다.

### 5) 영적 아름다움의 영향력
외적인 장식이 아니라, 경건과 사랑에서 나오는 내적 아름다움이 그리스도의 마음을 사로잡는다.

## 4. 현대교회와 공동체에 주는 적용

### 1) 작은 헌신의 가치 인식
적용: 하나님은 작은 믿음과 사랑의 행동도 귀히 받으신다.
실천: 하루 한 번, 작은 친절·헌신을 실천하고 기록하기.

### 2) 신뢰와 언약 중심의 관계
적용: 관계를 신뢰와 약속 위에 세우기.
실천: 약속을 지키고, 관계 속에서 믿음직한 사람이 되기.

### 3) 눈빛과 태도의 힘
적용: 말보다 먼저 표정과 시선에서 사랑을 표현하기.
실천: 가족·성도와 대화 시 의도적으로 따뜻한 시선 주기.

### 4) 내면의 장식 추구
적용: 외모보다 영혼을 단장하기.
실천: 매일 말씀·기도로 마음을 새롭게 하는 습관 유지하기.

### 5) 사랑의 반복적 확언
적용: 사랑과 존중을 반복적으로 표현하기.
실천: 공동체 안에서 매주 한 사람에게 '감사와 칭찬' 전달하기.

## 5. 결론

아가서 4장 9절은 사랑이 주는 강렬한 전인격적 영향력을 극적으로 묘사합니다. 주인공은 단 한 번의 시선, 목의 작은 장식 하나로 마음이 완전히 사로잡혔다고 고백합니다. 이는 그리스도께서 우리를 보실 때의 시선과도 같습니다. 우리의 작은 믿음, 짧은 기도, 미세한 순종이라 할지라도 주님께는 깊은 감동이 됩니다.

그러므로 우리는 외형적 화려함보다 내면의 경건 과 사랑으로 주님의 마음을 기쁘시게 하는 신부가 되어야 합니다. 그분의 사랑은 반복되고, 확증되며, 우리를 안전한 언약의 품으로 이끄십니다. 이 말씀은 교회가 주님과의 관계 속에서 얼마나 소중히 여겨지는 존재인지를 다시 확인 시켜주며, 매일의 삶에서 그 사랑에 합당하게 살아가도록 부르십니다.

# 아가서 4장 10절

직역: "나의 누이, 나의 신부여, 네 사랑이 어찌 그리 아름다운가! 네 사랑이 포도주보다 더 좋고
　　　네 향유의 향기가 모든 향품보다 더하구나."
해석적 의역: "나의 누이요, 나의 신부여, 너의 사랑이 얼마나 아름다운지! 포도주보다 더
　　　　　　달콤하고, 네 향유의 향기가 모든 향품보다도 더하다."

## 1. 핵심 어휘 해설

**מַה־יָפוּ** - "얼마나 아름다운가", 감탄문으로 대상의 가치를 극대화하는 표현.
　외모뿐 아니라 존재 전체의 아름다움을 지칭.

**דֹדַיִךְ** - "네 사랑", 아가서에서 반복되는 단어.
　사랑의 행위와 애정의 표현을 모두 포함한다. 감정·행동·관계가 결합된 개념이다.

**מַה־טֹבוּ** - "얼마나 좋은가", 질적 우수함을 나타내는 표현.
　감탄과 비교의 의미를 동시에 지님.

**מִיַּיִן** - "포도주보다", 포도주는 히브리 문화에서 기쁨과 축제의 상징.
　사랑이 주는 기쁨이 물질적 즐거움보다 크다는 선언.

**וְרֵיחַ שְׁמָנַיִךְ** - "네 향유의 향기", '향유'는 기쁨, 치유, 축복의 표지.
　향기는 보이지 않지만 멀리 퍼져 사람을 매혹시킨다.

**מִכָּל־בְּשָׂמִים** - "모든 향품보다", 당시 최고가의 수입품보다 귀한 가치를 의미.
　사랑의 영향력이 물질적 가치보다 우월함을 드러냄.

## 2. 전체 구조 요약표

| 구절 | 히브리어 구절 | 직역 | 문학적/신학적 의미 |
|---|---|---|---|
| 4:10 | מַה־יָּפוּ דֹדַיִךְ | 네 사랑이 얼마나 아름다운가 | 사랑의 본질적 가치와 매력 강조 |
| | מַה־טֹּבוּ דֹדַיִךְ מִיַּיִן | 네 사랑이 포도주보다 더 좋은가 | 영적·내적 기쁨이 세속적 즐거움보다 큼 |
| | וְרֵיחַ שְׁמָנַיִךְ | 네 향유의 향기 | 사랑의 은밀하고 지속적인 영향 |
| | מִכָּל־בְּשָׂמִים | 모든 향품보다 | 사랑의 가치가 세상 최고의 것보다 뛰어남 |

## 3. 신학적 의미와 교훈

1) 사랑의 절대적 우위

　주님과의 사랑은 세상 어떤 즐거움보다 값지고 오래간다.

2) 영적 향기의 힘

　성도의 삶에서 흘러나오는 사랑과 경건은 향기처럼 사람들에게 스며든다.(고후 2:15)

3) 반복적 찬사와 격려

　'나의 누이, 나의 신부여'라는 반복은 관계의 확고함과 안정감을 심어준다.

4) 영적 기쁨의 우월성

　포도주가 기쁨의 상징이라면, 주님과의 교제는 그보다 더 깊고 순전한 기쁨이다.

5) 내적 가치의 우선성

　물질·외형적 요소보다 사랑과 경건의 내적 가치가 우선한다.

## 4. 현대교회와 공동체에 주는 적용

1) 사랑의 가치 재발견

　적용: 사역과 관계에서 '사랑'을 최우선 가치로 삼기.

　실천: 매일 관계에서 사랑의 말 한마디 실천하기.

## 2) 영적 향기를 전파하기

적용: 경건한 삶이 주변에 좋은 영향을 끼치도록 하기.

실천: 하루에 한 번, 누군가를 위해 중보기도하기.

## 3) 주님과의 기쁨 우선하기

적용: 세상의 즐거움보다 말씀과 기도로 누리는 기쁨을 소중히 여기기.

실천: 하루 첫 시간을 말씀 묵상으로 시작하기.

## 4) 반복되는 격려와 칭찬

적용: 공동체 안에서 지속적으로 격려와 칭찬을 표현하기.

실천: 주 1회 성도 한 명에게 감사 문자 보내기.

## 5) 내적 가치에 집중

적용: 외적 조건보다 인격과 믿음을 관계의 기준으로 삼기.

실천: 사람을 평가할 때 먼저 그의 믿음과 성품을 살피기.

## 5. 결론

아가서 4장 10절은 사랑의 가치를 세상 최고의 즐거움과 향기보다 우위에 두고 찬미합니다. 주인공은 사랑이 주는 기쁨이 포도주보다 달콤하고, 그 향기가 모든 향품보다 귀하다고 고백 합니다. 이는 단순한 감정 표현이 아니라, 관계의 본질과 영적 실재를 드러내는 선언입니다.

하나님과의 사랑은 우리 영혼을 기쁘게 하고, 그 기쁨은 삶 속에서 은은한 향기처럼 퍼져나가 다른 이들을 감동시킵니다.

교회와 성도는 이 사랑을 삶 속에서 드러내어, 세상의 즐거 움보다 주님 안에서의 기쁨이 더 크고 깊음을 증거해야 합니다. 그렇게 할 때 우리는 '나의 누이, 나의 신부'라는 부르심에 합당하게 살아가며, 주님의 마음을 기쁘시게 하는 향기로운 존재가 됩니다.

# 아가서 4장 11절

נֹפֶת תִּטֹּפְנָה שִׂפְתוֹתַיִךְ כַּלָּה דְּבַשׁ וְחָלָב תַּחַת לְשׁוֹנֵךְ וְרֵיחַ

שַׂלְמֹתַיִךְ כְּרֵיחַ לְבָנוֹן:

직역: "나의 신부여, 네 입술에서는 꿀방울이 떨어지고, 네 혀 밑에는 꿀과 젖이 있으며, 네 옷의
향기는 레바논의 향기 같구나."
해석적 의역: "신부여, 네 입술은 꿀처럼 달콤하고, 네 혀 밑에는 꿀과 젖이 있으며, 네 옷에서는
레바논 숲과 같은 향기가 풍긴다."

## 1. 핵심 어휘 해설

**נֹפֶת** – "꿀방울"
진한 꿀, 특별히 벌집에서 갓 흘러나온 달콤함을 의미. 사랑의 달콤한 대화를 상징.

**תִּטֹּפְנָה** – "떨어지다, 흘러내리다"
부드럽게 스며나오거나 흐르는 동작. 자연스럽고 끊임없는 달콤함을 나타냄.

**דְּבַשׁ וְחָלָב** – "꿀과 젖", 가나안의 풍요를 상징한다.(출 3:8)
영적·정서적 풍요와 만족을 표현한다.

**תַּחַת לְשׁוֹנֵךְ** – "네 혀 밑에"
단순히 맛이 아니라, 깊이 감추어진 내면의 진실한 달콤함. 내면과 말의 일치를 나타냄.

**וְרֵיחַ שַׂלְמֹתַיִךְ** – "네 옷의 향기", 외적 행동과 인격에서 풍기는 매력과 덕을 의미.

**כְּרֵיחַ לְבָנוֹן** – "레바논의 향기처럼"
레바논의 백향목 숲과 산바람이 주는 상쾌함과 고귀함을 상징.

## 2. 전체 구조 요약표

| 구절 | 히브리어 구절 | 직역 | 문학적/신학적 의미 |
|------|------|------|------|
| 4:11 | נֹפֶת תִּטֹּפְנָה שִׂפְתוֹתַיִךְ | 네 입술에서 꿀방울이 떨어지다 | 사랑의 대화와 복음적 언어의 달콤함 |
| | דְּבַשׁ וְחָלָב תַּחַת לְשׁוֹנֵךְ | 네 혀 밑에 꿀과 젖이 있다 | 내면 깊은 곳에서 나오는 풍요와 은혜 |
| | וְרֵיחַ שַׂלְמֹתַיִךְ | 네 옷의 향기 | 외적 인격에서 풍기는 거룩함 |
| | כְּרֵיחַ לְבָנוֹן | 레바논의 향기처럼 | 청결·상쾌·고귀함의 상징 |

## 3. 신학적 의미와 교훈

### 1) 말의 달콤함

사랑하는 자의 말은 꿀처럼 달콤하여 사람을 살리고 위로한다.(잠 16:24)

### 2) 내면과 외면의 일치

혀 밑의 꿀과 젖은 말과 마음이 일치하는 성도의 성품을 보여준다.

### 3) 향기 나는 삶

옷의 향기처럼, 우리의 행실이 주위에 거룩한 영향력을 미쳐야 한다.(고후 2:14-15)

### 4) 영적 풍요의 원천

꿀과 젖은 하나님의 은혜와 말씀에서 오는 영적 만족을 상징한다.

### 5) 높은 산의 향기

레바논의 향기는 세속적인 냄새가 아닌, 하늘의 신선함과 거룩함을 나타낸다.

## 4. 현대교회와 공동체에 주는 적용

### 1) 복음의 언어 사용하기
적용: 모든 말 속에 사랑과 은혜가 스며들게 하기.
실천: 대화 전 "이 말이 꿀처럼 달콤할까?" 자문하기.

### 2) 마음과 말의 일치
적용: 속마음과 표현이 다르지 않도록 진실하게 말하기.
실천: 하루 끝에, 오늘의 말이 내 마음과 같았는지 점검하기.

### 3) 거룩한 향기 풍기기
적용: 신앙인의 품격이 행동과 태도에서 드러나게 하기.
실천: 감사와 배려가 담긴 작은 행동 실천하기.

### 4) 영적 풍요 누리기
적용: 하나님의 말씀과 은혜로 마음을 채우기.
실천: 아침마다 시편 한 장 묵상하며 하루 시작하기.

### 5) 하늘의 향기를 나누기
적용: 세상 속에서 신선함과 거룩함을 흘려보내기.
실천: 주 1회, 믿지 않는 이에게 복음적 위로 건네기.

## 5. 결론

아가서 4장 11절은 사랑하는 자의 말과 내면, 그리고 삶의 향기를 통해 사랑의 풍요로움과 거룩함을 묘사합니다. 꿀방울 같은 말과 젖과 꿀이 흐르는 내면은 그리스도의 사랑이 성도의 심령 속에 깊이 자리 잡았음을 보여줍니다. 또한 옷의 향기가 레바논처럼 상쾌하고 고귀하다는 묘사는, 성도의 삶이 세상 속에서 전하는 거룩한 영향력을 상징합니다.

오늘 우리도 말과 마음, 행동에서 하나님의 향기를 풍기며 살아감으로, 세상 속에 복음의 달콤함과 하늘의 신선함을 전하는 주님의 신부로 서야 합니다.

# 아가서 4장 12절

גַּן נָעוּל אֲחֹתִי כַלָּה גַּל נָעוּל מַעְיָן חָתוּם:

직역: "나의 누이, 나의 신부여, 너는 잠긴 동산이요, 잠긴 샘이요, 봉인된 샘물이구나."
해석적 의역: "나의 누이요, 나의 신부여, 너는 자물쇠로 잠긴 동산이요, 굳게 닫힌 샘이요,
　　　　　봉인된 샘물이다."

## 1. 핵심 어휘 해설

### גַּן נָעוּל – "잠긴 동산"

גַּן: 가든, 아름다움과 풍요의 공간.

נָעוּל: 잠긴, 접근이 제한된, 귀하게 보존된 상태를 의미하며 순결과 보호를 상징.

### אֲחֹתִי כַלָּה - "나의 누이, 나의 신부"

애정과 존경을 담은 호칭. 가족적 친밀함과 언약적 헌신을 동시에 표현.

### גַּל נָעוּל - "잠긴 샘"

גַּל: 샘, 생명과 만족의 근원.

'잠긴' 상태는 그 생명의 공급이 아무에게나 허락되지 않음을 나타냄.

### מַעְיָן חָתוּם - "봉인된 샘"

חָתוּם: 봉인된, 소유권과 보호의 의미.

주인이 직접 봉인을 풀기 전까지 접근 불가. 완전한 전속성과 헌신을 상징.

## 2. 전체 구조 요약표

| 구절 | 히브리어 구절 | 직역 | 문학적/신학적 의미 |
|---|---|---|---|
| 4:12 | גַּן נָעוּל | 잠긴 동산 | 보호된 순결, 귀하게 보존된 사랑 |
| | אֲחֹתִי כַלָּה | 나의 누이, 나의 신부 | 가족적 친밀함과 언약적 사랑의 결합 |
| | גַּל נָעוּל | 잠긴 샘 | 생명의 근원이지만 무분별한 접근 불가 |
| | מַעְיָן חָתוּם | 봉인된 샘 | 전속성과 헌신, 주인의 승인 없이는 열리지 않음 |

## 3. 신학적 의미와 교훈

1) 순결의 가치

   잠긴 동산과 봉인된 샘은 사랑과 관계가 아무에게나 열리지 않고,
   언약 안에서만 허락됨을 보여준다.

2) 관계의 전속성

   '봉인'은 주인의 승인과 권한을 상징하며, 부부 관계의 독점적 성격을 나타낸다.

3) 하나님과의 언약적 진밀함

   신부가 신랑에게 전속된 것처럼, 성도도 그리스도께만 헌신되어야 한다.(고후 11:2)

4) 생명의 보호

   샘은 생명의 근원이지만 무분별한 노출은 위험하다.
   은혜와 진리도 마찬가지로 거룩하게 보존되어야 한다.

5) 신앙의 경계 설정

   거룩을 유지하기 위해 외부의 침입을 막는 '영적 울타리'가 필요하다.

## 4. 현대교회와 공동체에 주는 적용

### 1) 순결과 거룩 지키기
적용: 관계와 사생활에서 하나님의 기준을 따르기.
실천: 매주 말씀과 기도로 마음을 점검하며 경계 유지하기.

### 2) 관계의 헌신성 회복
적용: 결혼과 언약적 관계를 소중히 여기기.
실천: 부부가 정기적으로 함께 기도하는 시간 갖기.

### 3) 하나님께 전속된 삶
적용: 세상 가치보다 주님의 뜻을 우선하기.
실천: 중요한 결정 전 반드시 하나님의 뜻 구하기.

### 4) 영적 울타리 세우기
적용: 신앙과 삶에 해로운 영향을 차단하기.
실천: 매일 미디어·대화·환경에서 거룩을 해치는 요소 걸러내기.

### 5) 은혜의 샘 보호하기
적용: 하나님이 주신 은혜와 재능을 함부로 낭비하지 않기.
실천: 받은 은혜를 기도와 말씀 사역으로 선별적으로 흘러보내기.

## 5. 결론

아가서 4장 12절은 사랑하는 자를 '잠긴 동산', '잠긴 샘', '봉인된 샘'으로 비유하여 순결과 헌신, 그리고 전속성을 강조합니다. 이 이미지는 단순한 성적 순결을 넘어, 언약 관계 안에서 만 허락되는 깊은 친밀함과 보호를 보여줍니다.

오늘날 성도는 그리스도의 신부로서, 마음과 삶을 세상에 열어놓기보다 주님께만 전속하며, 받은 은혜의 샘을 거룩하게 보존해야 합니다. 그렇게 할 때, 우리의 삶은 하나님의 동산이자 그분의 샘이 되어, 세상 속에서 주님의 향기와 생명을 흘려 보내게 됩니다.

# 아가서 4장 13절

שְׁלָחַיִךְ פַּרְדֵּס רִמּוֹנִים עִם פְּרִי מְגָדִים כְּפָרִים עִם־נְרָדִים:

직역: "네 싹들은 석류의 동산이요, 각종 귀한 열매들과 향기로운 초목들과 함께 한 나드요."

해석적 의역: "네 가지는 석류가 가득한 동산 같고, 그 안에는 온갖 귀한 열매와 향기로운
나드가 함께 있다."

## 1. 핵심 어휘 해설

שְׁלָחַיִךְ – "네 싹들"

식물의 가지나 줄기를 가리키며, 생명력과 번영을 상징.

은유적으로는 사랑하는 자의 내면에서 뻗어 나오는 덕과 은혜를 의미.

פַּרְדֵּס – "동산"

페르시아어에서 유래한 말로 '정원 '또는 '과수원'을 뜻함.

풍요와 평화의 상징이며, 창세기 에덴동산을 연상시킴.

רִמּוֹנִים – "석류"

붉은색 열매도 다산과 사랑의 상성. 성막 상식에도 사용되어 풍성함과 아름다움을 나타냄.

פְּרִי מְגָדִים – "귀한 열매"

'기쁨을 주는 열매', '귀하고 좋은 열매'라는 의미로, 하나님이 주신 은혜와 덕을 상징.

כְּפָרִים – "향기로운 초목"

'헨나'(henna)로 알려진 식물. 향기와 장식으로 사용되며, 사랑과 결혼의 상징적 장식품.

נְרָדִים – "나드"

히말라야에서 자라는 식물로, 그 뿌리에서 나는 향유는 매우 귀하고 값비쌈.

신약에서 마리아가 예수께 부은 향유로도 등장.(요 12:3)

## 2. 전체 구조 요약표

| 구절 | 히브리어 구절 | 직역 | 문학적/신학적 의미 |
|---|---|---|---|
| 4:13 | שְׁלָחַיִךְ פַּרְדֵּס רִמּוֹנִים | 네 가지들은 석류의 동산 | 생명력과 풍요, 사랑의 열매 |
| | עִם פְּרִי מְגָדִים | 귀한 열매와 함께 | 하나님이 주신 덕과 은혜의 풍성함 |
| | כְּפָרִים עִם־נְרָדִים | 헨나와 나드와 함께 | 향기와 아름다움, 헌신과 귀한 사랑 |

## 3. 신학적 의미와 교훈

1) 내면의 풍성함

   '석류의 동산'은 외형보다 내면에 가득 찬 생명과 덕을 상징한다.

2) 다양한 은혜의 열매

   귀한 열매와 향기로운 식물은 성령의 다양한 열매(갈 5:22-23)를 연상시킨다.

3) 사랑의 향기

   헨나와 나드의 향기는 사랑이 주변에 미치는 영향력을 나타낸다.
   그리스도의 향기를 세상에 전하는 삶과 연결됨.(고후 2:15)

4) 에덴의 회복

   '동산' 이미지는 창조의 풍요와 조화를 떠올리게 하며, 종말론적 회복과도 맞닿아 있다.

5) 헌신의 값짐

   나드는 값비싼 향유로, 참사랑과 헌신에는 대가와 희생이 따른다는 영적 교훈을 준다.

## 4. 현대교회와 공동체에 주는 적용

### 1) 내면의 열매 가꾸기
적용: 외적 성취보다 내적 인격과 덕을 우선하기.
실천: 매일 말씀과 기도로 성령의 열매 점검.

### 2) 다양한 은혜 나누기
적용: 하나님이 주신 재능과 자원을 다양하게 사용하기.
실천: 주 1회는 새로운 섬김이나 봉사 시도하기.

### 3) 향기로운 영향력
적용: 말과 행동에서 하나님의 향기를 나타내기.
실천: 하루 한 번은 누군가를 진심으로 격려하기.

### 4) 에덴의 회복 사모하기
적용: 세상 속에서 하나님의 질서와 아름다움을 세우기.
실천: 직장·가정에서 화평을 이루는 중재자가 되기.

### 5) 희생적 사랑 실천
적용: 사랑에 헌신과 대가를 기꺼이 지불하기.
실천: 어려운 이웃 돕기를 정기적으로 계획하고 실천하기.

## 5. 결론

아가서 4장 13절은 신부의 내면을 '석류 동산'과 '귀한 열매', '향기로운 식물'로 묘사하며, 풍성함과 다양성, 그리고 향기로운 영향력을 강조합니다. 이는 단순한 미적 묘사가 아니라, 성령의 열매로 가득한 신자의 영혼, 그리고 그 사랑과 은혜가 세상에 미치는 선한 영향력을 보여줍니다.

오늘 우리는 하나님의 동산으로서 내면의 열매를 풍성히 가꾸고, 그 향기를 세상에 흘려보내는 삶을 살아야 합니다.

# 아가서 4장 14절

נֵרְדְּ וְכַרְכֹּם קָנֶה וְקִנָּמוֹן עִם כָּל־עֲצֵי לְבוֹנָה מֹר וַאֲהָלוֹת

עִם כָּל־רָאשֵׁי בְשָׂמִים:

직역: "나드와 사프란, 갈대와 계피, 모든 유향나무와 몰약과 침향, 모든 좋은 향품과 함께."
해석적 의역: "나드와 사프란, 향기로운 갈대와 계피, 온갖 유향나무와 몰약과 침향, 그리고
모든 귀한 향료들이 가득하다."

## 1. 핵심 어휘 해설

נֵרְדְּ - "나드", 희귀하고 값비싼 향유. 깊은 헌신과 사랑을 상징.
신약에서 마리아가 예수께 부은 향유(요12:3)로 유명.

וְכַרְכֹּם - "사프란", 붓꽃과 식물의 꽃술에서 나오는 노란 향신료.
색과 향 모두 귀하게 여겨졌으며, 기쁨과 축복의 상징.

קָנֶה - "갈대", 아로마 향유를 만드는 향기로운 줄기식물.
구약의 성막 향품 재료(출 30:23)로 사용.

וְקִנָּמוֹן - "계피", 향기롭고 달콤한 향을 내는 나무껍질. 사랑과 환영, 그리고 기쁨의 상징.

עֲצֵי לְבוֹנָה - "유향나무", 유향은 제사와 예배에 필수적인 향품.
기도와 경배를 상징한다.(계 8:3-4)

מֹר - "몰약", 값비싼 향료로, 기름 부음과 장례 의식에 사용. 헌신과 희생을 상징.

וַאֲהָלוֹת - "침향", 진귀한 향목으로, 타면 진한 향을 내어 귀한 손님 접대나 예배에 사용.

רָאשֵׁי בְשָׂמִים - "모든 좋은 향품", 각종 최고급 향료들의 총칭.
풍성하고 다채로운 사랑과 은혜의 비유.

## 2. 전체 구조 요약표

| 구절 | 히브리어 구절 | 직역 | 문학적/신학적 의미 |
|------|---------------|------|---------------------|
| 4:14 | נֵרְדְּ וְכַרְכֹּם | 나드와 사프란 | 헌신과 기쁨의 사랑 |
|      | קָנֶה וְקִנָּמוֹן | 갈대와 계피 | 향기로운 신앙과 환영 |
|      | עִם כָּל־עֲצֵי לְבוֹנָה | 모든 유향나무와 함께 | 경배와 기도의 상징 |
|      | מֹר וַאֲהָלוֹת | 몰약과 침향 | 희생과 귀한 접대 |
|      | עִם כָּל־רָאשֵׁי בְשָׂמִים | 모든 좋은 향품과 함께 | 풍성한 은혜와 사랑의 완성 |

## 3. 신학적 의미와 교훈

1) 다양한 향기의 조화

한 가지 향이 아닌, 여러 향이 섞여 완전한 향기를 이루듯, 교회는 다양한 은사와 은혜가
조화를 이루어야 함.

2) 헌신과 기쁨의 사랑

나드와 사프란은 사랑이 단순한 감정이 아니라, 헌신과 기쁨이 함께하는 가치임을 보여줌.

3) 기도와 예배의 향기

유향은 예배와 기도를 상징. 우리의 삶 전체가 하나님께 드려지는 향기여야 함.(고후 2:15)

4) 희생이 주는 깊은 향기

몰약과 침향처럼, 진정한 사랑과 헌신은 때로 희생을 수반하지만 그 향은 오래 남음.

5) 완전한 사랑의 완성

'모든 좋은 향품'은 그리스도 안에서 이루어지는 사랑과 은혜의 완전성을 나타냄.

## 4. 현대교회와 공동체에 주는 적용

1) 다양한 은사 존중하기
   적용: 서로 다른 은사와 재능을 귀하게 여기기.
   실천: 공동체 안에서 다른 사람의 재능을 인정하고 축복하기.

2) 헌신과 기쁨 함께하기
   적용: 사역을 의무로만 하지 않고 기쁨으로 감당하기.
   실천: 사역 전후로 감사기도 드리기.

3) 예배의 향기 유지하기
   적용: 형식적인 예배를 넘어서 하나님께 향기로운 삶을 드리기.
   실천: 매일 짧은 시간이라도 개인 예배 시간을 가지기.

4) 희생적 섬김의 지속성
   적용: 힘들더라도 포기하지 않고 사랑을 베풀기.
   실천: 한 달에 한 번은 어려운 이웃이나 소외된 자를 직접 찾아가기.

5) 사랑의 완성을 지향하기
   적용: 인간적인 조건을 넘어 그리스도의 사랑으로 관계 맺기.
   실천: 갈등이 있을 때 먼저 화해를 시도하고 용서하기.

## 5. 결론

아가서 4장 14절은 다양한 향료를 나열하며 사랑의 풍성함과 다채로움을 시각과 후각으로 동시에 전합니다. 각 향료는 사랑의 여러 면(헌신, 기쁨, 예배, 희생, 완성)을 드러내며, 이는 그리스도와 교회의 관계에도 동일하게 적용됩니다.

오늘 우리는 하나님의 동산 안에서 이러한 향기를 품고 세상 속에서 흘려 보내는 '그리스도의 향기'로 살아가야 합니다.

# 아가서 4장 15절

מַעְיַן גַּנִּים בְּאֵר מַיִם חַיִּים וְנֹזְלִים מִן־לְבָנוֹן:

직역: "동산의 샘, 생수의 우물, 레바논에서 흐르는 물."
해석적 의역: "동산의 샘이요, 생명의 물이 솟는 우물이며, 레바논에서 흘러내리는 시원한
물줄기와 같다."

## 1. 핵심 어휘 해설

### מַעְיַן – "샘, 근원"

생명의 원천을 뜻함. 끊임없이 솟아나는 하나님의 은혜와 사랑을 상징.

### גַּנִּים – "동산들"

풍요롭고 아름다운 정원. 사랑과 생명의 번영을 나타냄.

### בְּאֵר – "우물"

인위적으로 파서 얻는 물.
은혜를 얻기 위해 기도와 믿음으로 깊이 파고 들어가는 과정을 암시.

### מַיִם חַיִּים – "생수"

흐르는 신선한 물.
구약에서 하나님의 말씀과 성령의 생명을 비유한다. (렘 2:13, 요 4:14)

### וְנֹזְלִים – "흘러내리는"

끊임없이 흐르는 동작을 표현.
은혜와 축복이 멈추지 않고 계속되는 상태.

### מִן־לְבָנוֹן – "레바논에서"

레바논 산맥에서 발원하는 시원하고 깨끗한 물.
순수함과 하나님의 공급을 나타냄.

## 2. 전체 구조 요약표

| 구절 | 히브리어 구절 | 직역 | 문학적/신학적 의미 |
|------|--------------|------|---------------------|
| 4:15 | מַעְיַן גַּנִּים | 동산의 샘 | 사랑과 은혜의 근원, 풍요의 시작 |
| | בְּאֵר מַיִם חַיִּים | 생수의 우물 | 성령과 하나님의 말씀, 영원한 생명 |
| | וְנֹזְלִים מִן־לְבָנוֹן | 레바논에서 흐르는 물 | 순수하고 끊임없는 하나님의 공급 |

## 3. 신학적 의미와 교훈

1) 하나님의 은혜는 끊임없는 근원

    샘과 우물의 이미지는 은혜와 사랑이 마르지 않고 계속 공급됨을 보여준다.

2) 성령의 생명력

    생수는 성령을 상징하며, 그분은 우리 영혼을 살리고 새롭게 한다.(요 7:38-39)

3) 끊임없는 흐름

    흘러내리는 물처럼 하나님의 은혜는 정체되지 않고, 주는 자와 받는 자를 거쳐 세상으로 흘러간다.

4) 순수함과 고귀함

    레바논의 물은 청정함을 나타내며, 신앙생활에서의 순수성과 거룩함을 지향하도록 부른다.

5) 동산과 샘의 조화

    동산은 아름다움과 풍요를, 샘은 생명과 공급을 의미한다. 신앙 공동체는 이 두 가지가 함께 있어야 건강하다.

## 4. 현대교회와 공동체에 주는 적용

1) 끊임없이 공급하는 사역자 되기
   적용: 말씀과 사랑을 계속 나누는 자가 되기.
   실천: 매주 한 사람 이상에게 영적 격려의 메시지 보내기.

2) 성령의 생수를 경험하기
   적용: 성령의 인도하심에 민감하게 반응하기.
   실천: 하루 10분 이상 침묵 기도로 성령의 음성 듣기.

3) 은혜의 흐름을 막지 않기
   적용: 받은 은혜를 독점하지 않고 나누기.
   실천: 받은 축복 중 일부를 선교·구제 사역에 헌신하기.

4) 순수한 신앙 지키기
   적용: 세속적인 가치에 물들지 않는 순수한 신앙 유지하기.
   실천: 매일 말씀 한 구절을 삶에 적용해 보고 기록하기.

5) 공동체의 동산 가꾸기
   적용: 공동체 안에서 생명과 아름다움을 함께 키워가기.
   실천: 계절마다 한 번씩 전 교인이 함께하는 봉사·친교 활동 계획하기.

## 5. 결론

아가서 4장 15절은 신부를 '동산의 샘'과 '생수의 우물'로 비유하며, 하나님의 사랑과 성령의 생명이 끊임없이 흘러나오는 모습을 묘사합니다. 그 은혜는 순수하고 시원하며, 마르지 않는 레바논의 물처럼 세상과 공동체를 살립니다.

오늘 우리도 그 생명의 근원이 되어, 세상 속에 그리스도의 향기와 생수를 흘려 보내는 사명자로 살아가야 합니다.

# 아가서 4장 16절

עוּרִי צָפוֹן וּבוֹאִי תֵימָן הָפִיחִי גַנִּי יִזְּלוּ בְשָׂמָיו יָבֹא דוֹדִי

לְגַנּוֹ וְיֹאכַל פְּרִי מְגָדָיו:

직역: "깨어나라, 북풍아! 오라, 남풍아! 내 동산에 불어 그 향기들이 흘러나게 하라. 나의
사랑하는 자가 자기 동산에 들어와 그 기름진 열매를 먹게 하라."

해석적 의역: "북풍아, 깨어 일어나고, 남풍아, 와서 불어라! 내 동산에 불어 향기를 흩날리게
하라. 나의 사랑하는 이가 그 동산에 와서 그 귀한 열매를 맛보게 하라."

## 1. 핵심 어휘 해설

עוּרִי – "깨어나라", 잠자고 있던 것을 깨우는 명령형. 새로운 시작, 변화를 촉구하는 의미.

צָפוֹן – "북풍", 시원하고 건조한 바람. 성장을 돕고 향기를 멀리 퍼뜨리는 역할을 함.

תֵימָן – "남풍", 따뜻하고 부드러운 바람. 꽃을 피우고 열매를 성숙하게 함.

הָפִיחִי – "불어라", 향기를 확산시키는 바람의 동작을 나타냄.
은혜와 사랑이 널리 전파됨을 비유.

גַנִּי – "내 동산", 신부 자신을 의미. 내면 세계, 인격, 신앙의 삶을 상징.

בְשָׂמָיו – "그의 향기들", 신앙과 사랑에서 나오는 덕과 행위. 영적 향기를 나타냄.

פְּרִי מְגָדָיו – "그 기름진 열매", 풍성하고 귀한 열매.
성령의 열매(갈 5:22-23)와 의의 열매를 연상시킴.

## 2. 전체 구조 요약표

| 구절 | 히브리어 구절 | 직역 | 문학적/신학적 의미 |
|---|---|---|---|
| 4:16 | עוּרִי צָפוֹן וּבוֹאִי תֵימָן | 깨어나라 북풍아, 오라 남풍아 | 다양한 환경과 도전을 통한 성숙 |
| | הָפִיחִי גַנִּי | 내 동산에 불어라 | 내면과 공동체를 깨우는 하나님의 역사 |
| | יִזְּלוּ בְשָׂמָיו | 그 향기들이 흘러나게 하라 | 은혜와 덕이 세상에 전파됨 |
| | יָבֹא דוֹדִי לְגַנּוֹ | 나의 사랑이 그 동산에 들어오게 하라 | 그리스도의 임재를 환영 |
| | וְיֹאכַל פְּרִי מְגָדָיו | 귀한 열매를 먹게 하라 | 주님께 드리는 성숙한 열매 |

## 3. 신학적 의미와 교훈

1) 성숙을 위한 다양한 바람

   신앙의 성장은 북풍과 남풍 – 즉, 시련과 위로 – 모두를 통해 이루어진다.

2) 하나님의 역사로 깨어나는 영혼

   성령의 바람이 불어올 때, 닫힌 마음과 공동체가 새롭게 된다.

3) 향기 나는 신앙생활

   내면에서 길러진 사랑과 덕은 세상 속에서 향기로 전파된다.

4) 그리스도의 임재 환영

   동산에 들어오시는 주님을 기쁨으로 맞이하는 것이 성도의 영광이다.

5) 열매로 응답하는 삶

   우리의 사역과 삶은 주님이 기뻐하실 열매가 되어야 한다.

## 4. 현대교회와 공동체에 주는 적용

1) 시련과 위로를 함께 수용하기
   적용: 힘든 환경과 은혜로운 환경 모두를 성장의 기회로 삼기.
   실천: 시련 중 감사 제목 찾아 3가지 쓰기.

2) 성령의 바람 맞이하기
   적용: 성령의 새 바람이 공동체에 불어오도록 기도하기.
   실천: 매주 중보기도 모임에서 부흥을 위해 기도하기.

3) 세상에 향기 흘려보내기
   적용: 직장·가정·사회에서 그리스도의 향기를 나타내기.
   실천: 하루 한 번, 친절·격려·섬김의 행동 실천하기.

4) 그리스도를 삶의 주인으로 맞이하기
   적용: 매일 아침 삶을 주님께 위탁하는 기도 드리기.
   실천: 하루 시작 시 "주님, 제 동산에 오소서" 고백하기.

5) 열매 맺는 신앙생활
   적용: 성령의 열매를 점검하고 성장시키기.
   실천: 한 달에 한 가지 열매를 집중적으로 훈련하기.

## 5. 결론

아가서 4장 16절은 신앙의 성숙이 다양한 환경 속에서 이루어지고 성령의 바람이 불 때 우리의 내면과 공동체가 깨어나며, 그리스도의 임재 속에서 귀한 열매를 드릴 수 있음을 보여줍니다. 오늘 우리는 북풍과 남풍을 모두 환영하며, 주님의 동산으로서 그분이 기뻐하실 향기와 열매를 풍성히 맺는 삶을 살아가야 합니다.

아가서 5 장

# 제 5 장 (개역개정)

1  내 누이, 내 신부야 내가 내 동산에 들어와서 나의 몰약과 향 재료를 거두고
   나의 꿀송이와 꿀을 먹고 내 포도주와 내 우유를 마셨으니
    나의 친구들아 먹으라 나의 사랑하는 사람들아 많이 마시라

2  내가 잘지라도 마음은 깨었는데 나의 사랑하는 자의 소리가 들리는구나 문을 두드려
   이르기를 나의 누이, 나의 사랑, 나의 비둘기, 나의 완전한 자야 문을 열어 다오
    내 머리에는 이슬이, 내 머리털에는 밤이슬이 가득하였다 하는구나

3  내가 옷을 벗었으니 어찌 다시 입겠으며 내가 발을 씻었으니 어찌 다시 더럽히랴마는

4  내 사랑하는 자가 문틈으로 손을 들이밀매 내 마음이 움직여서

5  일어나 내 사랑하는 자를 위하여 문을 열 때 몰약이 내 손에서,
   몰약의 즙이 내 손가락에서 문빗장에 떨어지는구나

6  내가 내 사랑하는 자를 위하여 문을 열었으나 그는 벌써 물러갔네
   그가 말할 때에 내 혼이 나갔구나 내가 그를 찾아도 못 만났고 불러도 응답이 없었노라

7  성 안을 순찰하는 자들이 나를 만나매 나를 쳐서 상하게 하였고
   성벽을 파수하는 자들이 나의 겉옷을 벗겨 가졌도다

8  예루살렘 딸들아 너희에게 내가 부탁한다
   너희가 내 사랑하는 자를 만나거든 내가 사랑하므로 병이 났다고 하려무나

9  여자들 가운데에 어여쁜 자야 너의 사랑하는 자가  남의 사랑하는 자보다 나은 것이 무엇인가
   너의 사랑하는 자가 남의 사랑하는 자보다 나은 것이 무엇이기에 이같이 우리에게 부탁하는가

10  내 사랑하는 자는 희고도 붉어 많은 사람 가운데에 뛰어나구나

11  머리는 순금 같고 머리털은 고불고불하고 까마귀 같이 검구나

12  눈은 시냇가의 비둘기 같은데 우유로 씻은 듯하고 아름답게도 박혔구나

13  뺨은 향기로운 꽃밭 같고 향기로운 풀언덕과도 같고
    입술은 백합화 같고 몰약의 즙이 뚝뚝 떨어지는구나

14  손은 황옥을 물린 황금 노리개 같고 몸은 아로새긴 상아에 청옥을 입힌 듯하구나

15  다리는 순금 받침에 세운 화반석 기둥 같고 생김새는 레바논 같으며 백향목처럼 보기 좋고

16  입은 심히 달콤하니 그 전체가 사랑스럽구나 예루살렘 딸들아 이는 내 사랑하는 자요
    나의 친구로다

# 제 5 장
(Song of Songs [kjv])

1.I am come into my garden, my sister, my spouse: I have gathered my myrrh with my spice;

  I have eaten my honeycomb with my honey; I have drunk my wine with my milk: eat, O

  friends; drink, yea, drink abundantly, O beloved.

2.I sleep, but my heart waketh: it is the voice of my beloved that knocketh, saying, Open to

  me, my sister, my love, my dove, my undefiled: for my head is filled with dew,

  and my locks with the drops of the night.

3.I have put off my coat; how shall I put it on? I have washed my feet; how shall I defile them?

4.My beloved put in his hand by the hole of the door, and my bowels were moved for him.

5.I rose up to open to my beloved; and my hands dropped with myrrh, and my fingers with

  sweet smelling myrrh, upon the handles of the lock.

6.I opened to my beloved; but my beloved had withdrawn himself, and was gone: my soul failed

  when he spake: I sought him, but I could not find him; I called him, but he gave me no answer.

7.The watchmen that went about the city found me, they smote me, they wounded me;

  the keepers of the walls took away my veil from me.

8.I charge you, O daughters of Jerusalem, if ye find my beloved, that ye tell him, that I am sick of love.

9.What is thy beloved more than another beloved, O thou fairest among women?

  what is thy beloved more than another beloved, that thou dost so charge us?

10.My beloved is white and ruddy, the chiefest among ten thousand.

11.His head is as the most fine gold, his locks are bushy, and black as a raven.

12.His eyes are as the eyes of doves by the rivers of waters, washed with milk, and fitly set.

13.His cheeks are as a bed of spices, as sweet flowers:

  his lips like lilies, dropping sweet smelling myrrh.

14.His hands are as gold rings set with the beryl: his belly is as bright ivory overlaid with sapphires.

15.His legs are as pillars of marble, set upon sockets of fine gold:

  his countenance is as Lebanon, excellent as the cedars.

16.His mouth is most sweet: yea, he is altogether lovely. This is my beloved,

  and this is my friend, O daughters of Jerusalem.

# 아가서 5장 1절

בָּאתִי לְגַנִּי אֲחֹתִי כַלָּה אָרִיתִי מוֹרִי עִם־בְּשָׂמִי אָכַלְתִּי יַעְרִי

עִם־דִּבְשִׁי שָׁתִיתִי יֵינִי עִם־חֲלָבִי אִכְלוּ רֵעִים שְׁתוּ

וְשִׁכְרוּ דּוֹדִים׃

직역: "내 동생, 나의 신부야, 내가 내 동산에 왔다. 나는 몰약과 향품을 거두었고, 벌집과 꿀을
먹었으며, 내 포도주와 젖을 마셨다. 친구들아, 먹어라. 사랑하는 자들아, 마시고 취하라."

해석적 의역: "내 사랑하는 신부야, 내가 너라는 동산에 들어와 귀한 몰약과 향을 거두고, 달콤한
꿀과 포도주, 그리고 부드러운 젖을 마음껏 누렸다. 이제 친구들아, 와서 먹고 마시
며 이 사랑의 기쁨에 흠뻑 취하라."

## 1. 핵심 어휘 해설

בָּאתִי לְגַנִּי - "내 동산에 왔다"

גַּן: 동산, 사랑하는 이의 내밀한 존재와 관계를 은유한다.

לְגַנִּי: 내, 친밀하고 소유적인 관계를 강조한다.

אֲחֹתִי כַלָּה - "누이, 나의 신부"

אֲחֹתִי: 누이, 깊은 우정과 동반자적 사랑.

כַלָּה: 신부, 언약적 사랑의 완성을 나타낸다.

אָרִיתִי מוֹרִי עִם־בְּשָׂמִי - "나는 몰약과 향품을 거두었다"

מוֹרִי(몰약)과 בְּשָׂמִי(향품)은 귀하고 값진 사랑의 향기와 풍성함을 상징한다.

יַעְרִי עִם־דִּבְשִׁי - "벌집과 꿀을 먹었다"

יַעְרִי: 벌집, 달콤함과 풍성함.

דִּבְשִׁי: 꿀, 사랑의 만족과 기쁨을 나타낸다.

שָׁתִיתִי יֵינִי עִם־חֲלָבִי – "포도주와 젖을 마셨다"

> יֵינִי: 포도주, 기쁨과 환희.

> חֲלָבִי: 젖, 부드럽고 생명을 주는 영양을 상징한다.

אִכְלוּ רֵעִים שְׁתוּ וְשִׁכְרוּ דּוֹדִים – "친구들아, 먹고 마시며 사랑에 취하라"

사랑의 기쁨을 공동체와 나누는 초청으로, 그 축복이 다른 사람들에게도 흘러가는 장면이다.

## 2. 전체 구조 요약표

| 구절 | 히브리어 구절 | 직역 | 문학적/신학적 의미 |
|---|---|---|---|
| 5:1 | בָּאתִי לְגַנִּי אֲחֹתִי כַלָּה | 내가 내 동산에 왔다, 내 누이, 나의 신부야 | 사랑의 성취와 친밀한 연합, 언약적 완성 |
| | אָרִיתִי מוֹרִי עִם־בְּשָׂמִי | 나는 몰약과 향품을 거두었다 | 사랑의 향기와 결실, 풍성한 관계의 열매 |
| | אָכַלְתִּי יַעְרִי עִם־דִּבְשִׁי | 벌집과 꿀을 먹었다 | 사랑의 달콤함과 만족, 영적 기쁨 |
| | שָׁתִיתִי יֵינִי עִם־חֲלָבִי | 포도주와 젖을 마셨다 | 기쁨과 생명 공급, 충만한 사랑의 축복 |
| | אִכְלוּ רֵעִים שְׁתוּ וְשִׁכְרוּ דּוֹדִים | 친구들아, 먹고 마시며 사랑에 취하라 | 사랑의 기쁨을 공동체와 나누는 초청, 축제의 완성 |

## 3. 신학적 의미와 교훈

1) 사랑의 성취와 완성
    동산에 들어와 모든 향기와 열매를 누리는 장면은 언약적 사랑의 결실, 곧 그리스도와 교회의 연합을 상징한다.

2) 사랑의 달콤함과 풍성함
    꿀과 젖, 포도주의 이미지는 하나님의 사랑이 주는 풍성하고 만족스러운 생명을 나타낸다.

3) 공동체로 확장되는 사랑
    친구들에게 먹고 마시라고 초청하는 장면은 하나님의 사랑이 공동체 안에서 함께 나누어져야 함을 보여준다.

4) 성취 후의 쉼과 기쁨

사랑의 결실은 잔치와 안식으로 이어진다. 신앙에서도 헌신 후 하나님의 임재 안에서 회복이 필요하다.

5) 거룩한 친밀감의 모범

'내 누이, 나의 신부'라는 호칭은 사랑이 우정, 존중, 언약 위에 세워져야 함을 가르친다.

## 4. 현대교회와 공동체에 주는 적용

1) 사랑과 헌신의 결실을 기뻐하기

적용: 사역과 관계의 열매를 감사로 누리기.

실천: 한 달에 한 번 공동체 사역 열매를 나누고 감사 예배 드리기.

2) 풍성한 사랑을 흘려 보내기

적용: 하나님의 은혜와 기쁨을 나누기.

실천: 받은 은혜와 간증을 소그룹과 이웃에게 전하기.

3) 공동체적 기쁨의 확산

적용: 개인의 은혜를 공동체가 함께 기뻐하도록 초청하기.

실천: 감사 식사나 축복 모임을 정기적으로 갖기.

4) 쉼과 회복의 영성

적용: 사역과 헌신 후 회복과 재충전의 시간 갖기.

실천: 정기적인 안식일과 영성 훈련 참여하기.

5) 존중과 우정이 있는 사랑

적용: 모든 관계에서 언약적 존중을 실천하기.

실천: 말과 행동에서 상대방을 귀히 여기기.

## 5. 결론

아가서 5장 1절은 사랑이 절정에 이르러 기쁨과 만족이 넘치는 장면을 묘사합니다. 신랑과 신부의 연합은 그리스도와 교회의 친밀한 사랑을 예표하며, 그 기쁨이 공동체로 확산됩니다.

이는 오늘날 교회가 풍성한 사랑과 나눔, 존중과 회복을 실천하는 모델이 됩니다.

# 아가서 5장 2절

אֲנִי יְשֵׁנָה וְלִבִּי עֵר קוֹל דּוֹדִי דוֹפֵק פִּתְחִי־לִי אֲחֹתִי רַעְיָתִי

יוֹנָתִי תַמָּתִי שֶׁרֹאשִׁי נִמְלָא־טָל קְוֻצּוֹתַי רְסִיסֵי לָיְלָה:

직역: "나는 자고 있으나, 내 마음은 깨어 있다. 내 사랑하는 이의 소리가 들린다. 두드리며 말한
다. '내 누이, 나의 사랑, 나의 비둘기, 나의 완전한 자여, 나를 위하여 문을 열어다오. 내
머리는 이슬에 젖었고, 내 머리털은 밤 이슬방울에 젖었구나."

해석적 의역: "나는 잠들어 있지만 마음은 깨어 있었네. 사랑하는 이가 두드리며 부른다. 내 누이
내 사랑, 내 비둘기, 흠 없는 내 사람아, 나를 맞아 주오. 머리는 이슬에, 머리칼은
밤이슬에 흠뻑 젖었네."

## 1. 핵심 어휘 해설

**אֲנִי יְשֵׁנָה וְלִבִּי עֵר** - "나는 자고 있으나, 내 마음은 깨어 있다"

육체적 쉼 속에서도 영혼이 깨어 사랑하는 이를 기다리는 긴장 상태를 나타낸다.

**קוֹל דּוֹדִי דוֹפֵק** - "내 사랑하는 이의 소리가 두드린다"

דּוֹדִי(나의 사랑하는 이)와 דוֹפֵק(두드리다)는 사랑의 초대와 긴박한 요청을 표현한다.

**פִּתְחִי־לִי** - "나를 위하여 문을 열어 다오"

행동을 촉구하는 직접 명령형으로, 관계의 문을 여는 결단을 요구한다.

**אֲחֹתִי רַעְיָתִי יוֹנָתִי תַמָּתִי** - "내 누이, 나의 사랑, 나의 비둘기, 나의 완전한 자여"

네 가지 애칭을 연속 사용해 깊은 애정과 친밀함, 존귀함을 강조한다.

אֲחֹתִי(내 누이): 우정과 친밀

רַעְיָתִי(나의 사랑): 언약적 애정

יוֹנָתִי(나의 비둘기): 순결과 온유

תַמָּתִי(나의 완전한 자): 흠 없는 사랑의 대상

שֶׁרֹאשִׁי נִמְלָא־טָל - "내 머리가 이슬에 젖었고"

밤새 사랑하는 이를 찾아온 헌신과 수고를 드러낸다.

קְוֻצּוֹתַי רְסִיסֵי לָיְלָה - "내 머리털은 밤 이슬방울에 젖었구나"

밤의 차가운 이슬에 흠뻑 젖은 모습은 사랑의 열정과 인내를 상징한다.

## 2. 전체 구조 요약표

| 구절 | 히브리어 구절 | 직역 | 문학적/신학적 의미 |
|---|---|---|---|
| 5:2 | אֲנִי יְשֵׁנָה וְלִבִּי עֵר | 나는 자고 있으나, 내 마음은 깨어 있다 | 육체적 쉼 속의 영적 깨어 있음, 내면의 경성 |
| | קוֹל דּוֹדִי דוֹפֵק | 내 사랑하는 이의 소리가 두드린다 | 사랑의 초대, 임재의 요청 |
| | פִּתְחִי־לִי | 나를 위하여 문을 열어 다오 | 결단과 응답을 촉구하는 부름 |
| | אֲחֹתִי רַעְיָתִי יוֹנָתִי תַמָּתִי | 내 누이, 나의 사랑, 나의 비둘기, 나의 완전한 자여 | 다층적 애칭을 통한 깊은 애정과 존귀함 |
| | שֶׁרֹאשִׁי נִמְלָא־טָל קְוֻצּוֹתַי רְסִיסֵי לָיְלָה | 내 머리는 이슬에, 머리털은 밤 이슬방울에 젖었다 | 헌신과 인내, 사랑을 위한 수고 |

## 3. 신학적 의미와 교훈

1) 영적 민감성의 중요성

육체가 쉬고 있을 때도 마음은 깨어 있어야 한다. 주님의 부르심은 예고 없이 올 수 있다.

2) 주님의 임재 요청에 대한 즉각적 응답

주님은 마음의 문을 두드리신다. 문을 여는 것은 선택이 아니라 사랑의 필연적 응답이다.

3) 친밀함 속의 존귀함

여러 애칭은 성도가 주님께 얼마나 귀하고 소중한 존재인지 드러낸다.

4) 헌신의 희생

밤이슬에 젖어 찾아온 모습은 주님의 끝없는 사랑과 헌신을 보여준다.

5) 기다림과 인내의 사랑

사랑은 기다림과 인내로 완성되며, 그 과정에서 관계가 더 깊어진다.

## 4. 현대교회와 공동체에 주는 적용

1) 영적 경성 유지

적용: 삶의 바쁨 속에서도 주님의 음성에 귀 기울이기.

실천: 하루 시작과 마무리에 묵상과 기도 시간을 확보하기.

2) 즉각적인 순종

적용: 주님의 부르심을 미루지 않고 순종하기.

실천: 느껴지는 감동과 기회를 즉시 행동으로 옮기기.

3) 존귀한 부르심 기억하기

적용: 내가 주님께 얼마나 귀한 존재인지 인식하며 살기.

실천: 하루 한 번 말씀을 통해 정체성을 재확인하기.

4) 헌신의 희생을 본받기

적용: 사랑하는 이를 위해 기꺼이 수고하기.

실천: 타인을 위한 봉사와 중보기도 생활화하기.

5) 기다림 속의 사랑 훈련

적용: 관계와 사역에서 조급함을 버리고 인내하기.

실천: 응답이 더딜 때도 믿음으로 기다리는 훈련하기.

## 5. 결론

아가서 5장 2절은 주님의 사랑과 초청, 그리고 성도의 깨어 있는 마음을 아름답게 그립니다. 주님의 부르심은 깊은 애정과 헌신 속에 오며, 우리의 응답은 즉각적이고 기꺼워야 합니다.

이는 교회와 성도가 주님의 임재에 민감하고, 그 부르심에 늘 열려 있는 삶을 살아야 함을 가르칩니다.

# 아가서 5장 3절

פָּשַׁטְתִּי אֶת־כֻּתָּנְתִּי אֵיכָכָה אֶלְבָּשֶׁנָּה רָחַצְתִּי אֶת־רַגְלַי

אֵיכָכָה אֲטַנְּפֵם:

직역: "내가 속옷을 벗었는데, 어찌 다시 입으랴? 내가 발을 씻었는데, 어찌 다시 더럽히랴?"
해석적 의역: "옷을 벗고 잠자리에 들었는데, 다시 입어야 하나? 발을 씻었는데, 또 흙을 묻혀야
하나?"

## 1. 핵심 어휘 해설

**פָּשַׁטְתִּי אֶת־כֻּתָּנְתִּי** - "내가 속옷을 벗었다"

כֻּתֹּנֶת: 속옷, 긴 이너 튜닉으로, 하루를 마무리하고 잠자리에 들 준비를 나타낸다.
벗었다는 표현은 안락함과 쉼의 상태를 상징한다.

**אֵיכָכָה אֶלְבָּשֶׁנָּה** - "어찌 다시 입으랴?"

다시 입는다는 것은 불편함과 수고를 감수하는 행동을 의미하며, 여기서는 망설임과
미온적인 태도를 드러낸다.

**רָחַצְתִּי אֶת־רַגְלַי** - "내가 발을 씻었다"

고대 근동에서는 잠자리 전 발을 씻는 것이 일상적 습관이었으며,
깨끗함과 휴식을 상징한다.

**אֵיכָכָה אֲטַנְּפֵם** - "어찌 그것을 더럽히랴?"

טָנַף: 더럽히다, 흙이나 먼지로 오염시키는 것을 뜻한다.
이는 이미 얻은 깨끗함과 안락함을 깨고 싶지 않은 마음을 반영한다.

## 2. 전체 구조 요약표

| 구절 | 히브리어 구절 | 직역 | 문학적/신학적 의미 |
|------|--------------|------|---------------------|
| 5:3 | פָּשַׁטְתִּי אֶת־כֻּתׇּנְתִּי | 내가 속옷을 벗었다 | 안락함과 쉼의 상태, 하루의 마무리 |
| | אֵיכָכָה אֶלְבָּשֶׁנָּה | 어찌 다시 입으랴 | 부르심에 대한 주저와 불응 |
| | רָחַצְתִּי אֶת־רַגְלַי | 내가 발을 씻었다 | 깨끗함과 준비된 쉼 |
| | אֵיכָכָה אֲטַנְּפֵם | 어찌 그것을 더럽히랴 | 기존의 평안과 청결을 깨뜨리기 싫은 마음 |

## 3. 신학적 의미와 교훈

1) 영적 게으름의 위험
   부르심이 와도 이미 누리고 있는 안락함 때문에 응답을 주저할 수 있다.

2) 희생 없는 사랑의 한계
   사랑에는 불편함을 감수하는 헌신이 필요하다.
   이를 거부하면 관계가 멀어진다.

3) 안락함보다 순종이 우선
   영적 평안과 물리적 안락함이 충돌할 때, 순종이 더 중요한 가치임을 배운다.

4) 자기보호적 태도의 문제
   '더럽히고 싶지 않다'는 생각은 관계의 문을 닫게 만들 수 있다.

5) 주님의 부르심은 때를 놓치지 않아야 함
   순간의 망설임이 기회를 영영 잃게 할 수 있다.

## 4. 현대교회와 공동체에 주는 적용

 1) 즉각적인 순종 훈련
    적용: 주님의 부르심을 느낄 때 지체하지 않기.
    실천: 사역 요청이나 도움의 기회가 오면 바로 행동하기.

 2) 안락함보다 사명 우선
    적용: 편안함을 내려놓고 필요한 곳에 나아가기.
    실천: 일정과 생활 패턴을 사역과 봉사에 맞춰 유연하게 조정하기.

 3) 희생이 따르는 사랑 실천
    적용: 불편함을 감수하면서도 섬기기.
    실천: 어려운 시간대나 환경에서도 봉사에 참여하기.

 4) 자기보호를 넘어 관계 지키기
    적용: 불편하더라도 관계 회복을 위한 첫 걸음 내딛기.
    실천: 대화 요청이 오면 상황을 핑계로 거절하지 않기.

 5) 기회의 시간 인식하기
    적용: 지금이 응답할 때임을 인식하고 행동하기.
    실천: '다음에'라는 생각을 줄이고 '지금' 실행하기.

## 5. 결론

   아가서 5장 3절은 사랑의 부르심 앞에서 주저하는 신부의 모습을 통해, 우리의 신앙에서도 안락함과 순종 사이에서 갈등하는 현실을 보여줍니다.

   하나님의 부르심에는 지체 없이 응답해야 하며, 불편함을 감수하는 헌신이 참된 사랑과 관계를 지킵니다.

# 아가서 5장 4절

דּוֹדִי שָׁלַח יָדוֹ מִן־הַחֹר וּמֵעַי הָמוּ עָלָיו:

직역: "나의 사랑하는 이가 손을 구멍으로 내밀었고, 내 속이 그로 인해 떨렸다."
해석적 의역: "사랑하는 이가 문틈으로 손을 내밀자, 내 마음이 그를 향해 설레고 요동쳤다."

## 1. 핵심 어휘 해설

דּוֹדִי – "나의 사랑하는 이"

아가서 전반에서 반복되는 신부의 애칭. 친밀감과 애정이 가득 담긴 부름.

שָׁלַח יָדוֹ – "손을 내밀었다"

שָׁלַח: 내밀다, 적극적 행동을 뜻한다.

여기서는 관계를 회복하고 가까이 다가가려는 의지를 표현한다.

מִן־הַחֹר – "구멍으로부터"

문이나 빗장의 작은 틈을 의미. 고대 중동의 집 문에는 밖에서 안으로 손을 넣어 빗장을 여는 구조가 있었는데, 이는 접근과 초대의 상징이 된다.

וּמֵעַי הָמוּ עָלָיו – "내 속이 그로 인해 떨렸다"

מֵעַי: 속, 심장과 감정을 포함한 내면 깊은 자리,

הָמוּ: 떨렸다, 강렬한 감정의 요동을 뜻한다.

사랑과 그리움, 감동이 동시에 복받치는 상태를 묘사한다.

## 2. 전체 구조 요약표

| 구절 | 히브리어 구절 | 직역 | 문학적/신학적 의미 |
|---|---|---|---|
| 5:4 | הוֹדִי שָׁלַח יָדוֹ | 나의 사랑하는 이가 손을 내밀었다 | 사랑의 적극적 접근과 회복 의지 |
| | מִן־הַחֹר | 구멍으로부터 | 닫힌 관계를 여는 시도, 초대의 상징 |
| | וּמֵעַי הָמוּ עָלָיו | 내 속이 그로 인해 떨렸다 | 사랑과 감동, 회개의 감정이 뒤섞인 내적 요동 |

## 3. 신학적 의미와 교훈

1) 주님의 끊임없는 접근

우리가 주저하고 문을 닫아도, 주님은 다양한 방법으로 다가오신다.

2) 관계 회복의 손길

문틈으로 손을 내미는 모습은 관계를 여는 작은 시도라도 포기하지 않으시는 주님의 성품을 나타낸다.

3) 사랑의 손길에 대한 내적 반응

주님의 접근은 성도의 마음 깊은 곳을 움직이고 변화시킨다.

4) 닫힌 문과 열린 마음의 갈등

물리적으로 문이 닫혀 있어도, 마음이 흔들리면 변화의 시작이 열린다.

5) 회개의 감정

내적 떨림은 사랑을 외면한 스스로에 대한 후회와 다시 맞이하고 싶은 간절함이 섞인 상태이다.

## 4. 현대교회와 공동체에 주는 적용

### 1) 주님의 접근을 민감하게 감지하기
적용: 작은 감동과 사건 속에서도 주님의 손길을 인식하기.
실천: 하루를 돌아보며 은혜의 흔적을 기록하기.

### 2) 관계 회복을 위한 작은 행동 시작하기
적용: 화해와 용서를 위해 먼저 손 내밀기.
실천: 문자나 짧은 안부로 첫 대화를 열기.

### 3) 마음의 요동을 행동으로 옮기기
적용: 감동이 올 때 주저하지 않고 반응하기.
실천: 말씀 묵상 중 받은 감동을 실천 계획으로 기록하기.

### 4) 문을 열 준비하기
적용: 닫힌 마음을 풀기 위한 영적 훈련하기.
실천: 용서와 겸손에 관한 말씀 암송하기.

### 5) 회개의 기회를 붙잡기
적용: 주님의 손길을 느낄 때 즉시 회개하고 돌이키기.
실천: 정기적인 회개 기도 시간 확보하기.

## 5. 결론

아가서 5장 4절은 닫힌 문 너머로 다가오는 사랑하는 이의 손길과, 그것에 반응하여 요동치는 마음을 보여줍니다.

이는 주님께서 우리의 완고함 속에서도 관계를 회복하려 다가오시는 모습을 예표하며, 성도는 그 손길에 민감하게 반응하고 즉시 응답해야 한다는 것을 가르쳐 줍니다.

# 아가서 5장 5절

קַמְתִּי אֲנִי לִפְתֹּחַ לְדוֹדִי וְיָדַי נָטְפוּ־מוֹר וְאֶצְבְּעֹתַי מוֹר עֹבֵר
עַל כַּפּוֹת הַמַּנְעוּל:

직역: "내가 내 사랑하는 이에게 열어 주려고 일어났더니, 내 손에서는 몰약이 떨어지고, 내
　　　 손가락에서도 몰약이 흘러 자물쇠 손잡이에 묻었다."
해석적 의역: "사랑하는 이를 맞으려고 일어서니, 내 손에서 향기로운 몰약이 흘러내렸고,
　　　 손가락마다 그 향이 자물쇠 손잡이를 적셨다."

## 1. 핵심 어휘 해설

**קַמְתִּי אֲנִי לִפְתֹּחַ לְדוֹדִי** - "내가 내 사랑하는 이에게 열어 주려고 일어났다"

주저하던 신부가 마침내 결단하고 행동에 옮기는 장면.

**קַמְתִּי**: 일어났다, 결단과 응답을 상징한다.

**וְיָדַי נָטְפוּ־מוֹר** - "내 손에서 몰약이 떨어졌다"

**מוֹר**: 몰약, 귀한 향료로, 사랑과 헌신, 치유와 준비됨을 상징한다.

떨어진다는 표현은 풍성한 흘러넘침을 나타낸다.

**וְאֶצְבְּעֹתַי מוֹר עֹבֵר** - "내 손가락에서도 몰약이 흘렀다"

몰약이 손가락까지 흘러내리는 장면은 감정과 사랑이 전인적으로 충만함을 나타낸다.

**עַל כַּפּוֹת הַמַּנְעוּל** - "자물쇠 손잡이에 묻었다"

문을 여는 장치에 몰약이 묻었다는 것은 사랑하는 이를 맞이하기 위해 준비된 마음과
행위의 흔적을 상징한다.

## 2. 전체 구조 요약표

| 구절 | 히브리어 구절 | 직역 | 문학적/신학적 의미 |
|---|---|---|---|
| 5:5 | קַמְתִּי אֲנִי לִפְתֹּחַ לְדוֹדִי | 내가 내 사랑하는 이에게 열어 주려고 일어났다 | 주저 끝에 내린 순종과 결단 |
| | וְיָדַי נָטְפוּ־מוֹר | 내 손에서 몰약이 떨어졌다 | 헌신과 사랑의 향기, 풍성한 준비 |
| | וְאֶצְבְּעֹתַי מוֹר עֹבֵר | 내 손가락에서도 몰약이 흘렀다 | 전인적 감정 몰입, 사랑의 충만함 |
| | עַל כַּפּוֹת הַמַּנְעוּל | 자물쇠 손잡이에 묻었다 | 준비된 사랑과 행위의 흔적, 관계 회복의 순간 |

## 3. 신학적 의미와 교훈

### 1) 결단의 순간
망설임을 끝내고 사랑하는 이를 맞이하려는 행동은 순종과 헌신의 결정적 전환점이다.

### 2) 헌신의 향기
몰약의 향은 주님께 드려지는 헌신과 사랑이 주변에 전해지는 것을 상징한다.

### 3) 준비된 마음
행동 전에 이미 향기가 손에 묻어 있었다는 것은 사랑의 준비가 오래 전부터 되어 있었음을 보여준다.

### 4) 순종이 남기는 흔적
자물쇠에 남은 몰약은 순종의 행위가 남기는 은혜의 흔적을 나타낸다.

### 5) 사랑의 충만함이 관계를 연다
감정과 마음이 충만할 때 관계 회복의 문이 열린다.

## 4. 현대교회와 공동체에 주는 적용

  1) 주저함을 넘어 행동으로
     적용: 마음의 결심을 즉시 행동으로 옮기기.
     실천: 감동이 올 때 미루지 않고 순종하기.

  2) 헌신의 향기를 남기기
     적용: 나의 순종과 섬김이 다른 이에게도 은혜가 되게 하기.
     실천: 작은 봉사에도 기쁨과 정성을 담기.

  3) 준비된 신앙 생활
     적용: 기회가 올 때 즉시 반응할 수 있도록 미리 준비하기.
     실천: 말씀과 기도로 마음을 매일 새롭게 하기.

  4) 순종의 흔적을 남기는 삶
     적용: 주님과의 관계 속에서 남길 수 있는 믿음의 기록 만들기.
     실천: 순종 후 받은 은혜를 간증으로 나누기.

  5) 사랑이 충만한 공동체
     적용: 관계 회복을 위해 기꺼이 사랑을 흘려 보내기.
     실천: 갈등 후 먼저 손 내밀고 축복하기.

## 5. 결론

   아가서 5장 5절은 주저하던 신부가 결단하여 일어서고, 그 손에 흐르는 몰약이 자물쇠에까지 전해지는 장면을 통해 사랑의 결단, 준비된 헌신, 그리고 순종이 남기는 향기로운 흔적을 보여줍니다.

   이는 주님을 맞이하는 성도의 준비된 마음과 즉각적인 응답의 모범이 됩니다.

# 아가서 5장 6절

## 1. 핵심 어휘 해설

**פָּתַחְתִּי אֲנִי לְדוֹדִי** – "내가 내 사랑하는 이에게 열었다"
마침내 응답했음을 나타내지만, 타이밍이 늦었음을 암시한다.

**וְדוֹדִי חָמַק עָבָר** – "내 사랑하는 이는 지나가 버렸다"
חָמַק: 피하다, 멀어지다, 아쉬움과 상실의 뉘앙스를 담고 있다.

**נַפְשִׁי יָצְאָה בְדַבְּרוֹ** – "그가 말할 때 내 영혼이 나갔다"
내면 깊이 사로잡히는 강한 감정의 반응. 사랑과 그리움, 후회가 뒤섞인 상태를 표현한다.

**בִּקַּשְׁתִּיהוּ וְלֹא מְצָאתִיהוּ** – "내가 그를 찾았으나 찾지 못했다"
의지를 가지고 찾았지만, 결과는 실패. 부재의 고통을 드러낸다.

**קְרָאתִיו וְלֹא עָנָנִי** – "불렀으나 응답하지 않았다"
관계 단절의 현실을 직면하게 하는 표현. 부르짖음이 응답받지 못하는 영적 공허함을
나타낸다.

## 2. 전체 구조 요약표

| 구절 | 히브리어 구절 | 직역 | 문학적/신학적 의미 |
|---|---|---|---|
| 5:6 | פָּתַחְתִּי אֲנִי לְדוֹדִי | 내가 내 사랑하는 이에게 열었다 | 응답의 행동, 그러나 지연된 타이밍 |
| | וְדוֹדִי חָמַק עָבָר | 내 사랑하는 이는 지나가 버렸다 | 기회를 놓친 상실감 |
| | נַפְשִׁי יָצְאָה בְדַבְּרוֹ | 그가 말할 때 내 영혼이 나갔다 | 사랑과 후회의 감정적 소용돌이 |
| | בִּקַּשְׁתִּיהוּ וְלֹא מְצָאתִיהוּ | 내가 그를 찾았으나 찾지 못했다 | 부재 속에서의 갈망과 고통 |
| | קְרָאתִיו וְלֹא עָנָנִי | 불렀으나 응답하지 않았다 | 단절의 실감, 영적 침묵의 체험 |

## 3. 신학적 의미와 교훈

1) 타이밍의 중요성

주님의 부르심에 대한 응답은 지체 없이 이루어져야 한다. 지연은 기회를 잃게 한다.

2) 상실을 통한 영적 각성

사랑하는 이를 놓친 경험은 더 깊은 갈망과 회개를 불러일으킨다.

3) 부재의 아픔 속에서 자라는 믿음

응답 없는 시간은 신앙을 시험하고, 너욱 주님을 찾게 한나.

4) 관계 단절의 경고

반응 없는 상태는 친밀함이 약해진 증거이며, 회복을 위한 적극적 노력이 필요하다.

5) 주님의 임재를 사모하는 마음

부재를 경험할수록 임재의 귀중함을 절감하게 된다.

## 4. 현대교회와 공동체에 주는 적용

### 1) 즉각적 순종 생활화
적용: 감동과 부르심이 올 때 지체 없이 반응하기.
실천: '지금' 행동하는 신앙 습관 만들기.

### 2) 상실 경험을 회복의 계기로
적용: 놓친 기회를 분석하고 재발 방지 대책 세우기.
실천: 영적 일기 작성으로 깨달음 기록하기.

### 3) 부재 속에서의 인내
적용: 응답이 없을 때도 주님을 찾는 믿음 유지하기.
실천: 침묵 기도와 기다림의 훈련 지속하기.

### 4) 관계 회복 노력
적용: 주님과의 친밀감 회복을 위한 적극적 시간 투자하기.
실천: 매일 고정된 묵상과 찬양 시간 확보하기.

### 5) 임재의 소중함 기억하기
적용: 은혜를 당연시하지 않고 감사로 누리기.
실천: 받은 은혜를 구체적으로 기록하고 감사 기도하기.

## 5. 결론

아가서 5장 6절은 신부가 뒤늦게 응답했지만 사랑하는 이를 놓쳐버린 장면을 통해, 지체없는 순종과 임재의 소중함을 강조합니다.

부재와 침묵 속에서 갈망과 회개의 마음이 자라며, 이는 더 깊은 사랑과 헌신으로 나아가게 하는 영적 계기가 됩니다.

# 아가서 5장 7절

מְצָאֻנִי הַשֹּׁמְרִים הַסֹּבְבִים בָּעִיר הִכּוּנִי פְצָעוּנִי נָשְׂאוּ

אֶת־רְדִידִי מֵעָלַי שֹׁמְרֵי הַחֹמוֹת:

직역: "성안을 순찰하는 파수꾼들이 나를 만났다. 그들이 나를 때리고 상하게 하였으며, 성벽을
지키는 파수꾼들이 내 겉옷을 벗겼다."

해석적 의역: "성 안을 돌던 파수꾼들이 나를 발견했다. 그들은 나를 때리고 상처 입혔으며,
성벽을 지키는 사람들이 내 겉옷을 빼앗았다."

## 1. 핵심 어휘 해설

### מְצָאֻנִי - "나를 만났다"

우연한 발견이 아니라, 의도치 않은 마주침의 뉘앙스를 가짐.

### הַשֹּׁמְרִים הַסֹּבְבִים בָּעִיר - "성안을 순찰하는 파수꾼들"

도시의 안전과 질서를 유지하는 자들이지만, 여기서는 신부를 돕지 않고 오히려 해를
가하는 역설직 역할을 한다.

### הִכּוּנִי פְצָעוּנִי - "그들이 나를 때리고 상하게 하였다"

물리적 폭력뿐 아니라 수치와 모욕을 포함한 상처를 상징.

### נָשְׂאוּ אֶת־רְדִידִי - "그들이 내 겉옷을 벗겼다"

רְדִיד: 겉옷, 숄, 신부의 품위와 신분을 상징한다. 벗김은 명예를 빼앗기고 수치를 당하는
것을 의미한다.

### שֹׁמְרֵי הַחֹמוֹת - "성벽을 지키는 파수꾼들"

성의 경계를 지키는 자들이나, 여기서는 경직된 권위나 오해를 상징할 수 있다.

## 2. 전체 구조 요약표

| 구절 | 히브리어 구절 | 직역 | 문학적/신학적 의미 |
|---|---|---|---|
| 5:7 | מְצָאֻנִי הַשֹּׁמְרִים הַסֹּבְבִים בָּעִיר | 성안을 순찰하는 파수꾼들이 나를 만났다 | 보호자와의 마주침, 그러나 도움 없는 상황 |
| | הִכּוּנִי פְצָעוּנִי | 그들이 나를 때리고 상하게 하였다 | 관계 속 상처와 모욕 |
| | נָשְׂאוּ אֶת־רְדִידִי מֵעָלַי | 내 겉옷을 벗겼다 | 명예와 존엄의 상실, 수치 |
| | שֹׁמְרֵי הַחֹמוֹת | 성벽을 지키는 파수꾼들 | 보호와 경계의 상징, 그러나 때론 억압과 오해로 변질됨 |

## 3. 신학적 의미와 교훈

1) 공동체 안의 상처 가능성

　신앙 공동체에서도 때때로 보호받아야 할 자가 상처를 받을 수 있다.

2) 경직된 권위의 위험

　책임과 권위가 사랑 없이 행사될 때 억압과 해가 될 수 있다.

3) 오해와 단절이 관계를 해친다

　부주의한 말과 행동이 신앙의 여정에 깊은 상처를 남길 수 있다.

4) 명예와 존엄의 상실 경험

　수치와 모욕의 순간에도 하나님은 여전히 우리를 귀하게 여기신다.

5) 고난 속에서 주님만 의지

　사람에게서 상처받을 때, 궁극적인 회복은 주님께 있다.

## 4. 현대교회와 공동체에 주는 적용

1) 상처 주지 않는 보호자 되기
   적용: 말과 행동에 사랑과 배려 담기.
   실천: 권면 전 먼저 기도와 경청하기.

2) 권위의 바른 사용
   적용: 맡겨진 권한을 보호와 섬김에 사용하기.
   실천: 리더십 훈련과 성경적 지도력 점검하기.

3) 오해를 줄이는 소통
   적용: 의사소통을 명확히 하고, 단정 짓지 않기.
   실천: 상황 판단 전 당사자의 입장 듣기.

4) 수치 속에서도 정체성 지키기
   적용: 사람의 평판보다 하나님의 시선 의식하기.
   실천: 말씀 암송으로 정체성 재확인하기.

5) 상처 회복의 길 찾기
   적용: 상처를 은혜로 바꾸는 회복 사역에 참여하기.
   실천: 상담, 기도 모임, 중보 사역 활용하기.

## 5. 결론

아가서 5장 7절은 신부가 사랑하는 이를 찾는 길에서 오히려 파수꾼들에게 폭행과 모욕을 당하는 장면을 통해, 신앙 여정에서도 공동체 안에서 상처를 받을 수 있음을 보여줍니다.

그러나 이 아픔은 하나님을 더욱 의지하게 하는 계기가 되며, 교회는 서로를 보호하고 세워주는 참된 파수꾼의 역할을 감당해야 합니다.

# 아가서 5장 8절

הִשְׁבַּעְתִּי אֶתְכֶם בְּנוֹת יְרוּשָׁלָחִ אִם־תִּמְצְאוּ אֶת־דּוֹדִי

מַה־תַּגִּידוּ לוֹ שֶׁחוֹלַת אַהֲבָה אָנִי:

직역: "예루살렘의 딸들아, 내가 너희에게 부탁하노니, 만일 너희가 내 사랑하는 이를 만나거든
그에게 말하여 주기를, '내가 사랑병이 들었다' 하라."

해석적 의역: "예루살렘의 딸들아, 부탁하노니, 혹시 내 사랑하는 이를 만나면 전해 주오.
'나는 그 사랑 때문에 아파할 만큼 그리워한다'고."

## 1. 핵심 어휘 해설

הִשְׁבַּעְתִּי אֶתְכֶם - "내가 너희에게 부탁하노니"

히브리어 원형은 '맹세하게 하다'라는 뜻이지만, 여기서는 간절한 부탁과 권유의 뉘앙스를
담고 있다.

בְּנוֹת יְרוּשָׁלָחִ - "예루살렘의 딸들아"

아가서에서 반복적으로 등장하는 여성 합창대. 신부의 상황에 공감하고 소통하는 공동체의
상징이다.

אִם־תִּמְצְאוּ אֶת־דּוֹדִי - "만일 너희가 내 사랑하는 이를 만나거든"

사랑하는 이를 찾는 과정에서 주변 사람들의 도움을 요청하는 장면. 공동체적 연대와
협력이 묘사된다.

מַה־תַּגִּידוּ לוֹ - "그에게 무엇을 말하겠느냐"

조건문처럼 보이나, 곧 이어지는 문장으로 신부가 직접 그 메시지를 지정한다.

שֶׁחוֹלַת אַהֲבָה אָנִי - "내가 사랑병이 들었다"

직역하면 '사랑에 병든 자'라는 의미. 사랑의 그리움과 열망이 몸과 마음에 깊은 영향을 준
상태를 표현한다.

## 2. 전체 구조 요약표

| 구절 | 히브리어 구절 | 직역 | 문학적/신학적 의미 |
|---|---|---|---|
| 5:8 | הִשְׁבַּעְתִּי אֶתְכֶם | 내가 너희에게 부탁하노니 | 간절한 요청과 협력 요청 |
| | בְּנוֹת יְרוּשָׁלִָם | 예루살렘의 딸들아 | 공동체적 증인과 연대의 상징 |
| | אִם־תִּמְצְאוּ אֶת־דּוֹדִי | 만일 너희가 내 사랑하는 이를 만나거든 | 공동체의 도움을 통한 사랑의 추적 |
| | מַה־תַּגִּידוּ לוֹ | 그에게 무엇을 말하겠느냐 | 의도된 메시지 전달 준비 |
| | שֶׁחוֹלַת אַהֲבָה אָנִי | 내가 사랑병이 들었다 | 사랑의 열망과 그리움의 절정, 내면의 고백 |

## 3. 신학적 의미와 교훈

1) 공동체의 역할

  사랑하는 이를 찾는 여정에서 공동체의 기도와 도움은 필수적이다.

2) 간절함이 드러난 요청

  맹세에 가까운 부탁은 사랑의 절박함을 보여준다.

3) 사랑의 고백은 구체적이어야 함

  사랑하는 이를 향한 심정과 메시지를 명확히 표현하는 것이 관계 회복의 열쇠다.

4) 그리움이 깊은 사랑의 증거

  사랑으로 인한 내면의 아픔은 진정한 관계를 갈망하는 마음에서 비롯된다.

5) 하나님과의 관계 적용

  하나님을 찾는 영혼의 간절함이 이러한 고백으로 드러나야 한다.

아가서 5장 259

## 4. 현대교회와 공동체에 주는 적용

1) 기도 요청의 생활화

    적용: 영적 어려움 속에서 공동체에 기도와 도움을 요청하기.

    실천: 소그룹이나 기도 모임에서 자신의 필요와 상황을 솔직하게 나누기.

2) 사랑의 간증 나누기

    적용: 하나님을 향한 사랑과 그리움을 공개적으로 고백하기.

    실천: 예배나 간증 모임에서 받은 은혜를 나누기.

3) 공동체적 연대 강화

    적용: 서로의 영적 여정을 돕는 관계 만들기.

    실천: 정기적으로 서로를 위해 중보기도하는 짝맺기.

4) 명확한 영적 메시지

    적용: 복음을 전하거나 신앙 고백을 할 때 분명하고 구체적으로 전하기.

    실천: 자신의 신앙 이야기와 간증을 글로 정리해 두기.

5) 하나님을 향한 사랑의 갈망 유지

    적용: 하나님의 임재를 사모하는 마음을 매일 새롭게 하기.

    실천: 매일 시편이나 아가서 말씀을 묵상하며 기도하기.

## 5. 결론

아가서 5장 8절은 사랑하는 이를 향한 신부의 간절한 요청과 공동체의 도움 요청 장면을 통해, 사랑의 절박함과 그리움이 공동체적 연대를 통해 표현될 수 있음을 보여줍니다.

이는 하나님을 찾는 영혼의 고백과, 그 여정에서 공동체가 함께 기도하고 협력해야 함을 가르쳐 줍니다.

# 아가서 5장 9절

מַה־דּוֹדֵךְ מִדּוֹד הַיָּפָה בַּנָּשִׁים מַה־דּוֹדֵךְ מִדּוֹד שֶׁכָּכָה הִשְׁבַּעְתָּנוּ׃

직역: "여인들 가운데 가장 아름다운 이여, 네 사랑하는 이가 다른 사랑하는 이보다 무엇이 더 나은가? 네 사랑하는 이가 무엇이 더 나은데, 그렇게까지 우리에게 부탁하느냐?"

해석적 의역: "아름다운 여인아, 네 사랑하는 이가 다른 이들과 무엇이 다르기에, 그렇게 간절히 찾고 부탁하는가?"

## 1. 핵심 어휘 해설

**מַה־דּוֹדֵךְ מִדּוֹד** – "네 사랑하는 이가 다른 사랑하는 이보다 무엇이 더 나은가"

מַה(마)는 질문을, דּוֹדֵךְ(도데이흐)는 '네 사랑하는 이'를 뜻한다.

비교 표현인 מִדּוֹד(미도드)는 '다른 사랑하는 이와 비교하여'라는 의미로, 우월성과 차별성을 묻는 질문이다.

**הַיָּפָה בַּנָּשִׁים** – "여인들 가운데 가장 아름다운 이여"

신부에 대한 존칭이자 칭찬.

예루살렘의 딸들이 신부의 아름다움과 명성을 인정하는 표현이다.

**שֶׁכָּכָה הִשְׁבַּעְתָּנוּ** – "그렇게까지 우리에게 부탁하느냐"

הִשְׁבַּעְתָּנוּ(히쉬바타누)는 '맹세하게 하다, 강하게 부탁하다'라는 의미로, 앞절(5:8)에서의 간절한 요청을 가리킨다.

## 2. 전체 구조 요약표

| 구절 | 히브리어 구절 | 직역 | 문학적/신학적 의미 |
|---|---|---|---|
| 5:9 | מַה־דּוֹדֵךְ מִדּוֹד | 네 사랑하는 이가 다른 사랑하는 이보다 무엇이 더 나은가 | 사랑의 대상의 독특성과 우월성에 대한 질문 |
| | הַיָּפָה בַּנָּשִׁים | 여인들 가운데 가장 아름다운 이여 | 신부의 존귀함과 명성의 인정 |
| | מַה־דּוֹדֵךְ מִדּוֹד | 네 사랑하는 이가 무엇이 더 나은가 | 반복 질문으로 강조와 호기심 표현 |
| | שֶׁכָּכָה הִשְׁבַּעְתָּנוּ | 그렇게까지 우리에게 부탁하느냐 | 간절한 요청의 이유를 탐구함 |

## 3. 신학적 의미와 교훈

1) 세상이 묻는 질문

믿지 않는 자들이 성도에게 "네 주님이 다른 것과 무엇이 다른가?" 라고 물을 수 있다.

2) 사랑의 증거 요청

사랑의 고백은 대상의 탁월함과 독특성을 드러낼 수 있어야 한다.

3) 관계의 깊이가 답이 된다

오랜 시간 쌓아온 관계 속에서만 설명 가능한 특별함이 있다.

4) 간절함은 이유를 낳는다

절박하게 찾는 모습은 주변 사람들의 호기심과 질문을 불러일으킨다.

5) 복음적 적용

복음을 전할 때, 우리가 믿는 주님이 왜 독특하고 탁월한 분인지 명확히 설명해야 한다.

## 4. 현대교회와 공동체에 주는 적용

### 1) 믿음의 대상 소개하기
적용: 내가 믿는 주님이 어떤 분인지 구체적으로 말하기.
실천: 간증문 작성과 복음 설명 훈련하기.

### 2) 주님만의 탁월함 드러내기
적용: 세상 가치와 구별되는 복음의 가치를 삶으로 보여주기.
실천: 사랑, 용서, 섬김의 실천으로 차이를 드러내기.

### 3) 질문을 기회로 삼기
적용: 신앙에 대한 질문을 방어가 아니라 복음 전도의 기회로 보기.
실천: 질문이 오면 성경과 경험을 통해 대답 준비하기.

### 4) 간절함의 이유 설명하기
적용: 신앙과 사역에서 왜 그렇게 헌신하는지 명확히 전하기.
실천: 사역의 비전과 이유를 주변 사람과 나누기.

### 5)복음의 매력 전달하기
적용: 말과 태도에서 복음이 주는 기쁨과 평안을 드러내기.
실천: 기쁨의 언어와 표정 사용하기

## 5. 결론

아가서 5장 9절은 예루살렘의 딸들이 신부에게 사랑하는 이의 독특함과 우월성을 묻는 장면입니다.

이는 오늘날 교회가 세상에 주님을 소개할 때, 그분의 탁월함과 다른 어떤 것과도 비교할 수 없는 가치를 명확하게 전해야 함을 보여줍니다. 이 질문은 신앙인의 간증과 복음 전도의 중요한 출발점이 됩니다.

# 아가서 5장 10절

מֵרְבָבָה׃ דָּגוּל וְאָדוֹם צַח דּוֹדִי

직역: "나의 사랑하는 이는 희고 붉으며, 만인 가운데 뛰어나구나."
해석적 의역: "내 사랑하는 이는 눈처럼 빛나고 장미처럼 붉으며, 수많은 사람 중에서도 단연
　　　　　 돋보이는 분이시다."

## 1. 핵심 어휘 해설

דּוֹדִי - "나의 사랑하는 이"

신부가 신랑을 지칭하는 애칭. 깊은 애정과 소속감을 담고 있다.

צַח - "희다, 맑다"

순결, 깨끗함, 흠없음을 나타낸다. 외모의 색채뿐 아니라 인격과 성품의 순전함을 상징한다.

וְאָדוֹם - "그리고 붉다"

אָדוֹם: 생명력, 활력, 열정의 색을 의미한다.
흰색의 순결과 붉은색의 열정이 함께 묘사됨으로 완전한 사랑의 조화를 표현한다.

דָּגוּל - "깃발로 세워진, 두드러진"

군대에서 깃발이 사람들 가운데 우뚝 세워진 모습처럼, 멀리서도 알아볼 수 있는 탁월함을
의미한다.

מֵרְבָבָה - "만인 가운데서"

헤아릴 수 없는 다수 가운데, 독보적으로 뛰어난 존재임을 나타낸다.

## 2. 전체 구조 요약표

| 구절 | 히브리어 구절 | 직역 | 문학적/신학적 의미 |
|------|---------------|------|--------------------|
| 5:10 | דּוֹדִי | 나의 사랑하는 이 | 친밀한 호칭, 애정과 소속감 |
| | צַח | 희다 | 순결, 흠없음, 완전함 |
| | וְאָדוֹם | 그리고 붉다 | 생명력과 열정, 사랑의 뜨거움 |
| | דָּגוּל | 두드러진, 깃발처럼 세워진 | 탁월함과 명백한 구별 |
| | מֵרְבָבָה | 만인 가운데 | 수많은 이 중에서도 독보적임 |

## 3. 신학적 의미와 교훈

1) 순결과 열정의 조화

 주님은 완전한 순결과 불타는 사랑을 함께 지니신 분이시다.

2) 탁월한 주님의 인격

 그분은 다수 중 하나가 아니라, 독보적이고 절대적인 존재이시다.

3) 외적·내적 아름다움의 통일

 주님의 외모 묘사는 내적 성품의 완전함을 반영한다.

4) 신앙의 대상의 유일성

 만물 가운데 뛰어난 창조주 하나님은 믿음의 궁극적 초점이 되신다.

5) 성도의 자랑

 신자는 주님을 자신 있게 세상에 소개하고 자랑할 수 있다.

## 4. 현대교회와 공동체에 주는 적용

1) 주님의 독보적 아름다움 전하기

   적용: 전도와 간증에서 주님의 탁월함을 강조하기.

   실천: 복음 전할 때 예수님의 성품과 사랑을 구체적으로 설명하기.

2) 순결과 열정의 신앙 생활

   적용: 마음의 청결함과 사명의 열정을 함께 지니기.

   실천: 정결한 생활 습관과 적극적인 봉사 참여 병행하기.

3) 주님을 자랑하는 삶

   적용: 믿지 않는 사람에게 주님을 기쁘게 소개하기.

   실천: 일상 대화 속에서 자연스럽게 복음을 나누기.

4) 구별된 삶 살기

   적용: 세상 속에서 신앙인으로서의 정체성을 분명히 하기.

   실천: 가치관과 행동에서 성경적 기준을 유지하기.

5) 영적 탁월함 추구

   적용: 주님을 본받아 성품과 사역에서 탁월함을 목표로 하기.

   실천: 말씀 묵상과 자기계발을 통해 인격과 역량 성장시키기.

## 5. 결론

아가서 5장 10절은 신부가 신랑을 향해 "희고 붉으며, 만인 가운데 뛰어나다"고 고백하는 장면입니다.

이는 순결과 열정이 완벽히 조화를 이루신 주님의 성품과 독보적 탁월함을 묘사하며, 성도는 이러한 주님을 세상에 자랑하고 그분을 본받아 구별된 삶을 살아가야 함을 가르쳐 줍니다.

# 아가서 5장 11절

ראשׁו כֶּתֶם פָּז קְוֻצּוֹתָיו תַּלְתַּלִּים שְׁחֹרוֹת כָּעוֹרֵב:

직역:"그의 머리는 순금 같고, 그의 머리카락은 곱슬곱슬하며, 까마귀처럼 검다."
해석적 의역:"그의 머리는 순금처럼 빛나고, 머리결은 부드럽게 곱슬지며, 까마귀 깃털처럼
        짙고 윤기 있는 검은색이다."

## 1. 핵심 어휘 해설

**ראשׁו** – "그의 머리"

머리는 인격과 권위, 그리고 전체적인 품격을 상징한다.

**כֶּתֶם פָּז** – "순금"

**כֶּתֶם**(케템)은 정제된 금, **פָּז**(파즈)는 최고의 순도와 가치를 가진 금을 뜻한다.
순금의 비유는 고귀함, 완전함, 변치 않는 가치의 상징이다.

**קְוֻצּוֹתָיו** – "그의 머리카락"

단어는 '머리의 숱이 많은 부분'을 가리키며, 건강과 생명력을 나타낸다.

**תַּלְתַּלִּים** – "곱슬곱슬함"

자연스러운 곱슬결을 의미하며, 풍성함과 생동감을 표현한다.

**שְׁחֹרוֹת כָּעוֹרֵב** – "까마귀처럼 검다"

까마귀의 깃털은 깊고 윤기 있는 검은색을 띤다. 이는 젊음, 활력, 매력을 상징한다.

## 2. 전체 구조 요약표

| 구절 | 히브리어 구절 | 직역 | 문학적/신학적 의미 |
|------|--------------|------|---------------------|
| 5:11 | רֹאשׁוֹ כֶּתֶם פָּז | 그의 머리는 순금 같다 | 고귀함, 완전함, 변치 않는 가치 |
| | קְוֻצּוֹתָיו תַּלְתַּלִּים | 그의 머리카락은 곱슬곱슬하다 | 생명력과 풍성함, 자연스러운 매력 |
| | שְׁחֹרוֹת כָּעוֹרֵב | 까마귀처럼 검다 | 젊음, 활력, 강렬한 매력과 힘 |

## 3. 신학적 의미와 교훈

### 1) 주님의 고귀함
머리를 순금에 비유하는 것은 주님의 존귀한 본성과 권위를 드러낸다.

### 2) 생명력 있는 주님의 인격
풍성하고 곱슬진 머리카락은 주님의 생명력과 매력을 상징한다.

### 3) 변치 않는 젊음과 활력
까마귀처럼 검은 머리카락은 쇠하지 않는 힘과 영원한 생명성을 예표한다.

### 4) 완전한 아름다움의 조화
고귀함과 활력이 함께 표현되어 완전한 인격의 조화를 나타낸다.

### 5) 성도의 닮음
성도는 주님의 존귀함과 생명력을 닮아가야 한다.

## 4. 현대교회와 공동체에 주는 적용

### 1) 주님의 존귀함을 높이기
적용: 예배와 삶에서 주님의 권위와 영광을 인정하기.
실천: 찬양과 기도를 통해 주님의 높으심을 선포하기.

### 2) 생명력 있는 신앙 유지
적용: 신앙이 활력 있고 성장하도록 힘쓰기.
실천: 말씀과 기도, 봉사로 영적 활력을 유지하기.

### 3) 변치 않는 충성
적용: 환경이 변해도 믿음과 헌신을 유지하기.
실천: 어려움 속에서도 주님께 충성하는 습관 만들기.

### 4) 고귀함과 겸손의 균형
적용: 존귀함을 품되, 겸손히 섬기기.
실천: 직분과 은사를 자기 자랑이 아닌 섬김에 사용하기.

### 5) 주님 닮아가기
적용: 성품과 사역에서 주님의 영광을 드러내기.
실천: 한 주간 한 가지씩 주님의 성품을 실천 목표로 삼기.

## 5. 결론

아가서 5장 11절은 신랑의 머리와 머리카락을 순금과 까마귀 깃털로 비유하며, 그의 존귀함과 생명력, 변치 않는 매력을 묘사합니다.

이는 성도가 닮아가야 할 주님의 성품과 영광을 보여 주며, 교회는 이러한 주님의 아름다움을 세상에 드러내야 함을 가르쳐 줍니다.

# 아가서 5장 12절

עֵינָיו כְּיוֹנִים עַל־אֲפִיקֵי מָיִם רֹחֲצוֹת בֶּחָלָב יֹשְׁבוֹת עַל־מִלֵּאת׃

직역: "그의 눈은 물가의 시냇물 위에 있는 비둘기들 같고, 젖에 씻긴 듯하며, 가득함 위에 앉아
있다."

해석적 의역: "그의 눈은 시냇가에 앉은 비둘기처럼 맑고 평화롭고, 마치 젖에 씻은 듯 부드럽고
깨끗하며, 단정하고 완전하게 자리 잡았다."

## 1. 핵심 어휘 해설

עֵינָיו - "그의 눈"

성경에서 눈은 마음의 창이며, 내면의 상태와 성품을 드러내는 상징이다.

כְּיוֹנִים - "비둘기들처럼"

비둘기는 성결, 온유, 평화의 상징으로, 눈의 온화함과 순결함을 묘사한다.

עַל־אֲפִיקֵי מָיִם - "물가의 시냇물 위에"

אֲפִיקֵי מָיִם(아피케이 마임)은 맑은 시냇물의 흐름을 가리키며,
투명함과 생명력을 연상시킨다.

רֹחֲצוֹת בֶּחָלָב - "젖에 씻긴 듯"

חָלָב: 젖, 부드러움과 영양, 순결을 나타내며, 씻김은 깨끗하고 고운 빛을 의미한다.

יֹשְׁבוֹת עַל־מִלֵּאת - "가득함 위에 앉아 있다"

질서 정연하고 완전한 배치를 가리키며, 안정감과 균형미를 상징한다.

## 2. 전체 구조 요약표

| 구절 | 히브리어 구절 | 직역 | 문학적/신학적 의미 |
|---|---|---|---|
| 5:12 | עֵינָיו כְּיוֹנִים | 그의 눈은 비둘기들 같다 | 순결, 온유, 평화 |
| | עַל־אֲפִיקֵי מָיִם | 물가의 시냇물 위에 | 맑음, 투명함, 생명력 |
| | רֹחֲצוֹת בֶּחָלָב | 젖에 씻긴 듯 | 부드러움, 순결, 깨끗함 |
| | יֹשְׁבוֹת עַל־מִלֵּאת | 가득함 위에 앉아 있다 | 질서, 안정감, 완전함 |

## 3. 신학적 의미와 교훈

1) 주님의 눈은 평화롭다
   비둘기 같은 눈은 주님의 시선이 온유와 평화로 가득함을 보여준다.

2) 순결한 시선의 중요성
   젖에 씻긴 듯한 눈은 거룩하고 깨끗한 시선을 상징한다.

3) 생명을 주는 시선
   시냇물 위에 있는 눈의 비유는 주님의 시선이 생명을 주고 새롭게 한다는 의미를 담고
   있다.

4) 질서와 안정의 시선
   완전하게 자리 잡은 눈은 변함없는 주님의 주권과 질서를 나타낸다.

5) 성도의 눈도 주님을 닮아야 함
   신앙인은 세상을 주님의 눈으로 보고 판단해야 한다.

## 4. 현대교회와 공동체에 주는 적용

1) 주님의 시선 배우기

　　적용: 사람을 판단하기보다 사랑의 눈으로 보기.

　　실천: 하루 한 번 의도적으로 긍정적인 시선으로 사람 바라보기.


2) 순결한 시선 지키기

　　적용: 마음과 눈을 거룩하게 지키기.

　　실천: 부정적인 영상과 이미지를 피하고 말씀 묵상으로 마음 채우기.


3) 생명을 주는 시선 나누기

　　적용: 격려와 희망을 주는 표정과 태도 유지하기.

　　실천: 대화에서 칭찬과 위로를 먼저 전하기.


4) 안정감을 주는 리더십

　　적용: 공동체를 평안하게 하는 시선을 품기.

　　실천: 갈등 상황에서 침착함과 경청을 유지하기.


5) 영적 균형 유지

　　적용: 편견 없이 하나님의 관점에서 바라보기.

　　실천: 상황을 성경의 가치관으로 해석하기.


## 5. 결론

아가서 5장 12절은 신랑의 눈을 비둘기와 시냇물, 젖에 씻긴 듯한 모습으로 묘사하며, 순결하고 평화로운 시선, 생명을 주는 눈길, 안정된 권위를 표현합니다.

이는 주님의 시선을 닮아가 며 세상을 바라봐야 하는 성도의 삶의 모범이 됩니다.

# 아가서 5장 13절

לְחָיָו כַּעֲרוּגַת הַבּשֶׂם מִגְדְּלוֹת מֶרְקָחִים שִׂפְתוֹתָיו שׁוֹשַׁנִּים
נֹפְתוֹת מוֹר עֹבֵר:

직역: "그의 뺨은 향기로운 화단 같고, 향품의 망대 같으며, 그의 입술은 백합화 같아, 몰약 향을
흘린다."

해석적 의역: "그의 뺨은 향기로운 꽃밭 같고, 귀한 향품이 가득한 정원처럼 풍성하며, 그의
입술은 백합처럼 고귀하고 아름다워서 향기로운 몰약을 흘려 보낸다."

## 1. 핵심 어휘 해설

**לְחָיָו** - "그의 뺨"

얼굴의 뺨은 인격과 표정, 감정을 드러내는 부분으로, 친밀함과 따뜻함의 상징이 된다.

**כַּעֲרוּגַת הַבּשֶׂם** - "향기로운 화단 같다"

**עֲרוּגָה**(아루가)는 정돈된 화단, **בּשֶׂם**(보셈)은 향기로운 식물과 향료를 뜻한다.
조화외 아름다움, 향기로운 존재감을 나타낸다.

**מִגְדְּלוֹת מֶרְקָחִים** - "향품의 망대"

**מִגְדְּלוֹת**(미그덜로트)는 탑이나 망대를 뜻하며, **מֶרְקָחִים** (메르카힘)은 조향사가 만든
귀한 향품을 의미한다. 이는 높이 세워진 풍성한 향기와 품격을 표현한다.

**שִׂפְתוֹתָיו שׁוֹשַׁנִּים** - "그의 입술은 백합화 같다"

**שׁוֹשַׁנִּים**: 백합화, 순결과 고귀함, 아름다움을 상징한다.

**נֹפְתוֹת מוֹר עֹבֵר** - "몰약 향을 흘린다"

**מוֹר**(몰약)은 귀하고 향기로운 향료이며, **נֹטְפוֹת**(넘치다)는 은혜와 사랑이 자연스럽게
흘러나옴을 표현한다.

## 2. 전체 구조 요약표

| 구절 | 히브리어 구절 | 직역 | 문학적/신학적 의미 |
|---|---|---|---|
| 5:13 | לְחָיָו כַּעֲרוּגַת הַבֹּשֶׂם | 그의 뺨은 향기로운 화단 같다 | 친밀함, 아름다움, 향기로운 인격 |
| | מִגְדְּלוֹת מֶרְקָחִים | 향품의 망대 | 풍성한 향기, 고귀한 품격 |
| | שִׂפְתוֹתָיו שׁוֹשַׁנִּים | 그의 입술은 백합화 같다 | 순결, 고귀함, 아름다운 말 |
| | נֹטְפוֹת מוֹר עֹבֵר | 몰약 향을 흘린다 | 사랑과 은혜가 넘침, 달콤한 말과 향기로운 영향력 |

## 3. 신학적 의미와 교훈

1) 주님의 아름다운 인격

　뺨의 비유는 주님의 따뜻하고 친근한 성품을 나타낸다.

2) 풍성한 향기의 삶

　향품의 망대는 주님의 생애와 말씀이 세상에 풍성한 향기를 전하는 모습을 상징한다.

3) 순결하고 은혜로운 말씀

　백합화 같은 입술은 주님의 말씀이 순결하고 거룩하며 생명을 준다는 것을 보여준다.

4) 은혜가 넘치는 대화

　몰약이 흘러나오듯, 주님의 입술에서는 사랑과 위로, 생명의 말씀이 자연스럽게 흐른다.

5) 성도가 본받을 언어 생활

　신자는 주님의 입술처럼 사랑과 진리, 은혜의 말을 해야 한다.

## 4. 현대교회와 공동체에 주는 적용

### 1) 향기로운 인격 만들기
적용: 관계 속에서 은은한 향기를 풍기는 사람 되기.
실천: 매일 감사와 격려의 말을 한 번 이상 건네기.

### 2) 은혜의 말 사용하기
적용: 대화를 통해 위로와 회복을 주기.
실천: 비난보다 칭찬과 격려를 우선하기.

### 3) 고귀한 품격 유지하기
적용: 말과 행동에서 신앙인의 품격 드러내기.
실천: 중요한 결정 전 말씀과 기도로 점검하기.

### 4) 사랑을 전하는 입술
적용: 복음을 전하고 사람을 세우는 말하기.
실천: 매주 한 번 이상 복음 대화 나누기.

### 5) 공동체의 향기 확산
적용: 모임과 사역에서 은혜로운 분위기 조성하기.
실천: 모임 시작 전 감사와 축복의 말로 분위기 열기.

## 5. 결론

아가서 5장 13절은 신랑의 뺨과 입술을 향기로운 화단, 향품의 망대, 백합화, 몰약에 비유하며, 그의 인격과 말씀의 아름다움, 그리고 은혜의 넘침을 묘사합니다.

이는 성도가 주님의 성품과 언어를 본받아 세상에 향기를 전하는 삶을 살아야 함을 교훈합니다.

# 아가서 5장 14절

<blockquote>

יָדָיו גְּלִילֵי זָהָב מְמֻלָּאִים בַּתַּרְשִׁישׁ מֵעָיו עֶשֶׁת שֵׁן מְעֻלֶּפֶת סַפִּירִים:

직역: "그의 두 손은 황금의 둥근 막대 같고, 귀한 보석(다르시스)으로 채워졌으며, 그의 몸은
상아로 만든 작품 같고, 사파이어로 장식되었다."

해석적 의역: "그의 손은 순금으로 만든 둥근 막대 같고, 그 속에는 귀한 보석이 빛나며, 그의
몸은 정교하게 조각한 상아 작품 같고, 사파이어로 아름답게 장식되어 있다."

</blockquote>

## 1. 핵심 어휘 해설

### יָדָיו - "그의 두 손"

손은 힘, 능력, 행위를 상징하며, 주님의 권능과 역사하심을 나타낸다.

### גְּלִילֵי זָהָב - "황금의 둥근 막대"

גְּלִיל(글릴)은 둥근 기둥이나 막대를 뜻한다.

זָהָב(자하브, 순금)은 존귀와 완전성을 상징한다.

### מְמֻלָּאִים בַּתַּרְשִׁישׁ - "다르시스로 채워졌다"

תַּרְשִׁישׁ(타르쉬슈)는 귀한 보석으로, 청록색 빛을 띠며 희귀성과 귀중함을 상징한다.

### מֵעָיו - "그의 몸, 허리"

여기서는 상반신이나 몸통을 가리키며, 존재의 중심부를 의미한다.

### עֶשֶׁת שֵׁן - "상아 작품"

상아는 희고 단단하며, 순결과 견고함, 귀함을 상징한다.

### מְעֻלֶּפֶת סַפִּירִים - "사파이어로 덮였다"

סַפִּירִים(싸피림)은 푸른 보석으로, 하늘의 색을 닮아 하나님의 거룩함과 왕권을 나타낸다.

## 2. 전체 구조 요약표

| 구절 | 히브리어 구절 | 직역 | 문학적/신학적 의미 |
|---|---|---|---|
| 5:14 | יָדָיו גְּלִילֵי זָהָב | 그의 두 손은 황금의 둥근 막대 | 권능, 존귀, 완전한 행위 |
| | מְמֻלָּאִים בַּתַּרְשִׁישׁ | 다르시스로 채워졌다 | 귀중함, 희귀성, 아름다움 |
| | מֵעָיו עֶשֶׁת שֵׁן | 그의 몸은 상아 작품 같다 | 순결, 견고함, 정교함 |
| | מְעֻלֶּפֶת סַפִּירִים | 사파이어로 장식되었다 | 거룩함, 하늘의 영광, 왕권 |

## 3. 신학적 의미와 교훈

1) 주님의 권능과 존귀

　손이 금으로 비유된 것은 주님의 행하시는 모든 일이 완전하고 존귀함을 나타낸다.

2) 귀하고 희귀한 보석 같은 사역

　다르시스 보석은 주님의 사역이 값지고 독보적인 가치를 지님을 의미한다.

3) 순결하고 견고한 중심

　상아로 만든 몸은 주님의 본질이 순결하고 변함없음을 상징한다.

4) 하늘의 영광으로 덮인 존재

　사파이어 장식은 주님이 하늘 권세와 영광으로 가득하심을 보여준다.

5) 성도가 본받아야 할 모습

　신자는 주님의 권능과 순결, 영광을 닮아야 하며, 삶의 중심에서 하나님의 성품이
드러나야 한다.

## 4. 현대교회와 공동체에 주는 적용

1) 권능 있는 섬김
   적용: 하나님의 능력으로 사역하기.
   실천: 모든 사역 전 기도로 권능을 구하기.

2) 귀한 가치 추구
   적용: 세상 가치보다 복음의 가치를 우선하기.
   실천: 주 1회 이상 복음을 나누는 시간을 마련하기.

3) 순결과 견고함 유지
   적용: 신앙 중심을 지키기 위해 말씀에 뿌리내리기.
   실천: 하루 10분 이상 성경 읽기와 묵상 지속하기.

4) 영광을 드러내는 삶
   적용: 모든 일에 하나님의 영광을 목적 삼기.
   실천: 사역 후 하나님께 영광을 돌리는 고백하기.

5) 공동체의 본보기 되기
   적용: 순결하고 권능 있는 리더십 발휘하기.
   실천: 말과 행동이 일치하는 삶으로 신뢰 쌓기.

## 5. 결론

아가서 5장 14절은 신랑의 손과 몸을 금, 귀한 보석, 상아, 사파이어에 비유하며, 그의 권능, 존귀, 순결, 영광을 묘사합니다.

이는 성도가 주님의 성품을 닮아 귀하고 견고하며 하나님의 영광을 드러내는 삶을 살아야 함을 교훈합니다.

# 아가서 5장 15절

שׁוֹקָיו עַמּוּדֵי שֵׁשׁ מְיֻסָּדִים עַל־אַדְנֵי־פָז מַרְאֵהוּ כַּלְּבָנוֹן

בָּחוּר כָּאֲרָזִים:

직역: "그의 다리는 순백의 기둥 같고, 순금 받침 위에 세워졌으며, 그의 모습은 레바논 같고,
백향목처럼 준수하다."

해석적 의역: "그의 두 다리는 빛나는 대리석 기둥 같고, 순금 받침 위에 당당히 서 있으며, 그의
풍채는 레바논 산처럼 웅장하고, 백향목처럼 늠름하다."

## 1. 핵심 어휘 해설

**שׁוֹקָיו** – "그의 두 다리"

다리는 안정감, 힘, 걸음을 상징하며, 주님의 견고한 통치와 흔들리지 않는 신실함을
나타낸다.

**עַמּוּדֵי שֵׁשׁ** – "대리석 기둥"

שֵׁשׁ(쉐이쉬): 흰 대리석으로, 순결, 고귀함, 아름다움을 상징한다.

**מְיֻסָּדִים עַל־אַדְנֵי־פָז** – "순금 받침 위에 세워졌나"

견고함과 동시에 존귀함을 강조하며, 영원히 변치 않는 기초를 나타낸다.

**מַרְאֵהוּ כַּלְּבָנוֹן** – "그의 모습은 레바논 같고"

레바논은 웅장한 산맥으로, 위엄과 장엄함을 상징한다.

**בָּחוּר כָּאֲרָזִים** – "백향목처럼 준수하다"

백향목은 곧고 강하며 오래도록 변치 않는 나무로, 품격과 강직함을 나타낸다.

## 2. 전체 구조 요약표

| 구절 | 히브리어 구절 | 직역 | 문학적/신학적 의미 |
|---|---|---|---|
| 5:15 | שׁוֹקָיו עַמּוּדֵי שֵׁשׁ | 그의 다리는 대리석 기둥 | 견고함, 안정감, 순결 |
| | מְיֻסָּדִים עַל־אַדְנֵי־פָז | 순금 받침 위에 세워짐 | 영원성, 존귀함, 변치 않음 |
| | מַרְאֵהוּ כַּלְּבָנוֹן | 그의 모습은 레바논 같다 | 웅장함, 장엄함 |
| | בָּחוּר כָּאֲרָזִים | 백향목처럼 준수하다 | 강직함, 고결함, 지속성 |

## 3. 신학적 의미와 교훈

1) 흔들리지 않는 주님의 통치
   다리의 견고함은 주님의 변함없는 권세와 신실함을 상징한다.

2) 존귀한 기초 위에 세워진 삶
   순금 받침은 주님의 사역과 인격이 거룩하고 존귀한 기초 위에 있음을 보여준다.

3) 장엄하고 웅장한 풍채
   레바논의 이미지처럼 주님의 위엄은 사람들의 시선을 사로잡는다.

4) 강직하고 변치 않는 성품
   백향목의 비유는 주님의 강한 인내와 절대 변치 않는 성품을 나타낸다.

5) 성도의 안정된 신앙 생활
   성도도 주님의 기초 위에 서서 흔들리지 않는 믿음을 가져야 한다.

## 4. 현대교회와 공동체에 주는 적용

1) 신실함의 기초 세우기
적용: 말씀과 기도 위에 인생을 세우기.
실천: 매일 일정한 시간에 말씀 묵상과 기도 실천하기.

2) 견고한 믿음 유지
적용: 시험과 유혹에도 흔들리지 않는 신앙 유지하기.
실천: 어려움 중에도 감사와 찬양을 드리는 습관 만들기.

3) 위엄 있는 리더십
적용: 존귀함과 권위를 잃지 않는 섬김.
실천: 권위를 남용하지 않고 겸손하게 섬기기.

4) 지속 가능한 사역
적용: 단기 성과보다 지속성과 성실함을 목표로 하기.
실천: 사역 계획을 장기적으로 세우고 점검하기.

5) 공동체의 기둥 같은 존재 되기
적용: 공동체를 안정시키는 믿음의 중심 되기.
실천: 갈등 상황에서 중재자 역할을 감당하기.

## 5. 결론

아가서 5장 15절은 신랑의 다리를 대리석 기둥과 순금 받침에 비유하여 그의 안정감, 견고함, 존귀함, 그리고 백향목 같은 강직함을 묘사합니다.

이는 주님의 변함없는 통치와 성품을 보여주며, 성도는 이 기초 위에 흔들리지 않는 믿음을 세워야 함을 교훈합니다.

# 아가서 5장 16절

חִכּוֹ מַמְתַקִּים וְכֻלּוֹ מַחֲמַדִּים זֶה דוֹדִי וְזֶה רֵעִי בְּנוֹת יְרוּשָׁלָם׃

직역: "그의 입은 달콤함이고, 그 전체가 사랑스러움이라. 이것이 나의 사랑하는 이요, 이것이
나의 친구다, 예루살렘의 딸들아"

해석적 의역: "그의 입술에서 나오는 말은 꿀처럼 달콤하고, 그의 모든 모습은 사랑스러움 그
자체이다. 예루살렘의 딸들아, 이분이 바로 내가 사랑하는 이이며, 나의 가장 친한 친구다."

## 1. 핵심 어휘 해설

### חִכּוֹ – "그의 입"

히브리어 חֵךְ는 입천장과 맛을 느끼는 기관을 의미하나, 시적 문맥에서는 말과 표현,
혹은 입맞춤을 상징한다.

### מַמְתַקִּים – "달콤함들"

복수형은 강한 강조로, 그의 말과 행동이 전적으로 기쁨과 위로를 준다는 뜻을 내포한다.

### וְכֻלּוֹ מַחֲמַדִּים – "그 전체가 사랑스러움"

주님의 인격과 행하시는 모든 것이 사랑과 매력을 발산함을 나타낸다.

### זֶה דוֹדִי וְזֶה רֵעִי – "이것이 나의 사랑, 나의 친구"

דוֹדִי(도디)는 깊은 애정을 담은 연인을, רֵעִי(레이이)는 동반자적 의미의 친구를
가리킨다. 사랑과 우정이 완전하게 결합된 관계를 묘사한다.

### בְּנוֹת יְרוּשָׁלָם – "예루살렘의 딸들아"

노래의 청중을 직접 부르며, 이 고백이 단순한 사적 감정이 아니라 증언임을 보여준다.

## 2. 전체 구조 요약표

| 구절 | 히브리어 구절 | 직역 | 문학적/신학적 의미 |
|---|---|---|---|
| 5:16 | חִכּוֹ מַמְתַקִּים | 그의 입은 달콤함 | 주님의 말과 임재가 주는 기쁨과 위로 |
| | וְכֻלּוֹ מַחֲמַדִּים | 그의 전체가 사랑스러움 | 주님의 인격 전체가 매력과 사랑으로 가득 |
| | זֶה דוֹדִי וְזֶה רֵעִי | 이것이 나의 사랑, 나의 친구 | 언약적 사랑과 동반자적 우정의 결합 |
| | בְּנוֹת יְרוּשָׁלָ͏ם | 예루살렘의 딸들아 | 사랑의 증언과 초청 |

## 3. 신학적 의미와 교훈

1) 주님의 말씀의 달콤함

그의 입의 달콤함은 말씀의 위로와 생명을 상징한다.

2) 전 인격적 사랑

'그 전체가 사랑스러움'이라는 고백은 주님의 모든 것이 사랑의 이유임을 나타낸다.

3) 사랑과 우정의 결합

주님은 연인처럼 사랑하시고, 친구처럼 동행하신다.

4) 공개적인 신앙 고백

예루살렘의 딸들에게 하는 선언은 믿음과 사랑을 숨기지 않는 증언이다.

5) 신자의 관계 모델

하나님과의 관계는 단순한 경배를 넘어 친밀한 동행과 우정이 되어야 한다.

## 4. 현대교회와 공동체에 주는 적용

1) 말씀의 달콤함을 경험하기
   적용: 매일 주님의 말씀을 맛보고 즐기기.
   실천: 하루 한 절 묵상 후 감사기도 드리기.

2) 주님의 전인격적 사랑 묵상
   적용: 주님의 모든 면을 깊이 묵상하며 사랑 키우기.
   실천: 찬양 가사와 기도를 통해 주님의 성품 나열하기.

3) 사랑과 우정의 신앙 관계
   적용: 하나님을 경외할 뿐 아니라 친구로 친밀히 동행하기.
   실천: 하루 중 대화하듯 기도하는 시간을 갖기.

4) 믿음을 공개적으로 고백하기
   적용: 공동체 안팎에서 주님을 사랑함을 담대히 말하기.
   실천: 간증 모임에서 자신의 믿음을 나누기.

5) 관계의 완전함을 추구하기
   적용: 사람들과의 관계에서도 사랑과 우정을 함께 실천하기.
   실천: 신뢰와 애정을 함께 나누는 공동체 문화 만들기.

## 5. 결론

아가서 5장 16절은 신랑의 입술과 전인격을 달콤함과 사랑스러움으로 묘사하며, 그를 연인이자 친구로 고백하는 장면입니다.

이는 주님과의 관계가 사랑과 우정, 경외와 친밀함이 함께하는 온전한 관계임을 보여주며, 성도는 이 관계를 기쁨으로 증언해야 함을 교훈합니다.

# 제 6 장 (개역개정)

1  여자들 가운데에서 어여쁜 자야 네 사랑하는 자가 어디로 갔는가
   네 사랑하는 자가 어디로 돌아갔는가 우리가 너와 함께 찾으리라
2  내 사랑하는 자가 자기 동산으로 내려가 향기로운 꽃밭에 이르러서
   동산 가운데에서 양 떼를 먹이며 백합화를 꺾는구나
3  나는 내 사랑하는 자에게 속하였고 내 사랑하는 자는 내게 속하였으며
   그가 백합화 가운데에서 그 양 떼를 먹이는도다
4  내 사랑아 너는 디르사 같이 어여쁘고, 예루살렘 같이 곱고,
   깃발을 세운 군대 같이 당당하구나
5  네 눈이 나를 놀라게 하니 돌이켜 나를 보지 말라
   네 머리털은 길르앗 산 기슭에 누운 염소 떼 같고
6  네 이는 목욕하고 나오는 암양 떼 같으니
   쌍태를 가졌으며 새끼 없는 것은 하나도 없구나
7  너울 속의 네 뺨은 석류 한 쪽 같구나
8  왕비가 육십 명이요 후궁이 팔십 명이요 시녀가 무수하되
9  내 비둘기, 내 완전한 자는 하나뿐이로구나
   그는 그의 어머니의 외딸이요 그 낳은 자가 귀중하게 여기는 자로구나
   여자들이 그를 보고 복된 자라 하고 왕비와 후궁들도 그를 칭찬하는구나
10  아침 빛 같이 뚜렷하고 달 같이 아름답고 해 같이 맑고
    깃발을 세운 군대 같이 당당한 여자가 누구인가
11  골짜기의 푸른 초목을 보려고 포도나무가 순이 났는가 석류나무가 꽃이 피었는가
    알려고 내가 호도 동산으로 내려갔을 때에
12  부지중에 내 마음이 나를 내 귀한 백성의 수레 가운데에 이르게 하였구나
13  돌아오고 돌아오라 술람미 여자야 돌아오고 돌아오라 우리가 너를 보게 하라
    너희가 어찌하여 마하나임에서 춤추는 것을 보는 것처럼 술람미 여자를 보려느냐

# 제 6 장
(Song of Songs [kjv])

1. Whither is thy beloved gone, O thou fairest among women?

   whither is thy beloved turned aside? that we may seek him with thee.

2. My beloved is gone down into his garden, to the beds of spices, to feed in the gardens,

   and to gather lilies.

3. I am my beloved's, and my beloved is mine: he feedeth among the lilies.

4. Thou art beautiful, O my love, as Tirzah, comely as Jerusalem,

   terrible as an army with banners.

5. Turn away thine eyes from me, for they have overcome me:

   thy hair is as a flock of goats that appear from Gilead.

6. Thy teeth are as a flock of sheep which go up from the washing,

   whereof every one beareth twins, and there is not one barren among them.

7. As a piece of a pomegranate are thy temples within thy locks.

8. There are threescore queens, and fourscore concubines, and virgins without number.

9. My dove, my undefiled is but one; she is the only one of her mother,

   she is the choice one of her that bare her. The daughters saw her, and blessed her;

   yea, the queens and the concubines, and they praised her.

10. Who is she that looketh forth as the morning, fair as the moon, clear as the sun,

    and terrible as an army with banners?

11. I went down into the garden of nuts to see the fruits of the valley,

    and to see whether the vine flourished, and the pomegranates budded.

12. Or ever I was aware, my soul made me like the chariots of Amminadib.

13. Return, return, O Shulamite; return, return, that we may look upon thee.

    What will ye see in the Shulamite? As it were the company of two armies.

# 아가서 6장 1절

אָנָה הָלַךְ דּוֹדֵךְ הַיָּפָה בַּנָּשִׁים אָנָה פָּנָה דוֹדֵךְ וּנְבַקְשֶׁנּוּ עִמָּךְ׃

직역: "여자들 중에 가장 아름다운 이여, 네 사랑하는 이는 어디로 갔는가? 어디로 향하였는가?
우리가 너와 함께 그를 찾으리라."

해석적 의역: "여인들 가운데 가장 아름다운 이여, 네 사랑하는 분이 어디로 가셨는지 알려 달라.
우리가 너와 함께 그분을 찾아 나서겠다."

## 1. 핵심 어휘 해설

אָנָה - "어디로"

의문 부사로 방향·목적지를 묻는 표현.

성경에서 장소나 방향을 물을 때 주로 사용한다.(창 16:8, 룻 1:8)

הָלַךְ - "가다, 걸어가다"

어근: ה-ל-ךְ, '걷다, 나아가다'

형태: 완료형, 3인칭 남성 단수

의미: 단순 이동뿐 아니라 목적이 있는 출발을 나타낼 수 있음.

דּוֹדֵךְ - "사랑하는 자, 연인"

어근: דּוֹד, '사랑, 애정'

아가서 전반에서 신랑(혹은 연인)을 지칭하는 애칭.

신학적 의미: 유대 전통에서 하나님을, 기독교 전통에서 그리스도를 상징.

הַיָּפָה בַּנָּשִׁים - "여자들 중에 가장 아름다운 이"

형태: 정관사 + 형용사 + 복수 명사 구성

히브리어의 비교·최상급 표현 구조.

아가서에서 신부(혹은 하나님의 백성)에 대한 칭호로 사용.(1:8, 5:9, 6:1)

**פָּנָה** - "돌아서다, 향하다"

어근: ה-נ-פ, '방향을 바꾸다, 향하다'

형태: 완료형, 3인칭 남성 단수

문학적 용법: 단순한 이동보다 의도적·결정적인 방향 전환을 나타냄.

**וּנְבַקְשֶׁנּוּ** - "우리가 그를 찾으리라"

어근: ב-ק-שׁ, '찾다, 구하다'

형태: 미완료형 1인칭 복수 + 목적격 대명사 "그를"

의미: 의도적이고 적극적인 탐색을 나타냄.

**עִמָּךְ** - "너와 함께"

전치사 "עִם ~와 함께" + 2인칭 여성 단수 접미어

신학적 의미: 동행·연합의 영적 공동체성을 드러냄.

## 2. 전체 구조 요약표

| 구절 | 히브리어 구절 | 직역 | 문학적/신학적 의미 |
|---|---|---|---|
| 6:1 | אָנָה הָלַךְ דּוֹדֵךְ | 네 사랑하는 자는 어디로 갔는가? | 부재한 인물에 대한 그리움과 갈망을 강조하며, 하나님과의 친밀함이 약해졌을때 그분을 다시 찾으려는 신앙적 열망을 표현.(사 55:6) |
| | הַיָּפָה בַּנָּשִׁים | 여인들 가운데 가장 아름다운 이 | 시적·극찬의 최상급 호칭으로 신부의 존귀함을 드러내며, 하나님의 백성이 그리스도 안에서 거룩하고 흠 없는 존재임을 선언.(엡 5:27) |
| | אָנָה פָּנָה דוֹדֵךְ | 네 사랑하는 자는 어디로 향하였는가? | 단순한 부재를 넘어 그분의 뜻과 인도하심이 향하는 목적지를 분별하려는 영적탐구를 나타냄. |
| | וּנְבַקְשֶׁנּוּ עִמָּךְ | 우리가 너와 함께 그를 찾으리라 | 개인적 탐색이 아니라 공동체적 동행을 결의하며, 주님을 찾는 여정이 교회의 공동 사명임을 보여줌.(마 18:20) |

## 3. 신학적 의미와 교훈

### 1) 하나님을 찾는 여정의 공동체성
함께 주님을 찾는 모습은 신앙이 개인에 머물지 않고 공동체 속에서 더 깊어진다는 사실을 보여준다.

### 2) 갈망의 전염성
신앙적 열망은 다른 이들에게 영향을 주어 함께 하나님을 추구하게 만든다.

### 3) 방향 분별의 중요성
단순히 주님을 찾는 것이 아니라, 그분이 향하시는 방향을 분별하고 따라야 한다.

### 4) 존귀한 정체성의 인식
'여인들 중에 가장 아름다운 이'라는 호칭은 하나님의 시선에서 교회의 존귀함을 상기시킨다.

### 5) 동반자적 신앙
서로의 믿음을 묻고 함께 세워 가는 관계는 주님을 더 깊이 경험하게 한다.

## 4. 현대교회와 공동체에 주는 적용

### 1) 공동체적 주님 찾기
적용: 신앙의 길을 함께 걸으며 하나님을 찾는 문화 만들기.
실천: 주중 소그룹 말씀 묵상·합심 기도 정례화하기.

### 2) 갈망의 나눔
적용: 하나님의 임재를 향한 사모함을 서로 격려하기.
실천: 간증과 묵상 나눔 시간을 마련하여 영적 열망을 확산하기.

3) 방향 분별의 훈련

　　적용: 하나님의 뜻과 인도하심을 공동체적으로 분별하기.

　　실천: 공동체 기도회를 통해 사역과 삶의 방향을 함께 묻고 결정하기.

4) 존귀한 정체성 회복

　　적용: 하나님의 시선으로 자신과 교회를 바라보기.

　　실천: 예배에서 교회의 거룩함과 존귀함을 선포하고 고백하기.

5) 동반자적 신앙 세우기

　　적용: 서로를 세우는 영적 동반자 관계 형성하기.

　　실천: '영적 파트너'제도를 운영하여 말씀·기도·삶을 함께 나누기

## 5. 결론

　아가서 6장 1절은 사랑하는 이를 찾는 여정이 결코 혼자의 길이 아님을 선언합니다. 하나님의 임재를 향한 갈망은 공동체 속에서 전염되고, 그 과정에서 교회는 자신의 존귀함과 사명을 재발견합니다.

　오늘날 우리 역시 함께 주님을 찾는 여정을 걸으며, 그분의 방향과 뜻을 따라가는 공동체가 되어야 합니다.

# 아가서 6장 2절

דּוֹדִי יָרַד לְגַנּוֹ לַעֲרוּגוֹת הַבֹּשֶׂם לִרְעוֹת בַּגַּנִּים וְלִלְקֹט שׁוֹשַׁנִּים:

직역: "내 사랑하는 이는 그의 동산으로 내려가 향기로운 꽃밭으로 갔으며, 동산에서 풀을 먹이고
백합화를 꺾으려 함이라."
해석적 의역: "내 사랑하는 분은 그의 동산, 향기로운 꽃이 피어난 화단으로 가셨습니다. 그곳에서
양 떼를 먹이며 백합화를 모으고 계십니다."

## 1. 핵심 어휘 해설

דּוֹדִי – "내 사랑하는 이"
  어근: דוד, '사랑, 애정'
  형태: 남성 단수 + 1인칭 접미어
  아가서 전반에 걸쳐 신부가 신랑을 부르는 애칭으로, 신학적으로는 하나님 또는
  그리스도를 상징.

יָרַד – "내려가다"
  어근: י-ר-ד, '내려가다, 하강하다'
  형태: 완료형, 3인칭 남성 단수
  단순한 방향 이동 뿐 아니라 의도적 방문을 나타냄.

לְגַנּוֹ – "동산"
  형태: 남성 단수, 소유형일 경우 גַּנּוֹ(그의 동산)
  구약에서 풍요와 안식, 하나님의 임재를 상징한다.(창 2:8)

לַעֲרוּגוֹת – "화단, 꽃밭"
  어근: ע-ר-ג, '줄지어 놓다, 심다'
  시적 맥락에서는 향기로운 꽃들이 모여 있는 장소를 의미.

הַבֹּשֶׂם – "향품, 향기"

형태: 남성 명사

성막과 왕궁에서 귀하게 쓰이는 향품을 의미하며, 하나님의 임재와 기쁨을 상징.

לִרְעוֹת – "먹이다, 풀을 먹다"

어근: ר-עַ-ה, '먹이다, 목양하다'

영적으로는 목자이신 하나님/그리스도의 돌보심과 보호를 표현.

שׁוֹשַׁנִּים – "백합화"

형태: 여성 복수 명사

아가서에서 아름다움, 순결, 사랑의 상징으로 사용.

## 2. 전체 구조 요약표

| 구절 | 히브리어 구절 | 직역 | 문학적/신학적 의미 |
|---|---|---|---|
| 6:2 | הֽוֹדִי יָרַד לְגַנּוֹ | 내 사랑하는 이는 그의 동산으로 내려갔다 | 신랑이 신부의 공간, 혹은 하나님이 그의 백성 가운데로 임하시는 장면을 표현하며, 친밀한 방문과 사랑의 의도를 드러냄. |
| | לַעֲרוּגוֹת הַבֹּשֶׂם | 향기로운 꽃밭으로 | 하나님의 임재 안에서 풍성한 향기와 생명이 가득한 상태를 묘사하며, 예배, 교제를 통한 영적 기쁨을 상징. |
| | לִרְעוֹת בַּגַּנִּים | 동산에서 풀을 먹고 | 목자의 돌봄과 공급의 이미지를 담고 있으며, 그리스도의 양 떼에 대한 사랑과 보호를 나타냄. |
| | וְלִלְקֹט שׁוֹשַׁנִּים | 백합화를 꺾으려 함이라 | 순결하고 아름다운 성도를 하나님이 기쁘게 받으시는 모습을 상징하며, 사랑의 열매를 거두는 장면을 표현. |

## 3. 신학적 의미와 교훈

### 1) 주님의 임재와 친밀함

주님은 그의 백성 가운데로 '내려오시는' 분이며, 그분의 임재는 사랑과 기쁨을 동반한다.

2) 예배와 향기

향기로운 꽃밭은 하나님께 드려지는 예배와 헌신이 만들어내는 영적 향기를 상징한다.

3) 목자의 돌봄

동산에서 풀을 먹이는 모습은 그리스도의 목양 사역과 그의 백성에 대한 세심한 돌봄을 나타낸다.

4) 성도의 열매와 헌신

백합화를 꺾는 이미지는 주님이 성도의 순결과 헌신의 열매를 귀히 여기심을 보여준다.

5) 임재 속에서의 생명과 풍성함

하나님의 임재 안에서는 생명, 평안, 기쁨이 넘친다.

## 4. 현대교회와 공동체에 주는 적용

1) 주님의 임재를 사모하기

적용: 하나님이 우리 공동체에 친히 오시도록 준비하기.

실천: 예배 전 기도로 마음을 정결히 하고 집중하기.

2) 예배의 향기를 만들기

적용: 예배를 통해 하나님께 향기로운 헌신 드리기.

실천: 찬양과 기도, 말씀 묵상에 정성과 시간을 투자하기.

3) 서로를 돌보는 목양의 삶

적용: 공동체 안에서 서로를 돌보고 세워주기.

실천: 연약한 지체를 찾아가 격려하고 기도하기.

4) 헌신의 열매를 드리기

적용: 하나님께 순결과 사랑의 열매를 준비하기.

실천: 한 달에 한 번 자신의 사역과 봉사 점검, 감사로 드림

5) 임재 속에서 풍성함 누리기

    적용: 하나님의 임재 안에서 안식과 기쁨을 경험하기.

    실천: 정기적인 안식일, 영성 훈련, 말씀 묵상 시간을 확보하기.

## 5. 결론

아가서 6장 2절은 주님의 임재와 사랑이 어떻게 백성 가운데 임하며, 그 안에서 돌봄과 열매 맺음이 이루어지는지를 보여줍니다. 이 히브리어 구절은 하나님이 우리와 함께 거하시고, 우리를 돌보시며, 우리의 헌신을 기쁘게 받으신다는 확신을 줍니다.

오늘날 교회와 성도는 주님의 동산에서 목자의 돌봄을 받고 향기로운 백합화로 자라나, 주님께 기쁨이 되는 열매를 맺어야 합니다.

# 아가서 6장 3절

אֲנִי לְדוֹדִי וְדוֹדִי לִי הָרֹעֶה בַּשׁוֹשַׁנִּים:

직역: "나는 나의 사랑하는 이의 것이요, 나의 사랑하는 이는 나의 것이라. 그는 백합화 가운데서
     먹이는 자로다."
해석적 의역: "나는 내 사랑하는 분께 속하고, 내 사랑하는 분은 내게 속합니다. 그분은 백합화
          가운데서 양을 먹이십니다."

## 1. 핵심 어휘 해설

אֲנִי - "나"
대명사, 화자가 자신의 정체와 관계를 분명하게 선언.

לְדוֹדִי - "나의 사랑하는 이의"
어근: דוד, '사랑, 애정'
형태: 전치사 לְ는 소유 + 명사 + 1인칭 접미어
사랑과 소속을 나타내는 친밀한 관계의 표현.

וְדוֹדִי לִי - "나의 사랑하는 이는 나의 것"
히브리 시에서 상호 소속을 강조하는 병렬 구조로, 사랑의 상호성과 헌신을 나타냄.

הָרֹעֶה - "먹이는 자, 목자"
어근: ר-ע-ה, '먹이다, 목양하다'
하나님의 돌보심과 그리스도의 목자로서의 사역을 상징.

בַּשׁוֹשַׁנִּים - "백합화 가운데서"
백합화는 순결, 아름다움, 사랑을 나타내며, 하나님의 백성과 성도의 순결한 상태를 상징.

## 2. 전체 구조 요약표

| 구절 | 히브리어 구절 | 직역 | 문학적/신학적 의미 |
|---|---|---|---|
| 6:3 | אֲנִי לְדוֹדִי | 나는 나의 사랑하는 이의 것이라 | 사랑과 언약의 소속 관계를 명확히 선언하며, 성도가 전적으로 그리스도께 속해 있음을 보여줌. |
| | וְדוֹדִי לִי | 나의 사랑하는 이는 나의 것이라 | 사랑의 상호성과 친밀함을 강조하며, 주님이 그의 백성 안에 거하신다는 신앙 고백을 표현. |
| | הָרֹעֶה בַּשּׁוֹשַׁנִּים | 그는 백합화 가운데서 먹이는 자라 | 목자이신 주님이 순결하고 거룩한 백성 가운데서 돌보심을 나타내며, 보호와 공급의 이미지를 담음. |

## 3. 신학적 의미와 교훈

1) 사랑의 언약적 소속

   하나님과 성도의 관계는 일방이 아닌 상호 헌신과 소속으로 이루어진다.

2) 친밀함의 확신

   '나의 사랑하는 이는 나의 것'이라는 고백은 주님의 임재와 사랑에 대한 확신을 표현한다.

3) 목자의 돌봄

   주님은 순결한 백성 가운데서 양을 먹이시는 목자이며, 교회의 보호자이시다.

4) 거룩한 관계의 터전

   백합화 가운데 목양하신다는 것은 성도의 삶이 거룩함 위에 세워져야 함을 가르친다.

5) 사랑 안에서의 안전함

   주님과의 상호 사랑 관계는 성도의 가장 안전하고 평안한 쉼터이다.

## 4. 현대교회와 공동체에 주는 적용

### 1) 언약적 헌신의 삶
적용: 하나님께 속한 자로서 매일 헌신을 새롭게 하기.
실천: 하루 시작과 마무리에 "주님, 저는 주님의 것입니다" 고백하기.

### 2) 주님과의 사랑 확신
적용: 하나님의 사랑과 임재를 신뢰하는 신앙 세우기.
실천: 말씀 속에서 하나님의 사랑 약속 히브리어 구절 암송하기.

### 3) 목자의 돌봄에 거하기
적용: 그리스도의 돌보심을 의지하는 생활하기.
실천: 매일 기도에서 주님의 보호와 인도를 구하기.

### 4) 거룩함을 지키는 공동체
적용: 순결과 경건을 공동체의 문화로 세우기.
실천: 소그룹에서 서로의 영적 상태를 점검하고 격려하기.

### 5) 사랑의 안전지대 만들기
적용: 교회와 가정에서 서로를 안전하게 세워 주는 관계 형성하기.
실천: 정기적으로 가족·공동체 안에서 축복과 격려의 말을 나누기.

## 5. 결론

아가서 6장 3절은 성도와 주님 사이의 관계를 '상호 소속'과 '목자의 돌봄'으로 요약합니다. 이 히브리어 구절은 단순한 사랑 고백을 넘어, 언약적 헌신과 확신, 그리고 주님 안에서 누리는 안전한 돌봄의 삶을 선포합니다.

오늘날 교회와 성도는 이 관계의 본질을 붙들고, 거룩한 사랑 안에서 주님과 함께 동행해야 합니다.

# 아가서 6장 4절

יָפָה אַתְּ רַעְיָתִי כְּתִרְצָה נָאוָה כִּירוּשָׁלָםִ אֲיֻמָּה כַּנִּדְגָּלוֹת:

직역: "아름답도다 너는, 나의 사랑아, 디르사 같이, 예루살렘 같이 곱고, 깃발 든 군대 같이 위엄 있도다."

해석적 의역: "나의 사랑하는 이여, 너는 디르사처럼 아름답고, 예루살렘처럼 고우며, 깃발을 세운 군대처럼 위엄이 있구나."

## 1. 핵심 어휘 해설

**יָפָה** - "아름답다"

형용사, 여성 단수. 외적인 아름다움뿐 아니라 내적 고결함과 영광을 함께 표현.

**רַעְיָתִי** - "나의 사랑하는 이"

어근: ר-**ע**-ה, '친밀히 교제하다, 사랑하다'

형태: 명사 + 1인칭 접미어

아가서에서 신랑이 신부를 부를 때 사용하는 애칭으로, 관계의 친밀함과 소속감을 나타냄.

**כְּתִרְצָה** - "디르사 같이"

תִרְצָה(디르사)는 북 이스라엘의 한 도시로, '즐거움, 기쁨'이라는 뜻을 가짐.(왕상 14:17) 아름다운 경관과 수도 역할로 유명.

**נָאוָה** - "곱다, 어여쁘다"

외적 미와 조화로움을 나타내며, 내적 성품과 연결될 때 온전한 아름다움을 의미.

**כִּירוּשָׁלָםִ** - "예루살렘 같이"

이스라엘의 중심 도시로서 거룩함, 영광, 하나님의 임재가 거하는 곳을 상징.

אֵימָה - "위엄 있다, 두렵다"

형용사, 여성형. 경외심을 불러일으키는 위엄과 존귀함을 의미.

כַּנִּדְגָּלוֹת - "깃발 든 군대 같이"

군대가 전열을 갖추고 깃발을 높이 든 모습으로, 질서, 권위, 승리의 상징.

## 2. 전체 구조 요약표

| 구절 | 히브리어 구절 | 직역 | 문학적/신학적 의미 |
|------|--------------|------|---------------------|
| 6:4 | יָפָה אַתְּ רַעְיָתִי | 아름답도다 너는, 나의 사랑아 | 신랑이 신부를 향한 사랑과 존귀함을 표현하며, 하나님이 그의 백성을 보시는 시선의 고귀함을 나타냄. |
| | כְּתִרְצָה | 디르사 같이 | 기쁨과 즐거움을 주는 도시 디르사의 아름다움을 비유로 사용, 성도의 매력을 강조. |
| | נָאוָה כִּירוּשָׁלָםִ | 예루살렘 같이 곱고 | 예루살렘의 거룩함과 영광을 비유로 들어, 하나님의 임재 가운데 있는 신부의 영광을 묘사. |
| | אֲיֻמָּה כַּנִּדְגָּלוֹת | 깃발 든 군대 같이 위엄 있다 | 질서와 힘, 승리의 상징으로, 신앙공동체가 세상 속에서 가지는 영적 권위와 담대함을 나타냄. |

## 3. 신학적 의미와 교훈

1) 하나님이 보시는 교회의 존귀함

교회는 세상 시선이 아닌, 하나님의 시선 속에서 거룩하고 존귀하다.

2) 거룩함과 아름다움의 조화

예루살렘의 모습처럼, 외적 아름다움과 내적 거룩함은 분리되지 않는다.

3) 영적 위엄과 담대함

깃발 든 군대의 이미지는 신앙 공동체가 하나님 안에서 담대히 서야 함을 보여준다.

4) 기쁨을 주는 공동체

　디르사처럼, 하나님의 백성은 세상과 이웃에 기쁨과 평화를 전하는 존재가 되어야 한다.

5) 질서 있는 영적 전열

　군대의 질서는 공동체가 하나님 안에서 하나 되고, 목적을 향해 나아가는 모습을 상징한다.

## 4. 현대교회와 공동체에 주는 적용

1) 하나님의 시선으로 교회를 바라보기

　적용: 세상의 평가가 아니라, 하나님의 기준으로 자신과 공동체를 평가하기.

　실천: 매주 예배 때 공동체의 정체성을 말씀으로 재확인하기.

2) 내적 거룩함과 외적 아름다움의 균형

　적용: 신앙생활에서 거룩함과 사랑의 표현을 함께 세워가기.

　실천: 경건 훈련과 섬김 활동을 병행하기.

3) 담대한 신앙 공동체

　적용: 세상 속에서 복음을 담대히 선포하기.

　실천: 전도 및 지역 봉사 사역에 직극 참여하기.

4) 기쁨과 평화의 통로되기

　적용: 주변에 하나님의 사랑과 위로를 전하기

　실천: 이웃 돌봄과 나눔 사역 정기 운영하기.

5) 질서 있는 공동체 사역

　적용: 공동체 내 역할과 은사를 질서 있게 운영하기.

　실천: 사역 팀별 정기 점검과 협력 모임 진행하기.

## 5. 결론

아가서 6장 4절은 하나님의 시선 속에서 교회가 얼마나 존귀하고 아름다운 존재인지를 강하게 선포합니다.

교회는 기쁨과 거룩함, 그리고 위엄과 담대함이 조화를 이루는 공동체로 세상 속에서 하나님의 영광을 드러내야 합니다.

# 아가서 6장 5절

הָסֵבִּי עֵינַיִךְ מִנֶּגְדִּי שֶׁהֵם הִרְהִיבֻנִי שַׂעְרֵךְ כְּעֵדֶר הָעִזִּים
שֶׁגָּלְשׁוּ מִן־הַגִּלְעָד:

직역: "네 눈을 나에게서 돌려다오, 그것들이 나를 사로잡았구나. 네 머리털은 길르앗 산에서
내려오는 염소 떼 같구나."

해석적 의역: "당신의 눈길을 거두어 주오, 그 눈빛이 내 마음을 사로잡았소. 당신의 머리카락은
길르앗 산을 내려오는 염소 떼처럼 흘러내리는구나."

## 1. 핵심 어휘 해설

**הָסֵבִּי** – "돌리다, 돌려라"

어근: ס-ו-ב, '돌리다, 방향을 바꾸다'

형태: 명령형, 2인칭 여성 단수.

**עֵינַיִךְ** – "네 눈", 이중형 명사 + 2인칭 여성 단수 접미어.

히브리 시에서 눈은 사랑, 매력, 내면의 빛을 상징.

**הִרְהִיבֻנִי** – "그들이 나를 사로잡았다, 놀라게 했다"

어근: ר-ה-ב, '압도하다, 감동시키다'

형태: 히필(사역형) 3인칭 복수 완료 + 1인칭 목적격 접미어. 강한 감정적 반응을 표현.

**שַׂעְרֵךְ** – "네 머리카락"

어근: ש-ע-ר, '머리털', 고대 근동 문화에서 여성의 머리카락은 아름다움과 매력의 상징.

**כְּעֵדֶר הָעִזִּים** – "염소 떼 같이"

염소 떼의 검은 털이 물결치며 움직이는 모습은 부드럽고 역동적인 아름다움을 연상시킴.

**הַגִּלְעָד** – "길르앗"

요단강 동편의 산악지대, 푸르고 비옥하며 목축에 적합한 지역으로 유명.

## 2. 전체 구조 요약표

| 구절 | 히브리어 구절 | 직역 | 문학적/신학적 의미 |
|------|-------------|------|----------------|
| 6:5 | הָסֵבִּי עֵינַיִךְ מִנֶּגְדִּי | 네 눈을 나에게서 돌려다오 | 연인의 시선이 주는 압도적 매력을 표현하며 사랑의 강렬함이 때로는 감당하기 어려울만큼 크다는 사실을 시적으로 묘사 |
| | שֶׁהֵם הִרְהִיבֻנִי | 그것들이 나를 사로잡았구나 | 사랑하는 이의 눈빛이 마음을 붙잡고 감동시키는 장면을 강조. 하나님이 그의 백성의 사랑과 시선을 귀히 여기신다는 영적 해석 가능 |
| | שַׂעְרֵךְ כְּעֵדֶר הָעִזִּים | 네 머리털은 염소 떼 같구나 | 자연 속 장면을 빌려 흐르는 머리카락의 아름다움과 생동감을 표현. |
| | שֶׁגָּלְשׁוּ מִן־הַגִּלְעָד | 길르앗 산에서 내려오는 | 부드럽고 자연스러운 흐름을 묘사하며, 은혜와 생명이 흘러내리는 영적 이미지를 연상시킴 |

## 3. 신학적 의미와 교훈

1) 하나님이 받으시는 사랑의 시선

하나님은 그의 백성의 시선을 기쁘게 받으신다. 우리의 예배와 기도는 주님의 마음을 움직인다.

2) 사랑의 강렬함과 경외감

사랑의 깊이는 때로 경외감을 불러일으킬 만큼 강하다.

3) 자연 속에서 비유되는 영적 아름다움

하나님은 피조 세계의 아름다움을 통해 성도의 거룩함과 매력을 표현하신다.

4) 흘러내리는 은혜

길르앗에서 내려오는 염소 떼의 장면처럼, 하나님의 은혜는 부드럽고 끊임없이 흘러내린다.

5) 외적 아름다움과 내적 순결의 조화

성경의 시적 묘사는 단순한 외모 찬양이 아니라 내적 거룩함과 사랑을 함께 드러낸다.

## 4. 현대교회와 공동체에 주는 적용

1) 주님을 향한 시선의 가치
    적용: 하나님께 시선을 고정하는 삶 살기.
    실천: 하루를 시작할 때 하나님께 집중하는 기도와 찬양 드리기.

2) 사랑의 표현 강화
    적용: 하나님과의 사랑을 적극적으로 표현하기.
    실천: 예배와 기도에서 사랑의 고백을 구체적으로 드리기.

3) 아름다움의 영적 해석
    적용: 창조의 아름다움을 통해 하나님의 성품 묵상하기.
    실천: 자연 속에서 묵상과 감사의 시간을 정기적으로 갖기.

4) 은혜가 흐르는 공동체
    적용: 하나님의 은혜가 서로에게 흘러가는 관계 만들기.
    실천: 매주 한 번 공동체 지체에게 격려와 사랑의 메시지 전하기.

5) 내면과 외면의 균형
    적용: 내적 경건과 외적 행실의 조화를 추구하기.
    실천: 말씀 묵상과 함께 일상 속 친절·선행 실천하기.

## 5. 결론

아가서 6장 5절은 사랑의 시선과 매력을 강렬하게 묘사하며, 하나님과 그의 백성 사이의 관계를 시적 언어로 드러냅니다.

이 히브리어 구절은 주님이 우리의 시선과 사랑을 귀히 여기신다는 사실을 확증하며, 교회와 성도가 그 사랑 안에서 은혜와 아름다움을 드러내도록 초대합니다.

# 아가서 6장 6절

שִׁנַּיִךְ כְּעֵדֶר הָרְחֵלִים שֶׁעָלוּ מִן־הָרַחְצָה שֶׁכֻּלָּם מַתְאִימוֹת
וְשַׁכֻּלָה אֵין בָּהֶם:

직역: "네 이는 목욕에서 올라온 암양 떼 같구나. 그 모두가 쌍을 이루었고, 그들 가운데 잃은
　　　것이 없구나."

해석적 의역: "당신의 이는 목욕을 마치고 나온 양 떼처럼 희고 깨끗하며, 모두가 가지런히 있고
　　　하나도 빠진 것이 없구나."

## 1. 핵심 어휘 해설

שִׁנַּיִךְ – "네 이"

이중형 명사 + 2인칭 여성 단수 접미어. 미소, 말, 내면의 건강함을 은유적으로 나타냄.

כְּעֵדֶר הָרְחֵלִים – "암양 떼 같이"

רָחֵל: 암양, 온유함·순결함·부드러움을 상징.

שֶׁעָלוּ מִן־הָרַחְצָה – "목욕에서 올라온"

어근: ר-ח-ץ, '씻다, 목욕하다'
정결함과 깨끗함을 의미하며, 성결 의식을 연상시킴.

שֶׁכֻּלָּם מַתְאִימוֹת – "모두가 쌍을 이루었다"

마주보는 치아들이 완벽하게 짝을 이루고 있음을 표현. 질서와 완전함의 상징.

וְשַׁכֻּלָה אֵין בָּהֶם – "그들 가운데 잃은 것이 없다"

שָׁכֹל: '잃다, 상실하다'의 부정형. 완전함과 결핍 없음 강조.

## 2. 전체 구조 요약표

| 구절 | 히브리어 구절 | 직역 | 문학적/신학적 의미 |
|------|-------------|------|-------------------|
| 6:6 | שִׁנַּיִךְ כְּעֵדֶר הָרְחֵלִים | 네 이는 암양 떼 같구나 | 흰빛의 깨끗함과 온유함을 묘사하며, 순결과 성결의 상징으로 사용. |
| | שֶׁעָלוּ מִן־הָרַחְצָה | 목욕에서 올라온 | 정결 예식을 마친 깨끗한 상태를 나타내며, 예배와 회복의 은혜를 연상시킴. |
| | שֶׁכֻּלָּם מַתְאִימוֹת | 모두가 쌍을 이루었다 | 완전한 조화를 상징하며, 하나님의 백성이 연합된 모습을 비유. |
| | וְשַׁכֻּלָה אֵין בָּהֶם | 그들 가운데 잃은 것이 없다 | 결핍 없이 온전한 상태를 표현, 하나님이 보존하시는 완전함을 드러냄. |

## 3. 신학적 의미와 교훈

1) 순결과 성결의 아름다움

정결함은 하나님의 백성이 지켜야 할 영적 미덕이다.

2) 질서와 조화

쌍을 이룬 치아처럼, 교회는 질서와 연합 속에서 힘을 발휘한다.

3) 결핍 없음의 은혜

하나님 안에 거하는 자는 보호받고 온전히 보존된다.

4) 회복과 정결 예식의 상징성

목욕에서 올라온 양 떼처럼, 예배와 회개의 삶은 우리를 새롭게 한다.

5) 은유를 통한 내면 묘사

외적 아름다움의 비유가 실제로는 내면의 상태와 신앙을 가리킨다.

## 4. 현대교회와 공동체에 주는 적용

1) 정결한 신앙 유지

적용: 하나님 앞에서 깨끗한 삶을 추구하기.

실천: 매일 회개의 기도와 말씀 묵상으로 마음을 씻기.

2) 질서와 연합의 공동체

적용: 신앙 공동체의 질서를 지키며 연합하기.

실천: 각자의 역할을 성실히 감당하고 협력하기.

3) 결핍 없는 은혜 경험

적용: 하나님 안에서 채움과 보호를 경험하기.

실천: 하나님의 공급하심을 감사하며 간증 나누기.

4) 회복과 새로움의 삶

적용: 주기적으로 영적 재정비의 시간을 갖기.

실천: 분기별 영성 수련회나 안식 시간을 공동체적으로 운영하기.

5) 내면의 아름다움 가꾸기

적용: 외적 봉사만이 아니라 내적 경건을 함께 세우기.

실천: 매일 사랑·용서·인내를 실천하며 영적 아름다움을 키우기.

## 5. 결론

아가서 6장 6절은 외적 묘사를 통해 내면의 성결, 질서, 완전함을 시적으로 표현합니다.

이 히브리어 구절은 교회와 성도가 하나님 안에서 연합되고 결핍 없는 은혜를 누리는 모습을 보여줍니다. 오늘날 우리 역시 정결과 연합, 그리고 회복의 은혜 속에서 살아가야 합니다.

# 아가서 6장 7절

כְּפֶלַח הָרִמּוֹן רַקָּתֵךְ מִבַּעַד לְצַמָּתֵךְ׃

직역: "네 뺨은 너의 머리 덮개 사이에서 석류 조각 같구나."

해석적 의역: "당신의 뺨은 머리카락 너머로 보이는 석류 조각처럼 곱고 빛납니다."

## 1. 핵심 어휘 해설

**כְּפֶלַח** – "조각, 단면"

어근: פ-ל-ח, '쪼개다, 나누다'

석류를 가른 단면처럼 선명하고 색감이 뚜렷한 이미지를 표현.

**הָרִמּוֹן** – "석류"

석류는 성경에서 생명, 풍요, 사랑의 상징으로 사용. 성막과 제사장 옷 장식에도 쓰여 하나님의 축복과 번성을 나타냄.

**רַקָּתֵךְ** – "네 뺨"

어근: ר-ק-ה, '뺨, 관자놀이'

히브리 시에서 뺨은 생기, 아름다움, 부끄러움·수줍음의 상징.

**מִבַּעַד** – "~너머로"

공간적 위치를 나타내는 전치사, 둘 사이의 틈을 가리킴.

**לְצַמָּתֵךְ** – "네 머리 덮개, 머리카락"

어근: צ-מ-ת, '묶다, 덮다'

머리카락 또는 머리를 감싸는 베일을 의미하며, 은밀함과 장식성을 동시에 표현.

## 2. 전체 구조 요약표

| 구절 | 히브리어 구절 | 직역 | 문학적/신학적 의미 |
|---|---|---|---|
| 6:7 | כְּפֶלַח הָרִמּוֹן | 석류 조각 같구나 | 붉고 생기 넘치는 색채로 사랑과 생명을 상징하며, 성도의 내면에 깃든 열정을 비유. |
| | רַקָּתֵךְ | 네 뺨 | 사랑받는 자의 아름다움과 생기를 드러내며 은혜로 빛나는 얼굴을 상징. |
| | מִבַּעַד לְצַמָּתֵךְ | 네 머리 덮개 사이에서 | 은밀함 속에 감춰진 아름다움을 표현하며, 하나님이 그의 백성 안에 숨겨 두신 영광과 은혜를 암시. |

## 3. 신학적 의미와 교훈

1) 은혜로 물든 얼굴
    성도의 얼굴은 주님의 사랑과 임재로 물들어야 한다.

2) 내면의 생기와 풍요
    석류의 이미지는 하나님의 생명과 풍성함을 드러낸다.

3) 감춰진 영광
    머리 덮개 속에 있는 뺨은 은밀히 간직된 보화를 상징하며, 하나님이 성도 안에 두신
    은혜를 나타낸다.

4) 아름다움의 근원
    외적 매력의 근원은 하나님의 사랑과 은혜에서 나온다.

5) 순결과 존귀함
    머리카락 사이에 드러난 뺨은 순결하고 존귀한 사랑을 시사한다.

## 4. 현대교회와 공동체에 주는 적용

1) 은혜가 얼굴에 드러나게 하기
   적용: 하나님의 사랑이 우리의 표정과 태도에 나타나게 하기.
   실천: 하루 한 번 감사와 찬양을 통해 얼굴의 빛을 회복하기.

2) 내면의 생명력 유지
   적용: 말씀과 기도로 영적 생기를 보존하기.
   실천: 아침 묵상으로 하루의 영적 힘 채우기.

3) 숨겨진 은혜 발견
   적용: 공동체 안에 감춰진 은사와 은혜를 찾아 세우기.
   실천: 정기적으로 은사 나눔 모임 운영하기.

4) 참된 아름다움의 기준 세우기
   적용: 외모보다 하나님의 은혜에서 나오는 아름다움을 추구하기.
   실천: 외적 활동보다 내적 경건 훈련을 우선시하기.

5) 순결과 존귀함 지키기
   적용: 관계 속에서 언약적 순결을 유지하기.
   실천: 말과 행동에서 상대방을 존중하는 습관 세우기.

## 5. 결론

아가서 6장 7절은 신부의 뺨을 석류에 비유하여 생기와 은혜, 그리고 은밀한 존귀함을 묘사합니다.

이 히브리어 구절은 성도가 하나님의 사랑안에서 물들고 빛나는 존재임을 선언하며, 내면의 생명력과 순결을 간직한 공동체로 서도록 초대합니다.

# 아가서 6장 8절

שִׁשִּׁים הֵמָּה מְלָכוֹת וּשְׁמֹנִים פִּילַגְשִׁים וַעֲלָמוֹת אֵין מִסְפָּר׃

직역: "왕비가 예순 명이요, 후궁이 여든 명이요, 시녀들은 셀 수 없도다."

해석적 의역: "왕비가 예순 명, 후궁이 여든 명, 시녀들은 그 수를 헤아릴 수 없을 만큼 많구나."

## 1. 핵심 어휘 해설

**שִׁשִּׁים** – "예순"

수사, 왕궁의 규모와 부를 나타내는 상징적 수.

**מְלָכוֹת** – "왕비들"

여왕 또는 정식 아내를 의미, 권위와 위상을 상징.

**וּשְׁמֹנִים** – "여든"

수사, 후궁의 수를 나타냄. 당시 왕궁의 정치·외교·문화적 세력을 상징.

**פִּילַגְשִׁים** – "후궁들"

공식 왕비보다 낮은 지위의 첩, 왕의 소유와 영향력의 확장을 나타냄.

**וַעֲלָמוֹת** – "젊은 여인들, 시녀들"

어근: ע-ל-ם, '젊다, 숨다'

젊은 나이의 처녀들로, 수많은 인원과 다양성을 상징.

**אֵין מִסְפָּר** – "수 없음"

헤아릴 수 없을 만큼 많음을 의미하는 과장법.

## 2. 전체 구조 요약표

| 구절 | 히브리어 구절 | 직역 | 문학적/신학적 의미 |
|------|------------|------|------------------|
| 6:8 | שִׁשִּׁים הֵמָּה מְלָכוֹת | 왕비가 예순 명이요 | 왕의 위엄과 영광, 그리고 정치적 외교적 결합을 상징. |
| | וּשְׁמֹנִים פִּילַגְשִׁים | 후궁이 여든 명이요 | 풍요와 세력 확장을 나타내지만, 단순한 수량보다 신부와 대비되는 특별함을 부각하는 장치. |
| | וַעֲלָמוֹת אֵין מִסְפָּר | 시녀들은 수를 셀 수 없도다 | 무수한 젊은 여인들의 존재를 통해 신부의 유일성과 독보적 가치를 강조하는 문학적 대비. |

## 3. 신학적 의미와 교훈

1) 세상적 풍요와 영광의 상대성

   수많은 왕비, 후궁, 시녀들이 있어도 참된 사랑과 헌신은 오직 한 대상에게 있다.

2) 하나님의 선택과 특별함

   하나님은 무수한 사람들 가운데서도 그의 백성을 특별히 택하셨다.

3) 비교 속에서 드러나는 유일성

   많은 인물의 나열은 신부의 독보적 가치를 부각하기 위한 배경이다.

4) 수적 다수보다 관계의 깊이

   하나님과의 관계에서 중요한 것은 수가 아니라 깊이와 헌신이다.

5) 세상 영광과 하나님의 영광의 차이

   왕궁의 화려함도 하나님의 사랑과 선택 앞에서는 빛을 잃는다.

## 4. 현대교회와 공동체에 주는 적용

### 1) 하나님의 특별한 선택 기억
적용: 나는 하나님께서 택하신 귀한 존재임을 잊지 않기.
실천: 매일 아침 하나님의 선택과 사랑을 감사하는 기도 드리기.

### 2) 관계의 깊이 우선
적용: 하나님과의 사랑의 관계를 숫자·성과보다 소중히 하기.
실천: 하루 최소 15분 이상 하나님과의 친밀한 시간 갖기.

### 3) 비교하지 않는 믿음
적용: 다른 사람과 비교하지 않고 주어진 은혜에 감사하기.
실천: 감사 일기 작성, 비교 대신 칭찬과 축복의 말 사용하기.

### 4) 세상 영광보다 하나님의 영광 추구
적용: 물질·지위보다 하나님의 인정과 기쁨을 우선시하기.
실천: 선택과 행동의 기준을 "하나님이 기뻐하시는가?"로 점검하기.

### 5) 공동체의 유일한 사명 회복
적용: 다른 단체와 비교보다 주어진 사명에 충실하기.
실천: 매 분기 사명 점검과 기도회 진행하기.

## 5. 결론

아가서 6장 8절은 왕궁의 화려함과 수많은 인물 속에서도 신부의 특별함과 독보적 가치를 부각시킵니다.

이는 하나님의 백성이 세상 속에서 얼마나 귀하게 선택된 존재인지 보여주며, 관계의 깊이와 헌신이 수보다 중요함을 가르칩니다.

# 아가서 6장 9절

אַחַת הִיא יוֹנָתִי תַמָּתִי אַחַת הִיא לְאִמָּהּ בָּרָה הִיא לְיוֹלַדְתָּהּ
רָאוּהָ בָנוֹת וַיְאַשְּׁרוּהָ מְלָכוֹת וּפִילַגְשִׁים וַיְהַלְלוּהָ:

직역: "오직 하나뿐인 나의 비둘기, 나의 완전한 자, 그녀는 어머니에게도 하나 뿐이며, 낳은
이에게 순결한 자이다. 딸들이 그녀를 보고 복되다 하였고, 왕비들과 후궁들이 그녀를
찬양하였다."

해석적 의역: "나의 비둘기, 나의 완전한 사랑은 오직 하나뿐이다. 그녀는 어머니에게 유일한
딸이며, 낳은 이에게 가장 순결한 자이다. 딸들이 그녀를 보고 행복하다 말하고,
왕비들과 후궁들도 그녀를 찬미하였다."

## 1. 핵심 어휘 해설

אַחַת - "하나", 여성형 수사, 유일성·독보성을 강조.

יוֹנָתִי - "나의 비둘기"

　애정과 순결, 평화의 상징. 고대 근동 문학에서 연인을 부르는 애칭으로도 사용.

תַמָּתִי - "나의 완선한 자"

　어근: ת-מ-ם, '완전하다, 온전하다', 도덕적·영적 완전함을 포함.

בָּרָה - "순결한, 깨끗한", 도덕적 정결·내적 아름다움.

וַיְאַשְּׁרוּהָ - "복되다 하다"

　어근: א-שׁ-ר, '행복하다, 축복하다'.

וַיְהַלְלוּהָ - "찬양하다"

　어근: ה-ל-ל, '칭송하다, 빛나다', 하나님 찬양과 동일 어근.

## 2. 전체 구조 요약표

| 구절 | 히브리어 구절 | 직역 | 문학적/신학적 의미 |
|------|------------|------|------------------|
| 6:9 | אַחַת הִיא יוֹנָתִי תַמָּתִי | 오직 하나뿐인 나의 비둘기 나의 완전한 자 | 연인의 독보적·유일한 가치, 하나님이 택하신 백성의 유일성 비유. |
| | אַחַת הִיא לְאִמָּהּ בָּרָה הִיא לְיוֹלַדְתָּהּ | 어머니에게도 하나뿐이며, 낳은 이에게 순결한 자 | 선택받은 존재의 순결성과 귀중함을 가정적, 인격적으로 묘사. |
| | רָאוּהָ בָנוֹת וַיְאַשְּׁרוּהָ | 딸들이 그녀를 보고 복되다 하다 | 주변 공동체가 그녀의 복됨을 인정. |
| | מְלָכוֹת וּפִילַגְשִׁים וַיְהַלְלוּהָ | 왕비들과 후궁들이 그녀를 찬양하다 | 세상의 권세자들도 그녀의 가치를 인정하는 장면. |

## 3. 신학적 의미와 교훈

1) 하나님의 백성은 유일무이한 존재

   세상 수많은 사람 중 하나님이 택하신 특별한 존재임을 강조.

2) 선택받음과 순결함의 관계

   하나님의 선택은 거룩함과 정결함으로 나타나야 함.

3) 공동체와 세상 속의 인정

   하나님의 은혜를 받은 삶은 세상에서도 빛을 발한다.

4) 진정한 가치의 근원

   세상적 조건이 아니라 하나님의 사랑과 부르심에서 유래.

5) 칭찬받는 삶의 본질

   인간의 노력보다 하나님의 은혜와 성품 닮음에서 나옴.

## 4. 현대교회와 공동체에 주는 적용

1) 나의 유일한 정체성 확인
   적용: 하나님께서 나를 유일하게 사랑하신다는 사실을 잊지 않기.
   실천: 하루 시작 전 "나는 하나님의 택한 자"를 선포하기.

2) 순결과 거룩 지키기
   적용: 선택받은 자답게 삶의 모든 영역에서 거룩을 유지하기.
   실천: 매일 유혹 앞에서 거절과 순종의 기도 드리기.

3) 공동체 안에서의 선한 영향력
   적용: 은혜 받은 자로서 공동체를 세우는 언행하기.
   실천: 매주 한 번 이상 공동체 내 누군가를 격려하기.

4) 세상 속에서 빛과 소금 되기
   적용: 직장·가정·사회에서 하나님의 성품 나타내기.
   실천: 문제 상황에서 화평과 진리를 지키는 선택하기.

5) 칭찬받는 삶의 방향
   적용: 사람의 인정보다 하나님의 칭찬을 목표로 하기.
   실천: 모든 계획과 결정 전에 "하나님이 기뻐하실까?" 질문하기.

## 5. 결론

아가서 6장 9절은 '유일한 사랑'과 '특별한 선택'을 강하게 선포하며, 이 사랑이 세상 속에서도 인정받는 모습을 보여줍니다.

이는 하나님의 백성인 우리가 세상과 구별되어 빛과 거룩을 드러내야 함을 가르칩니다.

# 아가서 6장 10절

מִי־זֹאת הַנִּשְׁקָפָה כְּמוֹ־שַׁחַר יָפָה כַלְּבָנָה בָּרָה כַּחַמָּה אֲיֻמָּה

כַּנִּדְגָּלוֹת:

직역: "이것이 누구인가, 새벽처럼 비치며, 달처럼 아름답고, 해처럼 맑으며, 깃발 세운 군대처럼
두려운 자가?"

해석적 의역: "새벽 빛처럼 떠오르고, 달처럼 고운 빛을 발하며, 해처럼 눈부시게 맑고, 깃발
휘날리는 군대처럼 위엄 있는 이는 누구인가?"

## 1. 핵심 어휘 해설

**מִי־זֹאת** - "이것이 누구인가?"
인칭·지시 결합 의문형. 경탄과 감탄의 뉘앙스를 포함.

**הַנִּשְׁקָפָה** - "바라보다, 비치다"
어근 : שׁ־קׁ־ף, '내다보다, 비추다'
빛의 발현을 묘사.

**שַׁחַר** - "새벽", 새로운 시작, 희망, 빛의 도래를 상징.

**יָפָה כַלְּבָנָה** - "달처럼 아름답다"
달의 부드러운 빛, 은은하고 안정된 아름다움.

**בָּרָה כַּחַמָּה** - "해처럼 맑다"
어근: ב־ר־ר, '맑다, 깨끗하다'
해의 강렬하고도 순수한 빛.

**אֲיֻמָּה כַּנִּדְגָּלוֹת** - "깃발 세운 군대처럼 두려운"
전쟁 준비가 완비된 군대의 위엄과 질서.

## 2. 전체 구조 요약표

| 구절 | 히브리어 구절 | 직역 | 문학적/신학적 의미 |
|---|---|---|---|
| 6:10 | מִי־זֹאת הַנִּשְׁקָפָה כְּמוֹ־שָׁחַר | 이 누구인가, 새벽처럼 비치며 | 새 창조와 구원의 빛, 새로운 날의 시작을 상징. |
| | יָפָה כַלְּבָנָה | 달처럼 아름답다 | 부드럽고 평화로운 아름다움, 사랑의 은은한 빛. |
| | בָּרָה כַּחַמָּה | 해처럼 맑다 | 강력하고 생명을 주는 빛, 의의 태양(말 4:2)의 예표. |
| | אֲיֻמָּה כַּנִּדְגָּלוֹת | 깃발 세운 군대처럼 두려운 | 질서와 권위, 승리하는 교회의 위엄. |

## 3. 신학적 의미와 교훈

1) 하나님의 백성은 세상 속에서 빛을 발한다.
   새벽·달·해의 이미지처럼, 교회는 다양한 빛으로 세상에 나타나야 한다.

2) 부드러움과 강렬함의 조화
   달의 은은함과 해의 강렬함이 함께 묘사되듯, 신앙인은 온유함과 담대함을 겸비해야 한다.

3) 영적 전투에서의 위엄
   군대의 깃발 이미지는 영적 싸움에서의 질서·승리·권위를 상징한다.

4) 경탄을 불러일으키는 존재
   "이 누구인가?" 라는 질문은 세상 속에서 하나님의 백성이 주목받는 영적 영향력을
   나타낸다.

5) 하나님의 임재를 반영하는 삶
   맑고 깨끗한 빛은 거룩한 성품과 순수한 동기에서 나온다.

## 4. 현대교회와 공동체에 주는 적용

### 1) 빛의 사명 감당하기
적용: 삶의 자리에서 하나님의 빛을 비추기.
실천: 매일 아침 하루를 "빛으로 살겠다"는 기도로 시작하기.

### 2) 온유와 담대함의 균형
적용: 상황에 따라 부드럽게, 그러나 진리에선 담대하게 서기.
실천: 논쟁 상황에서 사랑의 언어와 단호한 원칙 병행하기.

### 3) 영적 군대로서의 정체성
적용: 교회를 하나님의 군대로 인식하고 훈련하기.
실천: 정기적인 중보기도와 말씀 훈련에 참여하기.

### 4) 세상 속 경탄의 이유 되기
적용: 행동과 말에서 그리스도의 향기 드러내기.
실천: 직장·학교·가정에서 "왜 그렇게 사는지" 물어보게 하는 삶 살기.

### 5) 거룩과 순결 유지하기
적용: 빛을 가리는 죄와 불순물 제거하기.
실천: 매일 말씀 묵상 후 한 가지 회개·정결 기도 드리기.

## 5. 결론

아가서 6장 10절은 사랑받는 자의 영광스러운 모습이 새벽·달·해·군대의 이미지로 펼쳐지며, 하나님의 백성이 세상에서 발휘해야 할 빛, 아름다움, 위엄을 보여줍니다.

이는 교회와 성도가 거룩과 사랑을 겸비한 영향력 있는 존재로 서야 함을 가르칩니다.

# 아가서 6장 11절

אֶל־גִּנַּת אֱגוֹז יָרַדְתִּי לִרְאוֹת בְּאִבֵּי הַנָּחַל לִרְאוֹת הֲפָרְחָה
הַגֶּפֶן הֵנֵצוּ הָרִמֹּנִים:

직역: "호두 동산으로 내려가, 시내의 푸른 새싹을 보고, 포도나무가 꽃이 피었는지, 석류가
꽃망울을 터뜨렸는지 보았다."

해석적 의역: "나는 호두나무 동산으로 내려가 시냇가의 새싹을 살펴보았고, 포도나무가 꽃을
피웠는지, 석류나무가 봉오리를 열었는지 살펴보았다."

## 1. 핵심 어휘 해설

**אֶל־גִּנַּת אֱגוֹז** – "호두 동산으로"

호두는 단단한 껍질 속에 귀한 알맹이를 감싼 열매. 내면의 진리를 보호하는 신비로움과
풍요를 상징.

**יָרַדְתִּי** – "내려가다"

겸손·탐방·관찰의 행위. 사랑의 대상이 낮은 곳까지 찾아감.

**בְּאִבֵּי הַנָּחַל** – "시냇가의 새싹"

생명과 성장을 상징하는 초기 단계의 믿음.

**הֲפָרְחָה הַגֶּפֶן** – "포도나무가 꽃이 피다"

포도는 기쁨과 축복의 열매를 맺는 식물. 꽃피움은 결실 직전의 소망을 의미.

**הֵנֵצוּ הָרִמֹּנִים** – "석류가 봉오리를 터뜨리다"

석류는 다산·풍요·언약의 상징. 봉오리의 터짐은 약속의 성취를 향한 움직임.

## 2. 전체 구조 요약표

| 구절 | 히브리어 구절 | 직역 | 문학적/신학적 의미 |
|---|---|---|---|
| 6:11 | אֶל־גִּנַּת אֱגוֹז יָרַדְתִּי | 호두 동산으로 내려가다 | 내면의 깊은 진리와 사랑의 비밀을 찾아가는 여정. |
| | לִרְאוֹת בְּאִבֵּי הַנָּחַל | 시냇가의 새싹을 보기 위해 | 새로운 생명과 믿음의 시작을 주목하는 사랑의 시선. |
| | לִרְאוֹת הֲפָרְחָה הַגֶּפֶן | 포도나무가 꽃피었는지 보기 위해 | 기쁨과 열매의 시작을 기대하는 영적 관찰. |
| | הֵנֵצוּ הָרִמֹּנִים | 석류가 봉오리를 터뜨렸는지 | 풍요와 언약 성취의 조짐을 바라봄. |

## 3. 신학적 의미와 교훈

1) 하나님의 사랑은 낮은 곳으로 내려간다.
'내려가다'는 주님이 우리 가운데 임하시는 겸손과 섬김을 상징한다.

2) 작은 시작을 주목하시는 하나님
시냇가의 연약한 새싹도 귀히 보시는 사랑의 마음.

3) 열매 맺기 전의 과정을 귀히 여김
포도와 석류의 꽃은 아직 열매가 아니지만, 이미 소망과 기쁨의 징표다.

4) 내면의 신비를 소중히 간직
호두처럼 단단한 껍질 속에 귀한 내용을 지닌 믿음과 관계를 보호해야 한다.

5) 성장의 징후를 알아보는 영적 민감성
영적 지도자와 공동체는 작은 변화와 성장을 discern(분별)하는 눈을 가져야 한다.

## 4. 현대교회와 공동체에 주는 적용

1) 낮은 곳으로 찾아가기
   적용: 연약한 자와 초신자 곁으로 다가가기.
   실천: 한 달에 한 번 이상 신앙이 약한 이와 식사·대화하기.

2) 작은 변화를 기뻐하기
   적용: 미미한 성숙과 헌신도 인정하고 격려하기.
   실천: 매 주일 소그룹에서 서로의 성장 한 가지씩 칭찬하기.

3) 준비의 시간을 귀히 여기기
   적용: 결실 전의 시간을 허비로 보지 말고 양육과 돌봄에 집중하기.
   실천: 사역 전 기도와 훈련 기간 충실히 보내기.

4) 믿음의 내면을 지키기
   적용: 겉보다 속을, 형식보다 본질을 중요시하기.
   실천: 매일 10분 이상 묵상하며 내면 점검하기.

5) 영적 민감성을 기르기
   적용: 성령께서 주시는 작은 징후를 감지하기.
   실천: 하루의 사건과 만남을 저녁에 돌아보며 하나님 사인 기록하기.

## 5. 결론

아가서 6장 11절은 사랑하는 자가 낮은 곳까지 내려가서 작은 생명과 성장의 징후를 살피는 장면으로, 주님의 세심하고 겸손한 사랑을 보여줍니다.

이는 교회가 결실 이전의 시간도 귀하게 여기며, 내면의 신비를 보호하고, 작은 변화를 주목해야 함을 가르칩니다.

# 아가서 6장 12절

לֹא יָדַעְתִּי נַפְשִׁי שָׂמַתְנִי מַרְכְּבוֹת עַמִּי־נָדִיב:

직역: "내 영혼이 알지 못하는 사이, 나를 내 귀족 백성의 병거들 위에 두었다."
해석적 의역: "내 마음도 모르게, 나는 귀한 자의 병거에 실려 있었다." 혹은 "내 영혼이
깨닫기도 전에, 나는 고귀한 백성의 병거들 가운데 있게 되었다."

## 1. 핵심 어휘 해설

**לֹא יָדַעְתִּי** - "나는 알지 못했다"

갑작스러운 변화와 예상치 못한 상황 전환을 나타냄.

**נַפְשִׁי** - "내 영혼"

인격 전체, 마음과 의지를 포함하는 성경적 개념.

**שָׂמַתְנִי** - "나를 두었다"

강제적·능동적 이동의 뉘앙스. 주체는 하나님 혹은 사랑의 대상.

**מַרְכְּבוֹת** - "병거들"

승리·권위·영광을 나타내는 고대 근동의 상징.

**עַמִּי־נָדִיב** - "내 귀족 백성" 또는 "귀한 자들의 백성"

지도자 계층 혹은 고귀한 신분을 가진 자들.
신학적으로는 하나님의 백성을 지칭할 수 있음.

## 2. 전체 구조 요약표

| 구절 | 히브리어 구절 | 직역 | 문학적/신학적 의미 |
|---|---|---|---|
| 6:12 | לֹא יָדַעְתִּי נַפְשִׁי | 내 영혼이 알지 못했다 | 하나님의 은혜와 인도하심이 종종 우리의 의식적 계획 없이 임함을 나타냄. |
| | שָׂמַתְנִי | 나를 두었다 | 하나님 혹은 사랑의 대상이 주도적으로 위치를 바꾸심. |
| | מַרְכְּבוֹת | 병거들 | 승리, 영광, 존귀의 상징. |
| | עַמִּי־נָדִיב | 내 귀족 백성 | 하나님의 선택받은 공동체 또는 영적 지도자들. |

## 3. 신학적 의미와 교훈

1) 은혜의 갑작스러움

하나님이 주시는 승리와 변화는 우리가 계획하거나 예상하지 못한 순간에도 찾아온다.

2) 하나님 주도권의 역사

위치와 상황 변화의 주체는 우리가 아니라 하나님이심을 인정해야 한다.

3) 승리와 존귀의 자리로의 부르심

병거는 단순한 이동 수단이 아니라 권위와 영광을 나타낸다.

4) 공동체 속에서 누리는 은혜

'내 귀족 백성'은 하나님의 백성과 함께하는 축복을 의미한다.

5) 신앙 여정의 전환점

은혜의 개입은 때로 개인의 삶의 궤도를 완전히 바꿔 놓는다.

## 4. 현대교회와 공동체에 주는 적용

### 1) 하나님의 갑작스러운 인도에 민감하기
적용: 예기치 못한 기회와 상황 변화를 하나님께서 주신 것으로 인식하기.
실천: 일상의 변화 속에서 "하나님, 무엇을 하시려 합니까?" 기도하기.

### 2) 주도권을 하나님께 맡기기
적용: 인생 설계에서 하나님의 계획 우선하기.
실천: 연간 계획 수립 시 기도와 말씀 묵상으로 방향 점검하기.

### 3) 승리의 자리에서 겸손 유지
적용: 영광과 성취가 올 때 교만하지 않고 하나님께 영광 돌리기.
실천: 감사 일기를 쓰며 모든 성취의 주체를 하나님으로 기록하기.

### 4) 공동체 축복을 소중히 하기
적용: 하나님의 백성과 함께하는 자리의 가치를 인식하기.
실천: 예배·모임에 빠지지 않고 적극 참여하기.

### 5) 전환점을 믿음으로 해석하기
적용: 예상치 못한 변화 속에서 하나님의 뜻 찾기.
실천: 큰 변화가 있을 때 신앙 멘토와 상담하고 기도하기.

## 5. 결론

아가서 6장 12절은 주님의 인도하심이 얼마나 갑작스럽고 은혜롭게 다가올 수 있는지를 보여줍니다.

사랑하는 자는 자신의 의식과 계획과 무관하게, 갑자기 존귀와 승리의 자리로 옮겨 졌습니다.

# 아가서 6장 13절

שׁוּבִי שׁוּבִי הַשּׁוּלַמִּית שׁוּבִי שׁוּבִי וְנֶחֱזֶה־בָּךְ מַה־תֶּחֱזוּ
בַּשּׁוּלַמִּית כִּמְחֹלַת הַמַּחֲנָיִם:

직역: "돌아오라, 돌아오라, 술람 여인아, 돌아오라, 돌아오라, 우리가 너를 바라보리라. 너희가
술람 여인 안에서 무엇을 보느냐? 그것은 마하나임의 춤과 같다."

해석적 의역: "돌아오라, 술람미 여인아, 우리가 너를 보고 싶다. 술람미에게서 무엇을 보느냐?
그것은 마하나임의 춤과 같은 아름다움이다."

## 1. 핵심 어휘 해설

**שׁוּבִי** – "돌아오라"

어근: שׁוּב, '돌아가다·회복하다'. 반복(4회)으로 강한 요청과 애절함을 표현.

**הַשּׁוּלַמִּית** – "술람 여인"

샤론 평야나 북쪽 갈릴리 인근 술렘(Shunem) 출신 여인을 가리킬 수 있음.
일부 학자들은 '평화로운 여인'이라는 의미로도 해석.

**וְנֶחֱזֶה־בָּךְ** – "우리가 너를 바라보리라"

단순 관찰이 아니라 감탄과 존경의 시선.

**מַה־תֶּחֱזוּ** – "무엇을 보느냐?"

수사적 질문으로 시적 강조.

**כִּמְחֹלַת הַמַּחֲנָיִם** – "마하나임의 춤처럼"

마하나임은 '두 진영'이라는 뜻.(창 32:2)
승리의 축제나 의식적 군무를 가리킬 수 있음.

## 2. 전체 구조 요약표

| 구절 | 히브리어 구절 | 직역 | 문학적/신학적 의미 |
|------|-------------|------|------------------|
| 6:13 | שׁוּבִי שׁוּבִי | 돌아오라, 돌아오라 | 사랑하는 대상에 대한 간절한 부름과 관계 회복의 열망을 나타냄. |
| | הַשּׁוּלַמִּית | 술람 여인 | 실제 지명 출신 혹은 평화와 온전함을 상징하는 인물. |
| | וְנֶחֱזֶה־בָּךְ | 우리가 너를 바라보리라 | 단순한 감상이 아니라 사랑과 존경의 시선. |
| | כִּמְחֹלַת הַמַּחֲנָיִם | 마하나임의 춤처럼 | 승리와 화합을 기념하는 공동체적 기쁨의 상징. |

## 3. 신학적 의미와 교훈

1) 회복과 재결합의 초청
   반복된 '돌아오라'는 하나님이 백성을 부르시는 언약 회복의 음성을 상징한다.

2) 사랑의 대상에 대한 감탄
   술람미 여인은 그리스도의 신부인 교회를 예표할 수 있으며, 하나님은 그의 백성을 기쁨으로 바라보신다.

3) 공동체의 기쁨과 축하
   마하나임의 춤은 공동체가 함께 누리는 승리와 화합의 이미지다.

4) 아름다움의 기준이 영광과 거룩
   외적인 매력보다 하나님의 임재 안에서 드러나는 영적 아름다움이 참된 가치다.

5) 하나님의 부르심에 대한 응답
   돌아오라는 부르심에는 반드시 사랑과 순종으로 화답해야 한다.

## 4. 현대교회와 공동체에 주는 적용

1) 하나님께로 돌아오라는 부르심에 응답하기
   적용: 영적 방황 후 즉시 회복의 자리로 나아가기.
   실천: 회개와 감사 기도를 통해 하나님과 관계 회복하기.

2) 공동체 안에서 서로의 아름다움 발견하기
   적용: 영적 은사와 성품의 가치를 존중하기.
   실천: 주중에 공동체 구성원에게 감사 메시지 보내기.

3) 승리와 화합을 함께 기뻐하기
   적용: 하나님의 역사와 응답을 공동체와 나누기.
   실천: 간증 모임을 정기적으로 열기.

4) 영적 아름다움의 기준 세우기
   적용: 외형보다 경건과 사랑을 더 중시하기.
   실천: 말씀 묵상과 기도로 내면을 가꾸기.

5) 부르심을 즉시 따르는 순종 훈련
   적용: 하나님의 사명 부르심에 지체 없이 응답하기.
   실천: 주어진 사역이나 기회에 '먼저 순종'하는 결단 세우기.

## 5. 결론

아가서 6장 13절은 사랑하는 자와의 관계 회복, 공동체의 기쁨, 그리고 영적 아름다움의 가치를 노래합니다.

하나님의 부르심은 단순히 돌아오는 것이 아니라, 함께 기뻐하며 승리의 춤을 추는 자리로 우리를 인도합니다.

아가서 7 장

## 제 7 장 (개역개정)

1 귀한 자의 딸아 신을 신은 네 발이 어찌 그리 아름다운가
   네 넓적다리는 둥글어서 숙련공의 손이 만든 구슬 꿰미 같구나
2 배꼽은 섞은 포도주를 가득히 부은 둥근 잔 같고
   허리는 백합화로 두른 밀단 같구나
3 두 유방은 암사슴의 쌍태 새끼 같고
4 목은 상아 망대 같구나 눈은 헤스본 바드랍빔 문 곁에 있는 연못 같고
   코는 다메섹을 향한 레바논 망대 같구나
5 머리는 갈멜 산 같고 드리운 머리털은 자주 빛이 있으니
   왕이 그 머리카락에 매이었구나
6 사랑아 네가 어찌 그리 아름다운지, 어찌 그리 화창한지 즐겁게 하는구나
7 네 키는 종려나무 같고 네 유방은 그 열매송이 같구나
8 내가 말하기를 종려나무에 올라가서 그 가지를 잡으리라 하였나니
   네 유방은 포도송이 같고 네 콧김은 사과 냄새 같고
9 네 입은 좋은 포도주 같을 것이니라
   이 포도주는 내 사랑하는 자를 위하여 미끄럽게 흘러내려서
   자는 자의 입을 움직이게 하느니라
10 나는 내 사랑하는 자에게 속하였도다 그가 나를 사모하는구나
11 내 사랑하는 자야 우리가 함께 들로 가서 동네에서 유숙하자
12 우리가 일찍이 일어나서 포도원으로 가서 포도 움이 돋았는지, 꽃술이 퍼졌는지,
   석류꽃이 피었는지 보자 거기에서 내가 내 사랑을 네게 주리라
13 합환채가 향기를 뿜어내고 우리의 문 앞에는 여러 가지 귀한 열매가 새 것,
   묵은 것으로 마련되었구나 내가 내 사랑하는 자 너를 위하여 쌓아 둔 것이로다

## 제 7 장

(Song of Songs [kjv])

1. How beautiful are thy feet with shoes, O prince's daughter!

   the joints of thy thighs are like jewels, the work of the hands of a cunning workman.

2. Thy navel is like a round goblet, which wanteth not liquor:

   thy belly is like an heap of wheat set about with lilies.

3. Thy two breasts are like two young roes that are twins.

4. Thy neck is as a tower of ivory;

   thine eyes like the fishpools in Heshbon, by the gate of Bath-rabbim:

   thy nose is as the tower of Lebanon which looketh toward Damascus.

5. Thine head upon thee is like Carmel, and the hair of thine head like purple;

   the king is held in the galleries.

6. How fair and how pleasant art thou, O love, for delights!

7. This thy stature is like to a palm tree, and thy breasts to clusters of grapes.

8. I said, I will go up to the palm tree, I will take hold of the boughs thereof:

   now also thy breasts shall be as clusters of the vine, and the smell of thy nose like apples

9. And the roof of thy mouth like the best wine for my beloved, that goeth down sweetly,

   causing the lips of those that are asleep to speak.

10. I am my beloved's, and his desire is toward me.

11. Come, my beloved, let us go forth into the field; let us lodge in the villages.

12. Let us get up early to the vineyards; let us see if the vine flourish,

   whether the tender grape appear, and the pomegranates bud forth:

   there will I give thee my loves.

13. The mandrakes give a smell, and at our gates are all manner of pleasant fruits,

   new and old, which I have laid up for thee, O my beloved.

# 아가서 7장 1절

מַה־יָּפוּ פְעָמַיִךְ בַּנְּעָלִים בַּת־נָדִיב חַמּוּקֵי יְרֵכַיִךְ כְּמוֹ

חֲלָאִים מַעֲשֵׂה יְדֵי אָמָּן:

직역: "네 발걸음이 신을 신고 얼마나 아름다운가, 귀한 자의 딸! 네 넓적다리 곡선은 장식품
같으니, 명수의 손으로 만든 것이로다."

해석적 의역: "귀한 자의 딸아, 네가 신을 신고 걸어가는 모습이 얼마나 우아하고 아름다운지! 네
다리의 곡선은 정교한 장인의 손길로 빚어진 보석 장식처럼 완벽하고 조화롭다."

## 1. 핵심 어휘 해설

**מַה־יָּפוּ** - "얼마나 아름다운가", 감탄문 구조.
아름다움에 대한 강한 찬미와 경탄을 나타냄.

**פְעָמַיִךְ בַּנְּעָלִים** - "네 발걸음이 신을 신고", פַּעַם: 발걸음, 보폭, 발소리를 의미.
신발은 품위와 준비됨, 귀족적 신분을 나타냄.

**בַּת־נָדִיב** - "귀한 자의 딸아", נָדִיב: 고귀한 자, 귀족, 또는 너그러운 자를 뜻함.
혈통적 귀함뿐 아니라 인격과 품위까지 내포.

**חַמּוּקֵי יְרֵכַיִךְ** - "네 넓적다리의 곡선", חַמּוּקִים: 둥글게 감싸진 형태, 곡선미를 뜻함.
단순 육체적 묘사 이상으로, 건강과 생명력을 상징한다.

**כְּמוֹ חֲלָאִים** - "장식품 같으니", חֲלָאִים: 장식품, 보석 장식, 혹은 예술품.

**מַעֲשֵׂה יְדֵי אָמָּן** - "명수의 손으로 만든", אָמָּן: 숙련된 장인, 예술가를 뜻함.
섬세하고 의도적인 창조를 묘사함.

## 2. 전체 구조 요약표

| 구절 | 히브리어 구절 | 직역 | 문학적/신학적 의미 |
|---|---|---|---|
| 7:1 | מַה־יָּפוּ | 얼마나 아름다운가 | 강한 경탄과 찬미 |
| | פְעָמַיִךְ בַּנְּעָלִים | 신을 신은 네 발걸음 | 품위, 준비됨, 귀족적 풍모 |
| | בַּת־נָדִיב | 귀한 자의 딸아 | 고귀한 신분과 인격 |
| | חַמּוּקֵי יְרֵכַיִךְ | 네 넓적다리 곡선 | 건강과 생명력, 조화로운 아름다움 |
| | כְּמוֹ חֲלָאִים | 장식품 같으니 | 귀한 보석과 같은 가치 |
| | מַעֲשֵׂה יְדֵי אָמָּן | 명수의 손으로 만든 | 의도적이고 섬세한 창조 |

## 3. 신학적 의미와 교훈

### 1) 발걸음의 아름다움

성도의 걸음은 복음을 전하는 발걸음처럼 아름답다.(사 52:7)

발걸음의 방향과 목적이 삶의 가치를 결정한다.

### 2) 준비된 신앙

신을 신은 모습은 준비됨과 단정함을 상징한다.

복음으로 무장한 준비된 삶이 필요하다.(엡 6:15)

### 3) 고귀한 정체성

'귀한 자의 딸'이라는 호칭은 하나님의 자녀 된 신분을 상기시킨다.

정체성은 행동과 품위를 형성한다.

### 4) 조화로운 아름다움

곡선과 장식품의 이미지는 하나님의 창조적 솜씨와 균형 잡힌 조화를 나타낸다.

### 5) 장인의 손길 같은 삶

성도의 삶은 하나님의 장인 정신으로 빚어진 걸작품과 같다.(엡 2:10)

## 4. 현대교회와 공동체에 주는 적용

### 1) 복음의 발걸음 되기
적용: 일상 속에서 복음을 전하고 선한 영향력을 끼치는 발걸음을 내딛기.
실천: 하루 한 번 의도적으로 선행이나 격려의 말을 전하기.

### 2) 준비된 신앙생활
적용: 영적 무장을 통해 언제든 사역에 참여할 준비 갖추기.
실천: 말씀과 기도로 매일 마음을 무장하기.

### 3) 신분에 걸맞은 품위 유지
적용: 하나님의 자녀다운 말과 행동 선택하기.
실천: 대화와 결정에서 경건과 절제를 지키기.

### 4) 삶의 조화와 균형 추구
적용: 신앙, 가정, 사역, 직장 사이의 균형을 유지하기.
실천: 정기적으로 삶의 영역별 균형 점검하기.

### 5) 하나님의 걸작으로 살기
적용: 나의 은사와 재능을 하나님 나라 확장에 사용하기.
실전: 사역에서 은사 발휘와 새로운 기술 습득 병행하기.

## 5. 결론

아가서 7장 1절은 신을 신은 발걸음에서부터 몸의 곡선까지 신부의 품위 있고 조화로운 아름다움을 찬미하며, 이는 성도가 복음 안에서 준비되고 균형 잡힌 삶을 살아가야 함을 상징합니다.

성도의 걸음은 하나님의 장인 정신으로 빚어진 걸작품이 되어야 합니다.

# 아가서 7장 2절

שָׁרְרֵךְ אַגַּן הַסַּהַר אַל־יֶחְסַר הַמָּזֶג בִּטְנֵךְ עֲרֵמַת חִטִּים
סוּגָה בַּשּׁוֹשַׁנִּים:

직역: "네 배꼽은 둥근 잔 같으니, 섞은 포도주가 비지 아니하고, 네 배는 백합들로 둘러싸인 밀
무더기 같구나."

해석적 의역: "네 배꼽은 달 모양의 둥근 잔처럼 아름답고, 그 속에는 향기로운 포도주가 늘
가득하구나. 네 허리는 백합꽃으로 두른 밀 더미처럼 풍성하고 생기 있다."

## 1. 핵심 어휘 해설

שָׁרְרֵךְ – "네 배꼽"

육체의 중심부를 가리키며, 생명력과 풍요의 상징으로 사용됨.

אַגַּן הַסַּהַר – "둥근 잔"

אַגַּן: 대접, 그릇, 사발을 뜻함.

הַסַּהַר: 초승달 또는 둥근 형태를 의미.

아름답고 균형 잡힌 형태를 비유.

אַל־יֶחְסַר הַמָּזֶג – "섞은 포도주가 비지 아니하고"

מָזֶג: 향기로운 포도주를 물이나 향신료와 섞은 음료. 기쁨과 향연의 풍성함을 상징.

בִּטְנֵךְ עֲרֵמַת חִטִּים – "네 배는 밀 무더기"

밀은 고대 이스라엘에서 생명의 양식. 풍요와 결실의 상징.

סוּגָה בַּשּׁוֹשַׁנִּים – "백합으로 둘러싸인"

백합은 순결과 아름다움의 상징. 풍요와 거룩함의 조화를 나타냄.

## 2. 전체 구조 요약표

| 구절 | 히브리어 구절 | 직역 | 문학적/신학적 의미 |
|------|------------|------|-----------------|
| 7:2 | שָׁרְרֵךְ | 네 배꼽 | 생명력과 중심성 |
| | אַגַּן הַסַּהַר | 둥근 잔 | 균형과 아름다움 |
| | אַל־יֶחְסַר הַמָּזֶג | 섞은 포도주가 비지 않음 | 기쁨과 풍성함 |
| | בִּטְנֵךְ עֲרֵמַת חִטִּים | 네 배는 밀 무더기 | 생명과 결실 |
| | סוּגָה בַּשּׁוֹשַׁנִּים | 백합으로 둘러싸임 | 풍요와 순결의 조화 |

## 3. 신학적 의미와 교훈

1) 중심의 아름다움
   배꼽은 생명의 중심을 상징하듯, 신앙의 중심은 하나님과의 관계다.

2) 기쁨의 충만
   섞은 포도주가 비지 않음은 영적 기쁨과 은혜가 넘치는 삶을 나타낸다.

3) 풍요로운 결실
   밀 무더기는 하나님 안에서 맺는 신한 열매를 상징한다.

4) 거룩함 속의 풍성함
   백합은 거룩함과 순결을 뜻하며, 풍요는 거룩함 속에서 더 빛난다.

5) 균형 잡힌 삶
   형태와 내용의 조화처럼, 외적인 모습과 내적인 성품의 조화가 필요하다.

## 4. 현대교회와 공동체에 주는 적용

### 1) 신앙의 중심을 지키기
적용: 어떤 상황에서도 하나님과의 관계를 우선시하기.
실천: 하루 중 가장 좋은 시간을 기도와 말씀 묵상에 드리기.

### 2) 은혜와 기쁨의 통로 되기
적용: 받은 은혜를 나누고 공동체에 기쁨을 전하기.
실천: 매주 한 번 감사와 격려 메시지를 전하기.

### 3) 열매 맺는 신앙
적용: 하나님이 기뻐하시는 선한 행실의 열매 맺기.
실천: 분기별로 새로운 봉사나 섬김 사역 참여하기.

### 4) 거룩한 풍요 추구
적용: 물질과 재능을 거룩하게 사용하기.
실천: 수입과 시간을 일부러 구별하여 하나님께 드리기

### 5) 내외적 균형 유지
적용: 영성과 인격이 조화를 이루는 삶 살기.
실천: 정기적으로 자신을 돌아보는 영적 점검의 날 가지기.

## 5. 결론

아가서 7장 2절은 신부의 중심부를 풍요와 순결, 기쁨의 이미지로 묘사하며, 이는 성도가 하나님 안에서 생명력과 은혜, 거룩함과 결실을 함께 갖춘 삶을 살아야 함을 보여줍니다.

# 아가서 7장 3절

שְׁנֵי שָׁדַיִךְ כִּשְׁנֵי עֳפָרִים תָּאֲמֵי צְבִיָּה:

직역: "네 두 유방은 쌍태 새끼 사슴 두 마리 같구나."
해석적 의역: "네 가슴은 사랑스럽고 부드러운 쌍둥이 사슴처럼 조화를 이루며, 생명과
　　　　　 기쁨을 전하는 아름다움이 있구나."

## 1. 핵심 어휘 해설

שְׁנֵי שָׁדַיִךְ - "네 두 유방"
　여성성, 사랑, 생명을 길러내는 능력의 상징.

כִּשְׁנֵי עֳפָרִים - "두 어린 사슴처럼"
　עֳפָרִים: 어린 사슴, 민첩함과 부드러움, 순결을 나타냄.

תָּאֲמֵי צְבִיָּה - "암사슴의 쌍태 새끼", 완벽한

## 2. 전체 구조 요약표

| 구절 | 히브리어 구절 | 직역 | 문학적/신학적 의미 |
|------|-------------|------|------------------|
| 7:3 | שְׁנֵי שָׁדַיִךְ | 네 두 유방 | 사랑과 생명 양육 |
| | כִּשְׁנֵי עֳפָרִים | 두 어린 사슴처럼 | 부드러움과 순결 |
| | תָּאֲמֵי צְבִיָּה | 암사슴의 쌍태 새끼 | 조화와 균형 |

## 3. 신학적 의미와 교훈

1) 생명과 양육의 은혜

유방은 생명을 먹이고 자라게 하는 통로로, 교회가 성도를 양육하는 사명을 상징한다.

2) 순결과 부드러움

어린 사슴의 이미지는 성도의 순결하고 온유한 성품을 나타낸다.

3) 조화의 중요성

쌍태 새끼처럼 신앙과 삶이 균형을 이룰 때 진정한 아름다움이 드러난다.

4) 사랑의 풍성함

이 묘사는 단순한 외모가 아니라, 사랑이 흘러 넘치는 관계를 보여준다.

5) 그리스도의 교회 사랑

그리스도가 교회를 생명과 은혜로 먹이고 보호하시는 모습을 예표한다.

## 4. 현대교회와 공동체에 주는 적용

1) 양육의 사명 감당

적용: 믿음이 어린 성도를 사랑과 말씀으로 세우기.

실천: 정기적으로 새신자나 청년과 성경 공부 나누기.

2) 순결한 마음 지키기

적용: 관계 속에서 순수한 동기와 거룩한 태도 유지하기.

실천: 하루 묵상을 통해 내 마음의 동기를 점검하기.

3) 삶과 신앙의 균형

적용: 예배와 생활이 하나로 연결되게 하기.

실천: 예배에서 받은 말씀을 구체적인 행동 계획으로 적기.

4) 관계 속 사랑 흘려 보내기

    적용: 공동체 내에서 서로를 세워주는 말과 행동하기.

    실천: 매주 한 사람에게 따뜻한 격려 전하기.

5) 그리스도 중심의 양육

    적용: 모든 가르침과 도움을 그리스도의 복음 안에서 행하기.

    실천: 교육과 봉사의 목표를 복음 전파와 제자 삼기로 맞추기.

## 5. 결론

    아가서 7장 3절은 생명과 사랑을 상징하는 부드럽고 순결한 이미지를 통해, 교회와 성도가 서로를 은혜로 양육하고 균형있는 신앙을 세워가야 함을 보여줍니다.

# 아가서 7장 4절

직역: "네 목은 상아 망대 같고, 네 눈은 바트라빔 문 곁의 헤스본 못 같으며, 네 코는 다메섹을
　　　바라보는 레바논 망대 같구나."

해석적 의역: "네 목은 상아로 지은 망대처럼 우아하고, 네 눈은 바트라빔 문가의 헤스본
　　　　　연못처럼 깊고 고요하며, 네 코는 다메섹을 향해 선 레바논 망대처럼 곧고 당당하구나."

## 1. 핵심 어휘 해설

### צַוָּארֵךְ כְּמִגְדַּל הַשֵּׁן - "네 목은 상아 망대 같고"

상아는 귀함과 희귀함, 순결함을 나타내고 망대는 위엄과 안정감을 상징.
목은 품위와 인격을 나타내는 은유로 쓰임.

### עֵינַיִךְ בְּרֵכוֹת בְּחֶשְׁבּוֹן - "네 눈은 헤스본 못 같으며"

헤스본은 요르단 동편의 도시로, 그 못은 맑고 깊은 물로 유명함. 눈의 맑음과 깊이를 상징.

### עַל־שַׁעַר בַּת־רַבִּים - "바트라빔 문 곁의"

바트라빔은 '많은 사람의 딸'이라는 뜻으로, 도성의 문 이름.
번화한 곳에 있는 연못은 도시의 중심성과 영향력을 암시.

### אַפֵּךְ כְּמִגְדַּל הַלְּבָנוֹן - "네 코는 레바논 망대 같구나"

코는 얼굴의 중심이자 균형을 이루는 부위로, 곧음과 당당함의 상징.
레바논 망대는 북쪽 경계에서 다메섹을 감시하던 요새로, 견고함과 방향성을 표현.

### צוֹפֶה פְּנֵי דַמָּשֶׂק - "다메섹을 바라보는"

다메섹은 당시의 중요한 도시로, 멀리까지 내다보는 시야와 경계심을 암시.

## 2. 전체 구조 요약표

| 구절 | 히브리어 구절 | 직역 | 문학적/신학적 의미 |
|---|---|---|---|
| 7:4 | צַוָּארֵךְ כְּמִגְדַּל הַשֵּׁן | 네 목은 상아 망대 같고 | 품위, 순결, 위엄 |
| | עֵינַיִךְ בְּרֵכוֹת בְּחֶשְׁבּוֹן | 네 눈은 헤스본 못 같으며 | 맑음, 깊이, 평안 |
| | אַפֵּךְ כְּמִגְדַּל הַלְּבָנוֹן | 네 코는 레바논 망대 같구나 | 곧음, 당당함, 안정 |
| | צוֹפֶה פְּנֵי דַמָּשֶׂק | 다메섹을 바라보는 | 경계, 시야, 방향성 |

## 3. 신학적 의미와 교훈

### 1) 품위와 위엄의 신앙
상아 망대처럼 순결하고 흔들림 없는 인격은 신앙인의 품격을 드러낸다.

### 2) 눈의 깊이와 맑음
맑은 눈은 깨끗한 마음에서 나오며, 사람과 세상을 하나님의 시선으로 바라보게 한다.

### 3) 곧고 당당한 삶
레바논 망대 같은 곧음은 진리 위에 신 삶을 나타낸다.

### 4) 넓은 시야와 경계심
다메섹을 바라보는 시야는 영적 분별력과 경계를 상징한다.

### 5) 공동체의 영향력
성도의 품격과 시선, 곧음은 세상 속에서 복음을 드러내는 영향력이 된다.

## 4. 현대교회와 공동체에 주는 적용

### 1) 품위 있는 신앙 생활
　적용: 예배와 일상에서 일관된 품위와 절제 유지하기.
　실천: 말과 행동이 복음을 해치지 않도록 점검하기.

### 2) 깨끗한 시선 유지
　적용: 세상의 부정과 유혹을 거부하고 거룩한 시선 가지기.
　실천: 매일 말씀 묵상으로 마음을 정결케 하기.

### 3) 진리 위의 곧음
　적용: 상황에 흔들리지 않고 성경적 원칙 지키기.
　실천: 어려운 상황에서도 진리를 선택한 사례 기록하기.

### 4) 넓은 영적 시야
　적용: 세상 흐름을 분별하되 하나님의 관점에서 바라보기.
　실천: 매주 한 번 세상 소식을 복음적으로 해석하는 훈련하기.

### 5) 복음의 영향력 확대
　적용: 나의 인격과 삶이 복음을 전하는 도구가 되게 하기.
　실천: 공동체와 세상 속에서 신뢰와 존경을 쌓는 관계 맺기.

## 5. 결론

　아가서 7장 4절은 신부의 목, 눈, 코를 상아 망대, 맑은 연못, 레바논 망대에 비유함으로써, 순결·깊이·곧음을 갖춘 인격의 아름다움을 그립니다.

　이는 교회가 품위와 분별력을 갖고 세상 속에서 복음을 드러내야 함을 상징합니다.

# 아가서 7장 5절

ראשֵׁךְ עָלַיִךְ כַּכַּרְמֶל וְדַלַּת ראשֵׁךְ כָּאַרְגָּמָן מֶלֶךְ אָסוּר בָּרְהָטִים:

직역: "네 머리는 네 위에 갈멜산 같고, 네 머리털은 자주빛 같으며, 왕이 그 물결에 사로잡혔다."
해석적 의역: "네 머리는 위로 우뚝 솟은 갈멜산처럼 당당하고, 네 머리카락은 자주빛 비단처럼
빛나며, 왕은 그 흐르는 머릿결의 매혹에 사로잡혀 있구나."

## 1. 핵심 어휘 해설

ראשֵׁךְ עָלַיִךְ כַּכַּרְמֶל – "네 머리는 네 위에 갈멜산 같고"

갈멜산은 높이와 장엄함, 비옥함으로 유명.

머리는 인격과 존귀함을 상징.

높은 산에 비유되어 당당하고 위엄 있는 모습을 나타냄.

וְדַלַּת ראשֵׁךְ כָּאַרְגָּמָן – "네 머리털은 자주빛 같으며"

דַלַּת: 머리카락의 늘어진 부분이나 흐르는 모양을 의미.

אַרְגָּמָן: 고대에서 귀족과 왕이 사용하던 자주색 염료로, 귀함과 고귀함의 상징.

מֶלֶךְ אָסוּר בָּרְהָטִים – "왕이 그 물결에 사로잡혔다"

אָסוּר: 묶이다, 사로잡히다의 의미.

רְהָטִים: 흐르는 시냇물이나 머리카락의 물결을 뜻함.

왕이 머리결의 아름다움에 완전히 매료되어 있음을 나타냄.

## 2. 전체 구조 요약표

| 구절 | 히브리어 구절 | 직역 | 문학적/신학적 의미 |
|---|---|---|---|
| 7:5 | רֹאשֵׁךְ עָלַיִךְ כַּכַּרְמֶל | 네 머리는 네 위에 갈멜산 같고 | 위엄, 당당함, 존귀 |
| | וְדַלַּת רֹאשֵׁךְ כָּאַרְגָּמָן | 네 머리털은 자주빛 같으며 | 귀함, 아름다움, 고귀 |
| | מֶלֶךְ אָסוּר בָּרְהָטִים | 왕이 그 물결에 사로잡혔다 | 사랑의 매혹, 깊은 애정 |

## 3. 신학적 의미와 교훈

1) 위엄 있는 신앙의 머리
   머리를 갈멜산에 비유한 것은 높이와 안정감을 주는 신앙인의 존귀함을 상징함.

2) 고귀함과 구별됨
   자주빛 머리카락은 하나님의 백성이 세상과 구별된 고귀한 정체성을 지닌다는 것을
   나타냄.

3) 그리스도의 사랑에 매혹된 교회
   왕이 사로잡혔다는 표현은 신랑이 신부에게 완전히 마음을 주었음을 나타내며,
   이는 그리스도께서 교회를 향해 가지신 헌신적 사랑을 예표함.

4) 아름다움과 권위의 조화
   갈멜산의 위엄과 자주빛의 아름다움은 신앙인의 내적·외적 조화로운 성숙을 의미함.

5) 관계 안에서의 헌신과 매혹
   사랑의 관계에서 매혹은 단순한 외모를 넘어 인격과 영적 품격에서 비롯됨.

## 4. 현대교회와 공동체에 주는 적용

1) 존귀한 신앙의 머리
    적용: 믿음 안에서 세상 앞에 당당히 서기.
    실천: 매일 감사와 확신의 고백으로 하루 시작하기.

2) 구별된 정체성
    적용: 세속적 가치보다 하나님의 기준을 선택하기.
    실천: 결정과 행동 전에 말씀을 기준으로 점검하기.

3) 헌신적 사랑
    적용: 관계 속에서 마음을 다해 섬기기.
    실천: 가정과 공동체에서 희생적 사랑을 실천하는 한 가지 행동 계획하기.

4) 내적·외적 조화
    적용: 신앙과 삶이 일치하는 성숙한 인격 추구하기.
    실천: 내면의 경건 훈련과 외적 예절·품위 병행하기.

5) 영적 매력
    적용: 그리스도의 성품을 닮아 사랑의 매력을 나타내기.
    실천: 매주 한 번 '그리스도 닮기' 주제의 성품 점검하기.

## 5. 결론

아가서 7장 5절은 신부의 머리와 머리카락을 갈멜산과 자주빛으로 비유하여, 위엄과 고귀함, 그리고 사랑에 매혹된 관계를 그립니다.

이는 교회가 존귀하고 구별된 정체성을 지니며, 그리스도의 사랑 속에 거하는 모습을 상징합니다.

# 아가서 7장 6절

מַה־יָּפִית וּמַה־נָּעַמְתְּ אַהֲבָה בַּתַּעֲנוּגִים:

직역: "네가 얼마나 아름답고 얼마나 기쁜지, 즐거움 속의 사랑아."
해석적 의역: "너는 얼마나 아름답고 사랑스러운지, 즐거움으로 가득한 사랑이여."

## 1. 핵심 어휘 해설

**מַה־יָּפִית** - "네가 얼마나 아름다운지"

감탄사 מַה(얼마나)와 동사 יָפָה(아름답다)의 2인칭 여성 단수 형태.
강한 감탄과 칭송을 담음.

**וּמַה־נָּעַמְתְּ** - "그리고 얼마나 기쁜지"

동사: נָעַם, '즐겁다, 유쾌하다'에서 유래.
외적인 아름다움뿐 아니라 함께하는 기쁨과 내적 매력을 강조.

**אַהֲבָה בַּתַּעֲנוּגִים** - "즐거움 속의 사랑아"

אַהֲבָה(사랑)과 תַּעֲנוּג(즐거움, 기쁨)의 결합.
단순한 의무나 형식이 아닌 기쁨과 만족을 주는 사랑을 묘사함.

## 2. 전체 구조 요약표

| 구절 | 히브리어 구절 | 직역 | 문학적/신학적 의미 |
|---|---|---|---|
| 7:6 | מַה־יָּפִית | 네가 얼마나 아름다운지 | 감탄, 외적·내적 아름다움 |
| | וּמַה־נָּעַמְתְּ | 그리고 얼마나 기쁜지 | 즐거움, 기쁨의 교제 |
| | אַהֲבָה בַּתַּעֲנוּגִים | 즐거움 속의 사랑아 | 기쁨을 주는 언약적 사랑 |

## 3. 신학적 의미와 교훈

### 1) 아름다움과 기쁨의 조화
신랑이 신부를 묘사할 때, 외모뿐 아니라 함께하는 기쁨을 강조함.
이는 관계에서 내적 매력이 중요함을 시사함.

### 2) 사랑의 즐거움
사랑은 의무가 아니라 즐거움이 되어야 하며, 그 즐거움 속에서 관계는 깊어진다.

### 3) 하나님과의 관계
하나님은 단순히 우리의 순종만을 원하시는 것이 아니라, 기쁨으로 그분을 사랑하길
원하신다. (시 37:4)

### 4) 영적 교제의 향기
성도와 그리스도의 관계는 억지가 아니라 기쁨과 만족으로 가득해야 한다.

## 4. 현대교회와 공동체에 주는 적용

### 1) 내적 아름다움 가꾸기
적용: 단순한 외적 봉사보다 내면의 성품과 사랑을 가꾸기.
실천: 하루 10분 감사와 사랑의 고백 기도하기.

### 2) 기쁨으로 섬기기
적용: 억지로가 아닌 기쁨으로 섬김.
실천: 사역과 봉사 전 감사 제목 세 가지 적기.

### 3) 즐거움 속의 관계
적용: 공동체 안에서 서로와 함께하는 시간을 즐기기.
실천: 한 달에 한 번 교제의 식사나 나눔 모임 갖기.

4) 하나님과의 즐거운 교제
   적용: 형식적인 예배가 아닌 기쁨의 예배 드리기.
   실천: 예배 전 찬양과 묵상으로 마음을 준비하기.

## 5. 결론

아가서 7장 6절은 신랑의 깊은 감탄을 통해, 사랑이 단지 외모가 아닌 내적 기쁨과 즐거움에서 완성된다는 것을 보여줍니다.

이는 그리스도와 교회, 성도와 하나님 사이의 관계가 기쁨과 만족으로 충만해야 함을 가르칩니다.

# 아가서 7장 7절

זֹאת קוֹמָתֵךְ דָּמְתָה לְתָמָר וְשָׁדַיִךְ לְאַשְׁכֹּלוֹת:

직역: "네 키는 종려나무 같고, 네 유방은 그 송이 같구나."

해석적 의역: "네 당당한 자태는 곧게 솟은 종려나무 같고, 네 가슴은 탐스러운 열매 송이처럼 아름답구나."

## 1. 핵심 어휘 해설

זֹאת קוֹמָתֵךְ - "네 키"

קוֹמָה: 몸의 키, 자태, 체격, 외적 기품과 당당함을 포함한다.

דָּמְתָה לְתָמָר - "종려나무와 같다"

תָּמָר: 종려나무, 곧음, 승리, 번영의 상징.(시 92:12)

신부의 고귀하고 우아한 모습을 나타낸다.

וְשָׁדַיִךְ לְאַשְׁכֹּלוֹת - "네 유방은 그 송이와 같다"

אַשְׁכֹּלוֹת: 포도나무나 종려나무 열매 송이로 풍성함, 달콤함, 생명의 공급을 암시한다.

## 2. 전체 구조 요약표

| 구절 | 히브리어 구절 | 직역 | 문학적/신학적 의미 |
|------|------------|------|------------------|
| 7:7 | זֹאת קוֹמָתֵךְ | 네 키 | 기품과 당당한 자태 |
| | דָּמְתָה לְתָמָר | 종려나무와 같다 | 곧음, 승리, 번영 |
| | וְשָׁדַיִךְ לְאַשְׁכֹּלוֹת | 네 유방은 그 송이와 같다 | 풍성함과 생명력 |

## 3. 신학적 의미와 교훈

 1) 당당함과 곧음의 미덕

　종려나무의 곧은 자태처럼, 성도는 신앙에서 흔들리지 않는 곧음을 지녀야 한다.

 2) 승리와 번영의 상징

　종려는 성경에서 종종 승리와 의인의 번영을 상징한다.(레 23:40, 요 12:13)

　신부의 모습은 영적 승리와 하나님의 복을 반영한다.

 3) 풍성함과 생명의 공급

　유방과 열매 송이의 이미지는 사랑과 양육, 그리고 생명의 지속적인 공급을 나타낸다.

 4) 영광스러운 교회의 모습

　그리스도 안에서 교회는 곧고 당당하며, 세상에 영적 양식을 풍성히 공급하는 존재다.

## 4. 현대교회와 공동체에 주는 적용

 1) 곧은 신앙 세우기

　적용: 세상의 압력에도 흔들리지 않는 신앙을 지키기.

　실천: 매주 믿음의 결단을 기록하고 기도하기.

 2) 승리의 삶

　적용: 고난 속에서도 승리를 바라보는 소망 가지기.

　실천: 어려움 속에서 감사 제목 3가지 찾기.

 3) 풍성한 나눔

　적용: 말씀과 사랑을 풍성히 나누는 공동체 만들기.

　실천: 한 주에 한 번 말씀과 간증을 나누는 시간 마련하기.

 4) 영광의 자태

　적용: 교회의 사역이 하나님께 영광이 되게 하기.

　실천: 모든 봉사와 프로그램의 목적을 하나님의 영광으로 점검하기.

## 5. 결론

아가서 7장 7절은 신부의 곧고 당당한 자태와 풍성함을 종려나무와 열매 송이로 비유하며, 이는 신앙의 곧음과 영적 풍요로움, 그리고 승리의 삶을 사는 교회의 모습을 예표합니다.

# 아가서 7장 8절

אָמַרְתִּי אֶעֱלֶה בְתָמָר אֹחֲזָה בְּסַנְסִנָּיו וְיִהְיוּ־נָא שָׁדַיִךְ כְּאֶשְׁכְּלוֹת הַגֶּפֶן
וְרֵיחַ אַפֵּךְ כַּתַּפּוּחִים:

직역: "내가 말하기를, 내가 종려나무에 올라가서 그 가지들을 붙잡으리라 하였노라. 네 유방이
포도송이 같고, 네 코의 향기가 사과 같기를 원하노라."
해석적 의역: "나는 말했지, '저 종려나무에 올라가 그 가지를 붙잡으리라' 네 가슴은 탐스러운
포도송이 같고, 네 숨결은 향긋한 사과 향기 같구나."

## 1. 핵심 어휘 해설

אָמַרְתִּי – "내가 말하기를"
　　결심이나 의지를 나타내는 표현으로, 이어질 행동에 대한 의도적 계획을 나타냄.

אֶעֱלֶה בְתָמָר – "종려나무에 올라가다"
　　상징적 행동으로, תָמָר(종려나무)는 곧음과 번영, 그리고 결실을 의미함.
　　올라가는 행위는 사랑의 추구와 결실을 얻으려는 적극성을 묘사함.

אֹחֲזָה בְּסַנְסִנָּיו – "그 가지들을 붙잡다"
　　סַנְסִן: 종려나무의 가지나 열매송이를 묘사함.
　　붙잡는 행위는 사랑의 결실을 소유하고자 하는 열망을 상징함.

וְיִהְיוּ־נָא שָׁדַיִךְ כְּאֶשְׁכְּלוֹת הַגֶּפֶן – "네 유방이 포도송이 같기를 원하노라"
　　포도송이는 달콤함, 풍성함, 생명의 공급을 나타냄. 친밀한 사랑의 열매를 묘사함.

וְרֵיחַ אַפֵּךְ כַּתַּפּוּחִים – "네 코의 향기가 사과 같기를"
　　תַּפּוּח: 사과, 상쾌하고 달콤한 향기를 상징하며, 사랑의 신선함과 생명력을 표현.

## 2. 전체 구조 요약표

| 구절 | 히브리어 구절 | 직역 | 문학적/신학적 의미 |
|---|---|---|---|
| 7:8 | אָמַרְתִּי אֶעֱלֶה בְתָמָר | 종려나무에 올라가다 | 사랑의 적극적 추구, 결실을 향한 열망 |
| | אֹחֲזָה בְּסַנְסִנָּיו | 그 가지를 붙잡다 | 사랑의 열매 소유 |
| | שָׁדַיִךְ כְּאֶשְׁכְּלוֹת | 네 유방은 포도송이 같음 | 달콤함과 풍성함 |
| | וְרֵיחַ אַפֵּךְ כַּתַּפּוּחִים | 네 향기는 사과 같음 | 사랑의 신선함과 생명력 |

## 3. 신학적 의미와 교훈

### 1) 사랑의 적극성

사랑은 수동적으로 기다리는 것이 아니라, 귀하게 여기는 것을 향해 나아가 붙잡는 행동이 필요하다.

### 2) 결실의 기쁨

포도송이와 같은 사랑의 결실은 돌봄과 헌신 속에서 맺어진다.

### 3) 향기 나는 관계

사랑이 오래 지속되려면 사과 향기 같은 신선함과 기쁨이 필요하다.

### 4) 영적 적용

하나님과의 관계에서도 은혜의 열매를 적극적으로 추구하고, 그분의 향기를 삶에서 드러내야 한다.(고후 2:15)

## 4. 현대교회와 공동체에 주는 적용

### 1) 적극적 헌신
  적용: 사역과 관계에서 주저하지 않고 참여하기.
  실천: 한 달에 한 번 새로운 사역에 도전하기.

### 2) 열매 맺는 삶
  적용: 말씀과 기도로 열매를 맺는 신앙 유지하기.
  실천: 매일 말씀 한 구절 묵상 후 적용 기록하기.

### 3) 신선함 유지
  적용: 관계와 사역에 활력을 불어넣기.
  실천: 새로운 교제 방식이나 프로그램 시도하기.

### 4) 향기 나는 신앙
  적용: 삶에서 복음의 향기를 드러내기.
  실천: 매일 한 번 친절과 격려의 말을 의도적으로 전하기.

## 5. 결론

아가서 7장 8절은 사랑의 열정과 적극성을 종려나무에 올라가 열매를 붙잡는 행위로 묘사하며, 풍성함과 신선한 향기의 이미지를 통해 언약적 사랑의 열매 맺음을 노래합니다.

이는 성도가 하나님과 관계 속에서 열매를 추구하고, 그 향기를 세상에 전하는 삶을 살도록 초대합니다.

# 아가서 7장 9절

וְחִכֵּךְ כְּיֵין הַטּוֹב חוֹלֵךְ לְדוֹדִי לְמֵישָׁרִים דּוֹבֵב שִׂפְתֵי יְשֵׁנִים׃

직역: "네 입맛은 좋은 포도주 같으니, 그것이 나의 사랑하는 자에게로 곧바로 가서, 자는 자의
    입술을 부드럽게 적시리라."
해석적 의역: "네 입술의 맛은 향기롭고 좋은 포도주 같아, 곧장 내 사랑하는 이에게 흘러가, 깊이
    잠든 이의 입술마저 부드럽게 깨우는구나."

## 1. 핵심 어휘 해설

וְחִכֵּךְ - "네 입맛"

혀와 입천장을 포함하는 말로, 맛과 말의 향기, 친밀한 입맞춤까지 포괄적으로 의미함.

כְּיֵין הַטּוֹב - "좋은 포도주처럼"

숙성되고 향기로운 사랑의 즐거움과 깊이를 나타내는 비유임.

חוֹלֵךְ לְדוֹדִי - "나의 사랑하는 자에게로 가는"

사랑의 대상에게 곧바로 향하는 열정과 방향성을 강조함.

לְמֵישָׁרִים - "곧바로, 정직하게"

방해나 굽이 없이 목적지로 직행하는 모습. 사랑의 순수성과 일편단심을 표현.

דּוֹבֵב שִׂפְתֵי יְשֵׁנִים - "자는 자의 입술을 부드럽게 적심"

דּוֹבֵב(도베이브): 속삭이며 촉촉하게 만드는 동사로, 잠든 이를 사랑으로 깨우는 친밀한
행위를 의미한다.

## 2. 전체 구조 요약표

| 구절 | 히브리어 구절 | 직역 | 문학적/신학적 의미 |
|------|-------------|------|-------------------|
| 7:9 | וְחִכֵּךְ כְּיֵין הַטּוֹב | 네 입맛은 좋은 포도주 같음 | 사랑의 깊이와 향기로운 즐거움 |
| | הוֹלֵךְ לְדוֹדִי | 나의 사랑하는 자에게로 감 | 사랑의 방향성과 집중 |
| | לְמֵישָׁרִים | 곧바로 | 방해 없는 순수한 헌신 |
| | דּוֹבֵב שִׂפְתֵי יְשֵׁנִים | 자는 자의 입술을 부드럽게 적심 | 사랑이 주는 회복과 깨움 |

## 3. 신학적 의미와 교훈

1) 사랑의 향기와 깊이
   좋은 포도주는 시간과 정성을 들여 얻는 열매처럼, 참된 사랑과 헌신도 인내와 성숙을
   통해 깊어진다.

2) 올곧은 헌신
   사랑이 목적지에 곧바로 향하는 모습은 신앙에서도 하나님께 일편단심으로 나아가야 함을
   상징한다.

3) 사랑의 회복 능력
   잠든 자의 입술을 적신다는 표현은 무기력하거나 식은 마음을 부드럽게 깨우는 사랑의
   힘을 보여준다.

4) 영적 적용
   하나님의 사랑은 우리의 무뎌진 심령을 새롭게 하고, 다시금 그분을 향한 열정을
   불러일으킨다.

## 4. 현대교회와 공동체에 주는 적용

1) 깊이 있는 교제
   적용: 피상적 관계가 아닌, 진실하고 깊은 대화를 나누기.
   실천: 주중 한 번은 지체와 삶·신앙 이야기를 나누는 시간 갖기.

2) 방향성 있는 사역
   적용: 모든 봉사와 헌신이 하나님께 향하도록 하기.
   실천: 사역 전후로 기도하며 동기와 목적을 점검하기.

3) 사랑으로 회복시키기
   적용: 지친 이들을 부드럽게 격려하고 회복시키기.
   실천: 한 주에 한 번은 힘든 지체를 위해 직접 찾아가 대화 나누기.

4) 은혜로 깨어 있기
   적용: 하나님의 말씀과 사랑으로 깨어 있는 신앙 유지하기.
   실천: 매일 아침 말씀 한 구절로 하루를 시작하기.

## 5. 결론

아가서 7장 9절은 사랑의 향기와 성숙함을 좋은 포도주에 비유하며, 그 사랑이 곧바로 대상에게로 향하고 잠든 마음까지도 부드럽게 깨우는 모습을 보여줍니다.

이는 신앙 생활에서 하나님 께 향한 순수한 헌신과 서로를 은혜로 회복시키는 공동체적 사랑을 촉구합니다.

# 아가서 7장 10절

אֲנִי לְדוֹדִי וְעָלַי תְּשׁוּקָתוֹ:

직역: "나는 나의 사랑하는 자의 것이고, 그의 사모함이 내 위에 있도다."

해석적 의역: "나는 내 사랑하는 이의 것이며, 그의 마음이 온전히 나를 향해 불타오르고 있다."

## 1. 핵심 어휘 해설

**אֲנִי לְדוֹדִי** - "나는 나의 사랑하는 자의 것"

완전한 소속과 언약적 결속을 표현. 사랑의 상호적 헌신을 강조.

**וְעָלַי תְּשׁוּקָתוֹ** - "그의 사모함이 내 위에 있다"

תְּשׁוּקָה(테슈카): 강렬한 열망, 갈망을 의미.

창세기 3:16과 비교하면, 여기서는 긍정적이고 생명력 있는 사랑의 열정을 가리킴.

## 2. 전체 구조 요약표

| 구절 | 히브리어 구절 | 직역 | 문학적/신학적 의미 |
|------|------------|------|------------------|
| 7:10 | אֲנִי לְדוֹדִי | 나는 나의 사랑하는 자의 것 | 상호 소속과 헌신 |
|      | וְעָלַי תְּשׁוּקָתוֹ | 그의 사모함이 내 위에 있음 | 깊은 열망과 사랑의 집중 |

## 3. 신학적 의미와 교훈

1) 상호 헌신의 완성

이 구절은 사랑의 관계가 일방적이 아닌, 서로의 소속과 헌신 위에 세워져 있음을
보여준다. 신앙적으로는 그리스도와 교회 간의 언약적 결속을 반영한다.

2) 하나님의 열정적인 사랑

하나님의 사랑은 단순한 호의가 아니라, 깊고도 강렬한 열망으로 우리를 향한다.
이는 성도의 정체성과 가치를 높여 준다.

3) 사랑의 안전함

상대의 강렬한 사모함이 자신에게 있다는 확신은 관계 안에서 안정감과 평안을 준다.

4) 영적 결속의 힘

신자는 하나님께 속해 있고, 하나님의 사랑이 늘 자신 위에 머무른다는 인식 속에 담대히 살아간다.

## 4. 현대교회와 공동체에 주는 적용

1) 서로에 대한 헌신 확인

적용: 교회 안에서 서로가 서로에게 속해 있음을 인정하고 지지하기.

실천: 주기적으로 서로의 섬김과 사랑을 확인하는 시간 마련하기.

2) 하나님의 열망 체험

적용: 하나님의 사랑을 '지식'이 아니라 '경험'으로 누리기.

실천: 기도 시간에 하나님의 사랑을 묵상하며 감사 표현하기.

3) 관계의 안전지대 만들기

적용: 공동체가 서로의 피난처가 되도록 하기.

실천: 비난 대신 수용과 경청으로 관계를 지키기.

4) 소속감과 정체성 강화

적용: "나는 주님의 것"이라는 선언을 삶에 적용하기.

실천: 하루 시작과 마무리에 소속 선언 기도 드리기.

## 5. 결론

아가서 7장 10절은 사랑의 절정에서 나오는 "나는 그의 것이고, 그의 열망이 나를 향한다"는 고백을 담고 있습니다.

이는 단순한 감정 표현이 아니라, 언약적 헌신과 소속, 그리고 하나님의 열정적 사랑을 반영하는 신앙의 선언입니다.

# 아가서 7장 11절

레카 도디 네체 하사데 날리나 바크파림:

직역: "오라, 나의 사랑하는 자여, 우리가 들로 나가고, 마을들에서 유숙하자."
해석적 의역: "내 사랑, 함께 들로 나가서, 마을에서 하룻밤을 보내자."

## 1. 핵심 어휘 해설

**레카 도디** - "오라, 나의 사랑하는 자여"

사랑의 초청으로, 동행을 원하는 적극적인 의지 표현.

**네체 하사데** - "우리가 들로 나가자"

**사데**: 들, 개방된 자연 공간으로, 일상의 경계를 넘어 새로운 경험과 교제를 나누는
장소를 상징한다.

**날리나 바크파림** - "마을들에서 유숙하자"

여러 마을에서 머문다는 표현은 다양한 관계, 환경 속에서 함께 시간을 보내고
교제하겠다는 의지.

## 2. 전체 구조 요약표

| 구절 | 히브리어 구절 | 직역 | 문학적/신학적 의미 |
|------|----------------|------|---------------------|
| 7:11 | 레카 도디 | 오라, 나의 사랑하는 자여 | 사랑과 동행의 초청 |
| | 네체 하사데 | 우리가 들로 나가자 | 개방된 공간, 새로운 교제의 장 |
| | 날리나 바크파림 | 마을들에서 유숙하자 | 공동체 속 함께하는 시간과 체험 |

## 3. 신학적 의미와 교훈

### 1) 사랑은 동행을 초대한다
사랑은 홀로 머무르지 않고, 함께 나아가고 싶은 열망을 불러일으킨다.

### 2) 경계를 넘어선 교제
'들'과 '마을'은 안전한 울타리를 넘어 열린 교제와 다양한 사람들과의 만남을 상징한다.

### 3) 공동체적 사랑의 확장
유숙의 이미지는 단순한 여행이 아니라, 관계를 심화하고 공동체적 유대감을 강화하는 행위로 해석할 수 있다.

### 4) 신앙의 여정
영적으로는 주님과 함께 새로운 사역의 장으로 나아가고, 다양한 환경에서 그분과 교제하는 삶을 나타낸다.

## 4. 현대교회와 공동체에 주는 적용

### 1) 함께하는 사역
적용: 신앙생활과 봉사를 동행과 함께하기.
실천: 사역 전후로 함께 교제 시간을 가지기.

### 2) 경계를 넓히는 모임
적용: 익숙한 사람들만이 아닌 새로운 관계와 연결되기.
실천: 지역 사회 봉사, 전도 여행 등 외부로 나아가기.

### 3) 함께 머무는 사랑
적용: 신앙과 삶에서 함께 시간을 보내는 습관 만들기.
실천: 주말이나 휴일에 지체들과 함께하는 신앙 여행 기획하기.

### 4) 주님과의 동행 확장
적용: 예배당을 넘어 삶의 현장에서 주님과 함께하기.
실천: 직장, 가정, 학교에서 주님을 의식하며 하루 보내기.

## 5. 결론

아가서 7장 11절은 사랑하는 자를 들과 마을로 초대하는 장면을 통해, 사랑이 새로운 공간과 경험으로 확장되는 모습을 그립니다.

이는 주님과 함께 신앙의 여정을 걸으며, 다양한 환경과 공동체 안에서 사랑과 교제를 나누라는 영적 초청으로도 해석됩니다.

# 아가서 7장 12절

נֵשְׁכִּימָה לַכְּרָמִים נִרְאֶה אִם פָּרְחָה הַגֶּפֶן פִּתַּח הַסְּמָדַר הֵנֵצוּ

הָרִמּוֹנִים שָׁם אֶתֵּן אֶת־דֹּדַי לָךְ:

직역: "우리가 일찍 포도원들로 가서, 포도나무가 꽃피었는지, 포도꽃이 피어 향기나는지,
석류들이 꽃망울을 터뜨렸는지 보자. 거기서 내가 나의 사랑을 네게 주리라."

해석적 의역: "이른 아침에 포도원으로 가서, 포도나무가 꽃을 피웠는지, 포도꽃이 향기를
내는지, 석류나무가 꽃망울을 터뜨렸는지 함께 보자. 그곳에서 내가 너에게 내
사랑을 나누어 주겠다."

## 1. 핵심 어휘 해설

**נֵשְׁכִּימָה** – "우리가 일찍 가자"

'일찍 일어나다, 서둘러 가다'라는 뜻으로, 적극적이고 기대하는 마음을 나타낸다.

**לַכְּרָמִים** – "포도원들로", 포도원은 아가서에서 사랑과 생명의 결실을 상징하는 장소로,
신앙직으로는 성도의 얼매 맺는 삶과 공동체를 의미힌다.

**פָּרְחָה הַגֶּפֶן** – "포도나무가 꽃피있는지", 게절의 변화와 사렁의 성숙을 나다내는 이미지.

**הַסְּמָדַר** – "포도꽃"

아주 어린 포도송이를 맺기 전의 꽃 단계로, 향기가 강하며 열매의 시작을 상징한다.

**הֵנֵצוּ הָרִמּוֹנִים** – "석류들이 꽃망울을 터뜨렸는지"

석류는 다산과 생명을 상징하며, 공동체의 풍성함을 나타낸다.

**אֶתֵּן אֶת־דֹּדַי לָךְ** – "내 사랑을 네게 주리라", 사랑의 헌신과 완전한 자기 나눔을 표현.

## 2. 전체 구조 요약표

| 구절 | 히브리어 구절 | 직역 | 문학적/신학적 의미 |
|---|---|---|---|
| 7:12 | נַשְׁכִּימָה לַכְּרָמִים | 우리가 일찍 포도원들로 가자 | 사랑과 사역의 적극적 준비 |
| | נִרְאֶה אִם פָּרְחָה הַגֶּפֶן | 포도나무가 꽃 피었는지 보자 | 사랑과 신앙의 성장 확인 |
| | פִּתַּח הַסְּמָדַר | 포도꽃이 향기를 내는지 | 열매 전의 기대와 기쁨 |
| | הֵנֵצוּ הָרִמּוֹנִים | 석류들이 꽃망울을 터뜨렸는지 | 다산과 풍성함의 상징 |
| | שָׁם אֶתֵּן אֶת־דֹּדַי לָךְ | 거기서 내가 사랑을 주리라 | 사랑의 헌신과 자기 나눔 |

## 3. 신학적 의미와 교훈

1) 사랑과 신앙의 새벽 준비
   새벽에 포도원으로 나가는 이미지는 하나님과 사랑의 관계를 위해 서두르고 준비하는 태도를 보여준다.

2) 성장의 징후 확인
   꽃이 피고 향기를 내는 과정을 살피는 것은 신앙과 공동체의 성숙을 점검하는 영적 성찰의 모습이다.

3) 풍성함을 향한 기대
   석류의 꽃망울은 다산과 풍요를 상징하며, 하나님의 복이 임할 때 공동체가 번성하게 됨을 가르친다.

4) 사랑의 완전한 나눔
   사랑은 단순한 감정이 아니라, 삶의 모든 것을 주는 헌신적 행위임을 보여준다.

## 4. 현대교회와 공동체에 주는 적용

### 1) 새벽 영성 실천
적용: 하루의 시작을 하나님과의 교제에 우선 두기.
실천: 매일 아침 말씀 묵상과 기도로 하루 시작하기.

### 2) 신앙 점검
적용: 내 신앙의 성장이 있는지 확인하기.
실천: 매달 개인 혹은 소그룹에서 영적 점검 시간 가지기.

### 3) 공동체 성장 기대
적용: 교회와 사역의 부흥을 기대하며 준비하기.
실천: 전도, 교육, 봉사 등 다양한 사역에 참여하기.

### 4) 헌신적 사랑 나눔
적용: 주님의 사랑을 삶 속에서 나누기.
실천: 어려움 속에 있는 이웃을 위한 구체적 섬김 실천하기.

## 5. 결론

아가서 7장 12절은 사랑의 관계가 성숙과 풍요로 나아가는 과정을 아름다운 자연 이미지로 묘사합니다.

이는 신앙의 성장, 공동체의 부흥, 그리고 헌신적 사랑의 완성을 향한 초대이자 선언입니다.

# 아가서 7장 13절

הַהוּדָאִים נָתְנוּ-רֵיחַ וְעַל-פְּתָחֵינוּ כָּל-מְגָדִים חֲדָשִׁים גַּם-יְשָׁנִים
דּוֹדִי צָפַנְתִּי לָךְ:

직역: "합환채가 향기를 뿜어내고, 우리의 문 앞에는 모든 귀한 것들이 새것도 있고 묵은 것도 있네. 나의 사랑아, 내가 그것들을 너를 위하여 간직해 두었구나."

해석적 의역: "합환채가 향기를 퍼뜨리고, 우리의 문 앞에는 새것과 묵은 모든 귀한 것들이 가득하다. 내 사랑, 내가 이 모든 것을 너를 위해 간직해 두었단다."

## 1. 핵심 어휘 해설

**הַהוּדָאִים** – "합환채"

고대 근동에서 사랑과 다산을 상징하는 식물로,
창세기 30:14에서도 등장한다. 향기와 결실의 상징.

**נָתְנוּ-רֵיחַ** – "향기를 주었다"

강한 향기를 내뿜는 상태로, 사랑의 절정과 충만함을 암시한다.

**וְעַל-פְּתָחֵינוּ** – "우리의 문 앞에"

사랑의 관계가 머무는 공간, 혹은 공동체의 경계에서의 풍성함을 의미한다.

**כָּל-מְגָדִים** – "모든 귀한 것들"

귀중하고 기쁨을 주는 선물이나 결실을 의미. 영적으로는 은혜와 축복.

**חֲדָשִׁים גַּם-יְשָׁנִים** – "새것과 묵은 것"

과거의 은혜와 현재의 은혜가 모두 함께하는 상태. 지속성과 새로움의 조화.

**דּוֹדִי צָפַנְתִּי לָךְ** – "나의 사랑아, 내가 간직했다"

사랑하는 이를 위해 귀하게 보관한 헌신과 준비를 나타냄.

## 2. 전체 구조 요약표

| 구절 | 히브리어 구절 | 직역 | 문학적/신학적 의미 |
|---|---|---|---|
| 7:13 | הַדּוּדָאִים נָתְנוּ־רֵיחַ | 합환채가 향기를 주었다 | 사랑과 다산, 은혜의 충만 |
| | וְעַל־פְּתָחֵינוּ כָּל־מְגָדִים | 우리의 문 앞에 모든 귀한 것들이 있다 | 풍성한 은혜와 축복의 현장 |
| | חֲדָשִׁים גַּם־יְשָׁנִים | 새것과 묵은 것 | 새로운 은혜와 지속된 은혜의 조화 |
| | דּוֹדִי צָפַנְתִּי לָךְ | 나의 사랑아, 너를 위해 간직했다 | 헌신과 준비의 사랑 |

## 3. 신학적 의미와 교훈

1) 사랑의 결실과 향기
   합환채의 향기는 사랑이 무르익어 열매 맺는 상태를 보여준다.

2) 은혜의 풍성함
   문 앞의 귀한 것들은 하나님이 주신 영적·물질적 복의 충만함을 의미한다.

3) 과거와 현재의 은혜
   새것과 묵은 것은 하나님의 은혜가 한때만 아니라 지속적으로 주어진다는 사실을 가르친다.

4) 사랑의 준비와 헌신
   하나님께서 우리를 위해 영원 전부터 준비하신 사랑을 연상케 한다.

## 4. 현대교회와 공동체에 주는 적용

1) 사랑의 열매 맺기
   적용: 신앙과 섬김에서 열매를 기대하고 추구하기.
   실천: 매년 사역 목표와 열매 점검하기.

2) 풍성한 공동체

　적용: 공동체가 은혜와 나눔이 가득한 곳이 되도록 노력하기.

　실천: 기도, 섬김, 나눔의 문화를 강화하기.

3) 지속적인 은혜 경험

　적용: 과거의 간증과 현재의 역사를 함께 간직하기.

　실천: 정기적으로 간증 모임을 통해 은혜를 나누기.

4) 주님을 위한 준비

　적용: 예배와 사역에 있어 최상의 것을 준비하기.

　실천: 봉사 전 기도와 마음의 준비 철저히 하기.

## 5. 결론

아가서 7장 13절은 사랑과 은혜의 절정, 그리고 과거와 현재가 조화를 이루는 풍성한 관계를 묘사합니다.

이는 그리스도께서 교회를 위해 준비하신 은혜와 사랑을 예표하며, 성도는 이 사랑을 기쁨과 헌신으로 응답해야 함을 보여줍니다.

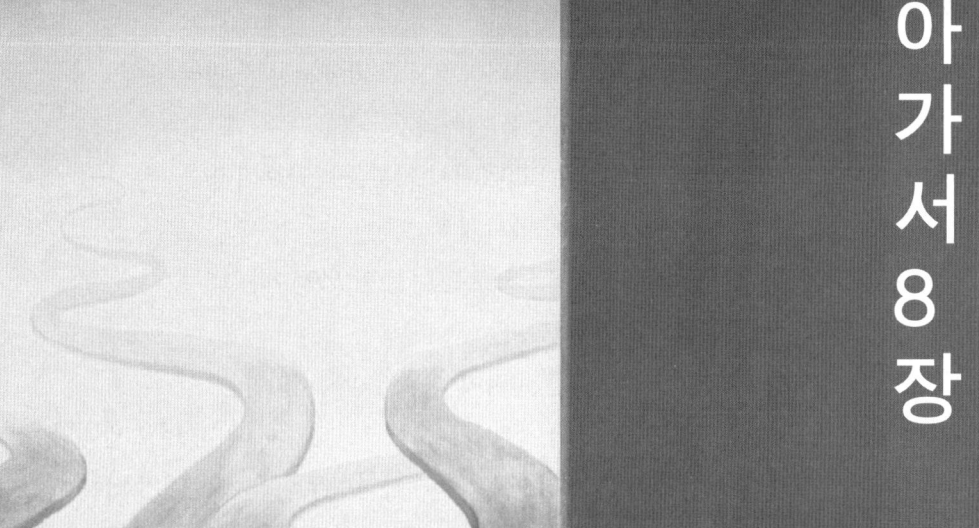

아
가
서
8
장

**제 8장**  (개역개정)

1  네가 내 어머니의 젖을 먹은 오라비 같았더라면 내가 밖에서 너를 만날 때에
　　입을 맞추어도 나를 업신여길 자가 없었을 것이라
2  내가 너를 이끌어 내 어머니 집에 들이고 네게서 교훈을 받았으리라
　　나는 향기로운 술 곧 석류즙으로 네게 마시게 하겠고
3  너는 왼팔로는 내 머리를 고이고 오른손으로는 나를 안았으리라
4  예루살렘 딸들아 내가 너희에게 부탁한다
　　내 사랑하는 자가 원하기 전에는 흔들지 말며 깨우지 말지니라
5  그의 사랑하는 자를 의지하고 거친 들에서 올라오는 여자가 누구인가 너로 말미암아
　　네 어머니가 고생한 곳 너를 낳은 자가 애쓴 그 곳 사과나무 아래에서 내가 너를 깨웠노라
6  너는 나를 도장 같이 마음에 품고 도장 같이 팔에 두라 사랑은 죽음 같이 강하고
　　질투는 스올 같이 잔인하며 불길 같이 일어나니 그 기세가 여호와의 불과 같으니라
7  많은 물도 이 사랑을 끄지 못하겠고 홍수라도 삼키지 못하나니
　　사람이 그의 온 가산을 다 주고 사랑과 바꾸려 할지라도 오히려 멸시를 받으리라
8  우리에게 있는 작은 누이는 아직도 유방이 없구나
　　그가 청혼을 받는 날에는 우리가 그를 위하여 무엇을 할까
9  그가 성벽이라면 우리는 은 망대를 그 위에 세울 것이요
　　그가 문이라면 우리는 백향목 판자로 두르리라
10  나는 성벽이요 내 유방은 망대 같으니 그러므로 나는 그가 보기에 화평을 얻은 자 같구나
11  솔로몬이 바알하몬에 포도원이 있어 지키는 자들에게 맡겨 두고
　　그들로 각기 그 열매로 말미암아 은 천을 바치게 하였구나
12  솔로몬 너는 천을 얻겠고 열매를 지키는 자도 이백을 얻으려니와
　　내게 속한 내 포도원은 내 앞에 있구나
13  너 동산에 거주하는 자야 친구들이 네 소리에 귀를 기울이니 내가 듣게 하려무나
14  내 사랑하는 자야 너는 빨리 달리라 향기로운 산 위에 있는 노루와도 같고
　　어린 사슴과도 같아라

# 제 8 장
(Song of Songs [kjv])

1.O that thou wert as my brother, that sucked the breasts of my mother! when I should find

   thee without, I would kiss thee; yea, I should not be despised

2.I would lead thee, and bring thee into my mother's house, who would instruct me:

   I would cause thee to drink of spiced wine of the juice of my pomegranate.

3.His left hand should be under my head, and his right hand should embrace me.

4.I charge you, O daughters of Jerusalem, that ye stir not up, nor awake my love, until he please.

5.Who is this that cometh up from the wilderness, leaning upon her beloved?

   I raised thee up under the apple tree: there thy mother brought thee forth:

   there she brought thee forth that bare thee.

6.Set me as a seal upon thine heart, as a seal upon thine arm: for love is strong as death; jealousy

   is cruel as the grave: the coals thereof are coals of fire, which hath a most vehemen  flame.

7.Many waters cannot quench love, neither can the floods drown it:

   if a man would give all the substance of his house for love, it would utterly be contemned.

8.We have a little sister, and she hath no breasts:

   what shall we do for our sister in the day when she shall be spoken for?

9.If she be a wall, we will build upon her a palace of silver:

   and if she be a door, we will inclose her with boards of cedar.

10.I am a wall, and my breasts like towers: then was I in his eyes as one that found favour.

11.Solomon had a vineyard at Baal-hamon; he let out the vineyard unto keepers;

   every one for the fruit thereof was to bring a thousand pieces of silver.

12.My vineyard, which is mine, is before me: thou, O Solomon, must have a thousand,

   and those that keep the fruit thereof two hundred.

13.Thou that dwellest in the gardens, the companions hearken to thy voice: cause me to hear it.

14.Make haste, my beloved, and be thou like to a roe or to a young hart upon the mountains

   of spices

# 아가서 8장 1절

מִי יִתֶּנְךָ כְּאָח לִי יוֹנֵק שְׁדֵי אִמִּי אֶמְצָאֲךָ בַחוּץ אֶשָּׁקְךָ
גַּם לֹא־יָבֻזוּ לִי:

직역: "누가 너를 내게 오라, 내 어머니의 젖을 먹은 형제처럼 하겠느냐. 내가 너를 밖에서 만나면 너를 입맞추리니, 또한 사람들이 나를 업신여기지 아니하리라."

해석적 의역: "아, 내가 너를 내 어머니의 품에서 함께 자란 오빠처럼 여길 수 있다면! 그러면 길에서 너를 만나도 마음껏 입맞출 수 있을 텐데, 아무도 나를 부끄럽게 여기지 않을 것이다."

## 1. 핵심 어휘 해설

מִי יִתֶּנְךָ - "누가 너를 주겠는가"

간절한 소망을 표현하는 관용구로, '아, 네가 ~했으면'하는 바람의 의미.

כְּאָח לִי - "내게 형제처럼"

형제는 가까움과 친밀함, 그리고 사회적으로 허용된 접촉의 관계를 상징한다.

יוֹנֵק שְׁדֵי אִמִּי - "내 어머니의 젖을 먹은"

같은 모태에서 자란 형제를 의미하며, 가장 깊고 안전한 유대감을 나타낸다.

אֶמְצָאֲךָ בַחוּץ - "밖에서 너를 만나면", 공개된 장소에서의 만남.

이 당시 문화에서 연인 사이의 애정 표현은 외부에서 제약이 있었음을 시사한다.

אֶשָּׁקְךָ - "내가 너를 입맞추리니", 사랑과 애정의 공개적 표현.

גַּם לֹא־יָבֻזוּ לִי – "또한 나를 업신여기지 않으리라"

공개적인 애정 표현이 사회적으로 수치나 비난을 받지 않게 될 것을 의미한다.

## 2. 전체 구조 요약표

| 구절 | 히브리어 구절 | 직역 | 문학적/신학적 의미 |
|---|---|---|---|
| 8:1 | מִי יִתֶּנְךָ כְּאָח לִי | 누가 너를 내게 형제처럼 주겠는가 | 간절한 바람과 친밀한 관계의 소망 |
| | יוֹנֵק שְׁדֵי אִמִּי | 내 어머니의 젖을 먹은 | 깊은 유대와 안전함 |
| | אֶמְצָאֲךָ בַחוּץ אֶשָּׁקְךָ | 밖에서 너를 만나면 내가 너를 입맞추리니 | 공개적인 사랑의 표현 |
| | גַּם לֹא־יָבוּזוּ לִי | 또한 나를 업신여기지 않으리라 | 사회적 비난이 없는 자유로운 사랑 |

## 3. 신학적 의미와 교훈

1) 사랑의 친밀함에 대한 갈망

   사랑하는 자와의 관계가 모든 제약 없이 자유롭기를 바라는 마음.

2) 안전한 관계의 비유

   형제의 이미지는 보호, 안전, 그리고 깊은 신뢰를 상징한다.

3) 공개적 사랑의 갈망

   감추어진 사랑이 아니라, 부끄럽지 않게 드러낼 수 있는 사랑을 향한 바람.

4) 수치 없는 사랑

   하나님 안에서의 사랑은 비난받지 않는 거룩한 사랑임을 상기시킨다.

## 4. 현대교회와 공동체에 주는 적용

1) 거룩하고 안전한 관계 구축

   적용: 모든 관계가 하나님의 보호와 신뢰 속에서 이루어지게 하기.

   실천: 관계에서 투명성과 존중을 유지하기.

2) 자유롭게 표현되는 사랑

　적용: 복음 안에서의 사랑을 숨기지 않고 드러내기.

　실천: 공동체 안에서 사랑의 말과 행동을 적극적으로 실천하기.

3) 수치 없는 신앙 고백

　적용: 믿음을 부끄러워하지 않고 담대히 고백하기.

　실천: 일상 속에서 공개적으로 그리스도를 증거하기.

4) 신뢰와 보호의 문화 형성

　적용: 서로의 연약함을 안전하게 맡길 수 있는 공동체 만들기.

　실천: 비난 대신 중보와 격려로 반응하기.

## 5. 결론

아가서 8장 1절은 사랑이 사회적 제약 없이, 친밀함과 안전함 속에서 자유롭게 표현되기를 바라는 간절한 소망을 그려냅니다.

이는 그리스도와 교회의 관계가 세상 앞에서도 담대히 드러나고, 수치 없는 거룩한 사랑으로 증거되기를 예표합니다.

# 아가서 8장 2절

אֶנְהָגְךָ אֲבִיאֲךָ אֶל־בֵּית אִמִּי תְּלַמְּדֵנִי אַשְׁקְךָ מִיַּיִן הָרֶקַח
מֵעֲסִיס רִמֹּנִי׃

직역: "내가 너를 인도하여, 너를 내 어머니의 집으로 데려가리니, 거기서 네가 나를 가르치리라.
내가 향기로운 포도주, 곧 내 석류즙으로 네게 마시우리라."
해석적 의역: "내가 너를 데리고 내 어머니의 집으로 가서, 거기서 네가 나를 가르쳐 주면, 나는
향기로운 포도주와 잘 익은 석류즙을 네게 마시게 하리라."

## 1. 핵심 어휘 해설

**אֶנְהָגְךָ** – "내가 너를 인도하리라"
נָהַג(나하그): '이끌다, 인도하다'라는 의미로, 주체적인 사랑의 행동을 나타낸다.

**אֲבִיאֲךָ** – "내가 너를 데려가리라", 목적지를 향해 사랑하는 이를 확실하게 모셔 가는 뉘앙스.

**אֶל־בֵּית אִמִּי** – "내 어머니의 집으로", 가장 안전하고 친밀한 장소를 의미한다.
전통적으로 신부의 집은 사랑과 교육의 공간이었다.

**תְּלַמְּדֵנִי** – "네가 나를 가르치리라", 관계 속에서 배우고 성장하려는 겸손한 태도를 나타낸다.

**אַשְׁקְךָ מִיַּיִן הָרֶקַח** – "내가 향기로운 포도주로 너를 마시우리라"
רֶקַח(레카흐): '향기롭게 만든'이라는 뜻으로, 즐거움과 풍성함을 강조한다.

**מֵעֲסִיס רִמֹּנִי** – "내 석류즙으로"
석류는 풍요, 사랑, 생명을 상징하며, 달콤함과 깊은 색은 사랑의 깊이와 강렬함을
나타낸다.

## 2. 전체 구조 요약표

| 구절 | 히브리어 구절 | 직역 | 문학적/신학적 의미 |
|---|---|---|---|
| 8:2 | אֶנְהָגֲךָ אֲבִיאֲךָ | 내가 너를 인도하여 데려가리라 | 사랑의 주체적 행위와 확신 |
| | אֶל־בֵּית אִמִּי | 내 어머니의 집으로 | 안전함과 친밀함의 상징 |
| | תְּלַמְּדֵנִי | 네가 나를 가르치리라 | 관계 속에서의 배움과 성장 |
| | אַשְׁקְךָ מִיַּיִן הָרֶקַח | 내가 향기로운 포도주로 너를 마시우리라 | 즐거움과 풍성함의 사랑 |
| | מֵעֲסִיס רִמֹּנִי | 내 석류즙으로 | 사랑의 강렬함과 풍요로움 |

## 3. 신학적 의미와 교훈

1) 사랑의 주체적 표현
   사랑은 기다림뿐 아니라 능동적 인도와 헌신이 필요하다.

2) 안전한 관계 속의 배움
   신앙과 사랑 모두 안전한 관계 속에서 성장한다.

3) 기쁨과 풍성함의 나눔
   하나님의 사랑은 향기롭고 풍성하여 나눌수록 깊어진다.

4) 사랑과 생명의 상징
   석류와 포도주는 성경 속에서 생명과 언약, 그리고 기쁨의 상징으로 사용된다.

## 4. 현대교회와 공동체에 주는 적용

1) 능동적인 사랑 실천
   적용: 필요한 이웃에게 먼저 다가가기.
   실천: 매주 한 번은 먼저 안부를 묻고 돕는 행동 실천하기.

2) 안전한 공동체 형성

　　적용: 교회 안에서 서로의 성장을 돕는 분위기 만들기.

　　실천: 소그룹에서 경험과 신앙을 나누는 시간 정례화하기.

3) 풍성함을 나누는 문화

　　적용: 받은 은혜와 기쁨을 나누기.

　　실천: 감사와 간증을 예배나 모임에서 나누기.

4) 배움의 겸손함

　　적용: 관계 속에서 배우려는 태도 갖기.

　　실천: 다른 사람의 신앙 여정에서 배운 점 기록하기.

## 5. 결론

아가서 8장 2절은 사랑의 주체적 인도, 안전한 관계 속 배움, 그리고 풍성함을 나누는 기쁨을 묘사합니다.

이는 그리스도와 교회의 관계가 서로를 인도하고, 가르치며, 기쁨을 나누는 사랑임을 예표합니다.

# 아가서 8장 3절

שְׂמֹאלוֹ תַּחַת רֹאשִׁי וִימִינוֹ תְּחַבְּקֵנִי׃

직역: "그의 왼팔은 내 머리 밑에 있고, 그의 오른팔은 나를 안는다."
해석적 의역: "그의 왼팔이 내 머리를 받쳐 주고, 그의 오른팔이 나를 부드럽게 감싸 안는다."

## 1. 핵심 어휘 해설

שְׂמֹאלוֹ – "그의 왼팔"

육체적 포옹의 한 부분을 나타내며, 안정감과 휴식을 상징한다.

תַּחַת רֹאשִׁי – "내 머리 밑에"

'아래에, 받쳐 주다'라는 의미로, 보호와 안식의 이미지를 준다.

וִימִינוֹ – "그의 오른팔"

힘과 능력을 나타내는 상징어. 성경에서 하나님의 '오른팔'은 구원과 권능을 뜻한다.

תְּחַבְּקֵנִי – "나를 안는다"

'껴안다, 감싸다'라는 의미로, 사랑의 친밀성과 안전함을 표현한다.

## 2. 전체 구조 요약표

| 구절 | 히브리어 구절 | 직역 | 문학적/신학적 의미 |
|------|---------------|------|---------------------|
| 8:3 | שְׂמֹאלוֹ תַּחַת רֹאשִׁי | 그의 왼팔은 내 머리 밑에 있다 | 보호와 안정, 사랑의 안식 |
| | וִימִינוֹ תְּחַבְּקֵנִי | 그의 오른팔이 나를 안는다 | 힘과 애정의 결합, 완전한 포옹 |

## 3. 신학적 의미와 교훈

1) 보호와 안식의 사랑

그리스도의 사랑은 단순한 감정이 아니라, 피난처와 쉼을 제공한다.

2) 힘과 온유의 조화

오른팔은 능력을, 왼팔은 부드러움을 상징한다. 하나님 안에서는 능력과 온유가 함께 작용한다.

3) 친밀한 연합

신부와 신랑의 포옹은 그리스도와 교회의 영적 연합을 예표한다.

4) 사랑 안에서의 안전함

사랑의 품은 두려움을 몰아내고 참된 안전을 준다.

## 4. 현대교회와 공동체에 주는 적용

1) 안식처가 되는 공동체

적용: 지친 이들이 와서 쉴 수 있는 교회가 되기.

실천: 쉼과 위로를 주는 사역팀 운영하기.

2) 힘과 온유의 균형

적용: 지도자들이 권위와 사랑을 함께 실천하기.

실천: 의사결정 시 진리와 사랑을 함께 고려하기.

3) 친밀한 교제의 회복

적용: 표면적인 만남이 아닌 깊은 교제를 나누기.

실천: 정기적인 소그룹과 가정 모임 활성화하기.

4) 안전한 품을 제공

적용: 상처받은 이들이 믿고 기댈 수 있는 관계 만들기.

실천: 비밀 보장을 지키며 상담과 경청의 문화를 세우기.

## 5. 결론

아가서 8장 3절은 사랑 안에서의 안정과 보호, 그리고 힘과 온유가 결합된 포옹을 그립니다.

이는 그리스도께서 교회를 품으시는 영원한 사랑과 안전함을 상징합니다.

# 아가서 8장 4절

הִשְׁבַּעְתִּי אֶתְכֶם בְּנוֹת יְרוּשָׁלִַם מַה־תָּעִירוּ וּמַה־תְּעֹרְרוּ
אֶת־הָאַהֲבָה עַד שֶׁתֶּחְפָּץ׃

직역: "내가 너희에게 맹세하게 한다, 예루살렘의 딸들아, 사랑이 원하기 전에는 그것을
     깨우거나 흔들지 말라."
해석적 의역: "예루살렘의 딸들아, 내가 너희에게 부탁한다. 사랑이 스스로 때를 원하기 전에는,
     그 사랑을 억지로 일깨우거나 자극하지 말라."

## 1. 핵심 어휘 해설

הִשְׁבַּעְתִּי - "내가 맹세하게 한다"
   히브리어에서 강한 당부와 경고를 전달하는 표현. 의도적으로 주의를 촉구하는 언어이다.

בְּנוֹת יְרוּשָׁלִַם - "예루살렘의 딸들아"
   당시 사회와 공동체의 젊은 여성들을 가리키며, 동시에 독자나 청중에게 직접적으로
   권면하는 호칭.

מַה־תָּעִירוּ וּמַה־תְּעֹרְרוּ - "깨우거나 흔들지 말라"
   '일으키다, 자극하다'는 의미이다.
   사랑의 자연스러운 흐름을 강제로 앞당기는 행위를 경계한다.

עַד שֶׁתֶּחְפָּץ - "그것이 원하기 전까지"
   사랑이 성숙하고 준비된 시점, 즉 적절한 때를 기다리는 지혜를 강조.

## 2. 전체 구조 요약표

| 구절 | 히브리어 구절 | 직역 | 문학적/신학적 의미 |
|---|---|---|---|
| 8:4 | הִשְׁבַּעְתִּי אֶתְכֶם בְּנוֹת יְרוּשָׁלָ͏ִם | 내가 너희에게 맹세하게 한다. 예루살렘의 딸들아 | 강한 당부와 권면 |
| | מַה־תָּעִירוּ וּמַה־תְּעֹרְרוּ אֶת־הָאַהֲבָה | 사랑을 깨우거나 흔들지 말라 | 사랑의 자연스러운 성숙을 존중 |
| | עַד שֶׁתֶּחְפָּץ | 그것이 원하기 전까지 | 하나님의 때와 질서에 맞춘 기다림 |

## 3. 신학적 의미와 교훈

1) 사랑의 성숙을 기다리는 지혜

   사랑은 감정의 충동이 아니라 준비와 성숙이 필요한 관계이다.

2) 하나님의 때를 존중

   하나님이 정하신 타이밍은 인간의 조급함보다 완전하다.

3) 경계와 절제의 필요성

   관계는 경계 안에서 성장해야 하며, 지나친 자극은 파괴를 초래할 수 있다.

4) 공동체를 향한 교훈

   이 권면은 공동체 전체가 사랑과 관계에 대해 지혜로운 기준을 세워야 함을 시사한다.

## 4. 현대교회와 공동체에 주는 적용

1) 관계의 준비 과정 존중

   적용: 연애, 결혼, 사역 파트너십 모두 성숙과 준비가 필요함을 인식하기.

   실천: 멘토링과 상담을 통해 관계의 준비 과정을 돕기.

2) 하나님의 때를 기다리기

　적용: 조급함을 내려놓고 기도 가운데 하나님의 인도하심을 구하기.

　실천: 의사 결정 전 기도와 말씀 묵상 시간을 충분히 갖기.


3) 절제 있는 문화 만들기

　적용: 감정과 행동을 절제하는 문화 형성

　실천: 미디어와 관계에서 자극적인 요소를 줄이고 경건한 기준 세우기


4) 청년 공동체 교육

　적용: 사랑과 관계에 대한 성경적 가르침 제공

　실천: 성경 공부와 세미나를 통해 사랑의 질서와 때를 가르치기


## 5. 결론

　아가서 8장 4절은 사랑의 때를 기다리라는 강력한 권면으로, 관계에서 하나님의 타이밍과 질서를 존중할 것을 촉구합니다.

　이는 성급함보다 인내와 성숙을 통해 참된 사랑에 이르도록 인도하는 지혜의 말씀입니다.

# 아가서 8장 5절

מִי זֹאת עֹלָה מִן־הַמִּדְבָּר מִתְרַפֶּקֶת עַל־דּוֹדָהּ תַּחַת הַתַּפּוּחַ

עוֹרַרְתִּיךָ שָׁמָּה חִבְּלַתְךָ אִמֶּךָ שָׁמָּה חִבְּלָה יְלָדַתְךָ:

직역: "이 광야에서 올라오는 자가 누구냐? 그녀는 그녀의 사랑하는 자에게 몸을 기대고 있다.
사과나무 아래에서 내가 너를 깨웠다. 거기서 네 어머니가 너를 임신했고, 거기서 네
어머니가 너를 낳았다."

해석적 의역: "저기 광야에서 나와 사랑하는 이에게 기대어 오는 사람은 누구인가? 내가 너를
깨운 곳은 사과나무 아래다. 그곳에서 네 어머니가 너를 잉태했고, 바로 그곳에서
너를 낳으셨다."

## 1. 핵심 어휘 해설

**מִי זֹאת עֹלָה** – "누가 올라오는가"

감탄과 호기심을 동시에 나타내는 문구로, 주목을 끄는 서사적 도입.

**מִן־הַמִּדְבָּר** – "광야에서", 영적 여정과 시련, 시험의 장소를 의미. 관계의 깊은 배경을 형성.

**מִתְרַפֶּקֶת** – "몸을 기대다"

사랑과 의지, 친밀한 신뢰의 표현. 히브리어 뿌리 רפק은 '안기다, 기댄다'는 친밀함을 내포.

**תַּחַת הַתַּפּוּחַ** – "사과나무 아래"

사과나무는 생명, 사랑, 즐거움의 상징. 사랑이 시작되고 자라난 장소를 은유.

**עוֹרַרְתִּיךָ** – "내가 너를 깨웠다", 사랑과 관계의 각성을 의미.

**חִבְּלַתְךָ** – "너를 임신했다", 출생의 순간과 기원을 강조하여 사랑의 근원적 뿌리를 상기시킴.

## 2. 전체 구조 요약표

| 구절 | 히브리어 구절 | 직역 | 문학적/신학적 의미 |
|---|---|---|---|
| 8:5 | מִי זֹאת עֹלָה מִן־הַמִּדְבָּר | 광야에서 올라오는 자가 누구냐 | 시련을 통과한 자의 영광스러운 모습 |
| | מִתְרַפֶּקֶת עַל־דּוֹדָהּ | 그녀의 사랑하는 자에게 몸을 기대고 있다 | 친밀함과 신뢰의 절정 |
| | תַּחַת הַתַּפּוּחַ עוֹרַרְתִּיךָ | 사과나무 아래서 내가 너를 깨웠다 | 사랑의 시작과 각성 |
| | ... שָׁמָּה חִבְּלַה יְלָדַתְךָ | 그곳에서 네 어머니가 너를 잉태하고 낳았다 | 사랑과 생명의 기원 연결 |

## 3. 신학적 의미와 교훈

1) 광야에서의 여정

신앙과 사랑은 시련을 통해 성숙해진다. 광야는 고난이지만 동시에 하나님의 임재를 경험하는 장소다.

2) 의지와 친밀함

그리스도와 교회, 또는 주님과 성도 사이의 관계는 절대적인 신뢰와 의지에 기초한다.

3) 사랑의 기원 회상

사랑과 생명의 출발점을 기억하는 것은 관계를 새롭게 하고 감사하게 한다.

4) 장소의 상징성

사과나무 아래는 사랑의 기억과 회복의 장소로서 신앙생활의 기념비적 순간을 떠올리게 한다.

## 4. 현대교회와 공동체에 주는 적용

1) 신앙 여정 속 광야 경험의 가치

적용: 고난을 회피하기보다 영적 성장의 기회로 삼기.

실천: 간증과 나눔을 통해 광야 경험을 서로 격려하기.

2) 그리스도께 의지하는 신앙

　적용: 모든 상황에서 주님께 기대고 의지하기.

　실천: 매일 기도와 말씀 묵상을 통해 주님과 친밀한 교제 유지하기.

3) 사랑의 시작과 은혜 기억

　적용: 처음 부르심과 은혜를 잊지 않기.

　실천: 신앙의 기념일이나 특별한 장소를 돌아보며 감사의 예배 드리기.

4) 사랑의 상징적 장소 만들기

　적용: 공동체 안에서 은혜를 기념할 장소와 시간을 만들기.

　실천: 정기적인 영적 수련회나 기념 예배로 공동체 기억 형성하기.

## 5. 결론

아가서 8장 5절은 광야를 통과해 사랑하는 이에게 기대어 오는 신부의 모습을 통해, 사랑의 여정과 기원, 그리고 의지와 친밀함을 강조합니다.

이는 신앙과 관계가 고난과 회복, 기억과 감사 속에서 성숙해진다는 깊은 영적 진리를 드러냅니다.

# 아가서 8장 6절

שִׂימֵנִי כַחוֹתָם עַל־לִבֶּךָ כַּחוֹתָם עַל־זְרוֹעֶךָ כִּי־עַזָּה כַמָּוֶת אַהֲבָה
קָשָׁה כִשְׁאוֹל קִנְאָה רְשָׁפֶיהָ רִשְׁפֵּי אֵשׁ שַׁלְהֶבֶתְיָה:

직역: "'나를 네 마음에 도장처럼 두고, 네 팔에 도장처럼 두라. 사랑은 죽음처럼 강하고, 질투는
스올처럼 잔혹하다. 그 불꽃은 불꽃들이요, 여호와의 불꽃이다."

해석적 의역: "나를 네 마음 위에 새긴 인장처럼, 네 팔에 새긴 인장처럼 간직해 주오. 사랑은
죽음처럼 강하며, 질투는 스올처럼 굽힐 줄 모른다. 그것의 불길은 꺼지지 않는
불꽃, 여호와께서 붙이신 불길이다."

## 1. 핵심 어휘 해설

שִׂימֵנִי - "나를 두라", 명령형으로 강한 요청과 결단을 요구. 관계의 확증을 상징함.

כַחוֹתָם - "도장처럼", 고대에서 인장은 소유와 신분, 언약을 확증하는 표지임.
관계의 불가분성과 영속성을 상징함.

עַל־זְרוֹעֶךָ / עַל־לִבֶּךָ - "너의 마음 위에 너의 팔 위에", 마음은 사랑과 생각의 자리,
팔은 행동과 힘의 자리. 사랑이 내면과 삶의 행위 전부에 각인됨을 의미함.

כִּי־עַזָּה כַמָּוֶת אַהֲבָה - "사랑은 죽음처럼 강하다"
사랑의 강도를 죽음과 비교하여, 피할 수 없고 압도적인 힘을 나타냄.

קָשָׁה כִשְׁאוֹל קִנְאָה - "질투는 스올처럼 강하다"
질투(사랑의 소유욕)는 스올처럼 거부할 수 없는 집요함을 가진다.

רְשָׁפֶיהָ רִשְׁפֵּי אֵשׁ - "불의 꽃은 하쉠임의 불꽃"
불꽃은 정열과 열정을 나타내며, 꺼지지 않는 사랑의 불타는 힘을 묘사함.

שַׁלְהֶבֶתְיָה - "여호와의 불길"

하나님의 주권적이고 거룩한 사랑의 근원을 나타냄.

## 2. 전체 구조 요약표

| 구절 | 히브리어 구절 | 직역 | 문학적/신학적 의미 |
|------|------|------|------|
| 8:6 | שִׂימֵנִי כַחוֹתָם עַל-לִבֶּךָ | 나를 네 마음에 도장처럼 두라 | 사랑의 언약과 내면적 헌신 |
| | כַחוֹתָם עַל-זְרוֹעֶךָ | 네 팔에 도장처럼 두라 | 사랑의 외적 표현과 행동의 헌신 |
| | כִּי-עַזָּה כַמָּוֶת אַהֲבָה | 사랑은 죽음처럼 강하다 | 불가피하고 압도적인 사랑의 힘 |
| | קָשָׁה כִשְׁאוֹל קִנְאָה | 질투는 스올처럼 잔혹하다 | 소유와 헌신의 절대성 |
| | רְשָׁפֶיהָ רִשְׁפֵּי אֵשׁ שַׁלְהֶבֶתְיָה | 그 불꽃은 여호와의 불꽃이다 | 신적 기원과 꺼지지 않는 사랑의 본질 |

## 3. 신학적 의미와 교훈

1) 사랑의 언약성

도장은 변하지 않는 언약의 표지다. 하나님과의 관계는 결코 취소되지 않는 언약에
기초한다.

2) 전인격적 헌신

마음과 팔 모두에 사랑을 새긴다는 것은, 사랑이 생각과 행동 모두를 지배해야 함을
뜻한다.

3) 사랑의 절대성과 강도

사랑은 죽음처럼 피할 수 없는 힘이며, 질투는 관계의 순수성과 배타성을 지킨다.

4) 신적 기원

여호와의 불꽃은 사랑이 단순한 감정이 아니라 하나님의 본질에서 비롯된 거룩한 불임을
보여준다.

## 4. 현대교회와 공동체에 주는 적용

### 1) 변함없는 언약 관계
적용: 신앙과 사랑을 감정이 아닌 언약에 기초하기.
실천: 정기적으로 하나님과의 관계를 재확인하는 기도와 서약 시간 갖기.

### 2) 사랑의 전인격적 표현
적용: 말과 행동 모두에서 사랑을 실천하기.
실천: 구체적인 봉사와 헌신으로 사랑을 나타내기.

### 3) 거룩한 열정 유지
적용: 신앙의 불꽃이 꺼지지 않도록 유지하기.
실천: 말씀과 예배로 영적 열정을 지속적으로 공급하기.

### 4) 배타적 헌신
적용: 우상과 세속적 가치에서 돌이켜 하나님께만 충성하기.
실천: 우선순위를 점검하고 하나님을 삶의 중심에 두기.

## 5. 결론

아가서 8장 6절은 사랑의 절대성과 불변성을 도장과 불꽃의 이미지로 강렬하게 표현합니다.

이 사랑은 하나님께로부터 비롯되며, 전인격적 헌신과 배타적 충성을 요구하는 거룩한 불입니다.

# 아가서 8장 7절

מַיִם רַבִּים לֹא יוּכְלוּ לְכַבּוֹת אֶת־הָאַהֲבָה וּנְהָרוֹת לֹא יִשְׁטְפוּהָ

אִם־יִתֵּן אִישׁ אֶת־כָּל־הוֹן בֵּיתוֹ בָּאַהֲבָה בּוֹז יָבוּזוּ לוֹ׃

직역: "많은 물도 사랑을 끌 수 없고, 강들도 그것을 휩쓸어 가지 못한다. 사람이 자기 집의 모든
　　　재산을 사랑과 바꾸려 한다면, 오히려 그것을 멸시하리라."

해석적 의역: "사랑은 아무리 많은 물이 부어져도 꺼지지 않고, 거센 강물도 휩쓸어 갈 수 없다.
　　　　　　만일 누군가 집의 모든 재산을 주고서 사랑을 얻으려 한다면, 사람들은 그를
　　　　　　업신여길 것이다."

## 1. 핵심 어휘 해설

מַיִם רַבִּים - "많은 물", 홍수나 폭우 같은 거대한 시련이나 장애를 상징.

לֹא יוּכְלוּ לְכַבּוֹת - "끄지 못한다", 사랑의 지속성과 불멸성을 강조.

וּנְהָרוֹת לֹא יִשְׁטְפוּהָ - "강들이 그것을 휩쓸어가지 못한다"
외부의 거센 힘이 사랑을 무너뜨릴 수 없음을 묘사.

אִם־יִתֵּן אִישׁ אֶת־כָּל־הוֹן בֵּיתוֹ - "사람이 자기 집의 모든 재산을 준다 해도"
가정법 표현으로, 사랑이 물질적 가치로 환산될 수 없음을 나타냄.

בּוֹז יָבוּזוּ לוֹ - "멸시하리라"
반복적 어형으로, 금전 거래로 사랑을 얻으려는 시도를 경멸함을 강조.

## 2. 전체 구조 요약표

| 구절 | 히브리어 구절 | 직역 | 문학적/신학적 의미 |
|---|---|---|---|
| 8:7 | מַיִם רַבִּים לֹא יוּכְלוּ לְכַבּוֹת אֶת־הָאַהֲבָה | 많은 물도 사랑을 끌 수 없다 | 사랑의 불멸성과 시련 극복 |
| | וּנְהָרוֹת לֹא יִשְׁטְפוּהָ | 강들도 휩쓸어가지 못한다 | 외부 압력에 흔들리지 않는 사랑 |
| | אִם־יִתֵּן אִישׁ אֶת־כָּל־הוֹן בֵּיתוֹ | 사람이 집의 모든 재산을 준다 해도 | 사랑의 비물질성과 고귀함 |
| | בּוֹז יָבוּזוּ לוֹ | 멸시하리라 | 사랑을 돈으로 사려는 행위의 헛됨 |

## 3. 신학적 의미와 교훈

### 1) 사랑의 불멸성

하나님의 사랑은 어떤 시련에도 꺼지지 않는다. 성도의 사랑 또한 그분의 사랑에 뿌리내릴 때 흔들리지 않는다.

### 2) 외부 압력에 대한 견고함

강물처럼 거센 유혹이나 세상적 압력도 진정한 사랑을 무너뜨리지 못한다.

### 3) 사랑의 비물질성

사랑은 거래나 보상으로 얻는 것이 아니라, 전인격적 헌신과 관계 속에서만 존재한다.

### 4) 하나님 사랑의 우월성

하나님의 사랑은 세상 어떤 가치보다 뛰어나며, 물질로 대체될 수 없다.

## 4. 현대교회와 공동체에 주는 적용

### 1) 시련 가운데 견디는 사랑

적용: 위기 속에서도 관계를 지키기.
실천: 어려움이 닥칠 때 더욱 기도와 섬김으로 서로를 붙들기.

2) 사랑의 순수성 보존

　적용: 사랑을 조건이나 대가 없이 베풀기.

　실천: 무조건적인 환대와 나눔 실천하기.

3) 물질보다 관계를 우선

　적용: 재산보다 사람과의 관계, 하나님과의 사랑을 우선하기.

　실천: 헌신과 봉사에 시간과 마음을 먼저 투자하기.

4) 세상 가치관에 대한 거부

　적용: 세속적 사랑관과 거래적 관계를 거절하기.

　실천: 공동체 안에서 사랑의 진정성과 헌신을 지속적으로 교육하기.

## 5. 결론

아가서 8장 7절은 사랑이 시련과 외부의 압력에도 불멸하며, 물질로는 결코 살 수 없는 고귀한 가치임을 선포합니다.

이는 하나님의 사랑의 본질과, 그 사랑 안에 뿌리내린 신앙 공동체의 견고함을 보여줍니다.

# 아가서 8장 8절

<blockquote>

אָחוֹת לָנוּ קְטַנָּה וְשָׁדַיִם אֵין לָהּ מַה־נַּעֲשֶׂה לַאֲחֹתֵנוּ בַּיּוֹם
שֶׁיְּדֻבַּר־בָּהּ:

직역: "우리에게 어린 누이가 있는데, 그녀에게는 아직 가슴이 없다. 그녀에 대하여 말하게 될
날에 우리가 우리 누이를 위해 무엇을 하겠는가?"

해석적 의역: "우리에게 아직 어린 누이가 있어, 성숙하지 않았다. 그녀가 시집갈 나이가 되어
사람들의 말에 오를 때, 우리는 그녀를 위해 무엇을 해 주어야 할까?"

</blockquote>

## 1. 핵심 어휘 해설

אָחוֹת לָנוּ קְטַנָּה - "우리에게 어린 누이가 있다"

   가족적 소속과 보호의 책임을 전제하는 표현.

וְשָׁדַיִם אֵין לָהּ - "그녀에게는 아직 가슴이 없다"

   신체적 미성숙을 비유적으로 사용하여 결혼 적령기에 이르지 않았음을 나타냄.

מַה־נַּעֲשֶׂה לַאֲחֹתֵנוּ - "우리 누이를 위해 무엇을 하겠는가?"

   공동체적 돌봄과 준비의 의지를 드러내는 질문형.

בַּיּוֹם שֶׁיְּדֻבַּר־בָּהּ - "그녀에 대하여 말하게 될 날에"

   혼인이나 관계에 대한 논의가 공식적으로 시작되는 시점을 의미.

## 2. 전체 구조 요약표

| 구절 | 히브리어 구절 | 직역 | 문학적/신학적 의미 |
|------|------------|------|-----------------|
| 8:8 | אָחוֹת לָנוּ קְטַנָּה | 우리에게 어린 누이가 있다 | 가족과 공동체의 보호 책임 |
| | וְשָׁדַיִם אֵין לָהּ | 그녀에게는 아직 가슴이 없다 | 미성숙과 준비되지 않음의 상징 |
| | מַה־נַּעֲשֶׂה לַאֲחֹתֵנוּ | 우리 누이를 위해 무엇을 하겠는가 | 보호와 준비를 위한 고민 |
| | בַּיּוֹם שֶׁיְּדֻבַּר־בָּהּ | 그녀에 대하여 말하게 될 날에 | 혼인 시점 또는 사회적 인정의 때 |

## 3. 신학적 의미와 교훈

1) 보호의 책임
   신앙 공동체는 연약하고 미성숙한 자를 돌보고 보호해야 한다.

2) 준비의 필요성
   영적·인격적 성숙을 위해 적절한 때를 기다리며 준비시키는 과정이 필요하다.

3) 공동체적 관여
   결혼이나 중요한 결정은 공동체의 돌봄과 지혜 속에서 이루어져야 한다.

4) 하나님의 때 존중
   하나님이 정하신 때와 질서를 따라 사랑과 관계를 발전시키는 것이 중요하다.

## 4. 현대교회와 공동체에 주는 적용

1) 영적 어린 자 보호
   적용: 신앙 초보자를 잘 돌보고 인도하기.
   실천: 새신자 교육과 멘토링 프로그램 강화하기.

2) 준비 없는 서두름 경계

　적용: 관계나 사역에서 준비되지 않은 상태로 나아가지 않기.

　실천: 충분한 훈련과 검증 후 사역 맡기기.


3) 공동체 중심의 의사결정

　적용: 중요한 관계나 선택을 신앙 공동체 안에서 나누기.

　실천: 기도 모임과 상담을 통한 분별 과정 갖기.


4) 하나님의 타이밍 신뢰

　적용: 서두르지 않고 하나님이 여시는 때를 기다리기.

　실천: 인내와 기도로 상황을 준비하고 지혜를 모으기.


## 5. 결론

아가서 8장 8절은 미성숙한 누이를 향한 보호와 준비의 책임을 강조하며, 사랑과 관계가 하나님이 정하신 때와 질서 속에서 성숙해져야 함을 교훈합니다.

이는 교회와 공동체가 연약한 자를 돌보며 하나님의 때를 기다리는 자세를 가르칩니다.

# 아가서 8장 9절

אִם־חוֹמָה הִיא נִבְנֶה עָלֶיהָ טִירַת כָּסֶף וְאִם־דֶּלֶת הִיא
נָצוּר עָלֶיהָ לוּחַ אָרֶז:

직역: "만일 그녀가 성벽이라면, 우리가 그 위에 은 탑을 세우리라. 만일 그녀가 문이라면,
우리가 그 위에 백향목 판자로 둘러막으리라."

해석적 의역: "그녀가 성벽처럼 굳게 지킨다면, 우리는 그 위에 은으로 된 아름다운 탑을 세워
주겠다. 그러나 그녀가 문처럼 쉽게 열리는 존재라면, 우리는 백향목 판자로
단단히 막아 보호하겠다."

## 1. 핵심 어휘 해설

אִם־חוֹמָה - "만일 그녀가 성벽이라면"
성벽은 순결과 경계, 자신을 지키는 힘을 상징함.

נִבְנֶה עָלֶיהָ טִירַת כָּסֶף - "그 위에 은 탑을 세우리라"
은은 순결과 귀함을 나타내며, 탑은 명예와 존귀의 상징함.

וְאִם־דֶּלֶת הִיא - "만일 그녀가 문이라면"
문은 개방성, 혹은 무방비 상태를 암시함.

נָצוּר עָלֶיהָ לוּחַ אָרֶז - "그 위에 백향목 판자로 둘러막으리라"
백향목은 견고함과 방부성을 지닌 나무로, 보호와 보강의 의미임.

## 2. 전체 구조 요약표

| 구절 | 히브리어 구절 | 직역 | 문학적/신학적 의미 |
|------|------------|------|-----------------|
| 8:9 | אִם־חוֹמָה הִיא | 만일 그녀가 성벽이라면 | 순결과 자기 보호의 상징 |
| | נִבְנֶה עָלֶיהָ טִירַת כָּסֶף | 그 위에 은 탑을 세우리라 | 순결 위에 세워진 명예와 존귀 |
| | וְאִם־דֶּלֶת הִיא | 만일 그녀가 문이라면 | 무방비 또는 개방의 상태 |
| | נָצוּר עָלֶיהָ לוּחַ אָרֶז | 백향목 판자로 둘러 막으리라 | 보호와 보강을 통한 안전 확보 |

## 3. 신학적 의미와 교훈

1) 경계와 순결의 중요성

성벽처럼 자기 경계를 세우는 것이 영적·인격적 보호의 기초다.

2) 순결 위에 세워지는 존귀

지켜진 순결은 명예와 존귀로 보상받는다.

3) 연약함에 대한 보호

문처럼 쉽게 열리는 상태는 위험하므로, 공동체와 하나님께서 보호책을 세우신다.

4) 공동체의 역할

연약한 이를 위한 보강과 보호는 공동체의 책임이기도 하다.

## 4. 현대교회와 공동체에 주는 적용

1) 신앙 경계 세우기

적용: 유혹에 쉽게 노출되지 않도록 영적 울타리를 세우기.

실천: 말씀 묵상과 기도로 내적 방어력 강화하기.

2) 순결과 명예의 관계 인식

　적용: 순결이 단순한 금욕이 아니라 존귀의 토대임을 이해하기.

　실천: 청소년과 청년에게 순결 교육과 멘토링 제공하기.


3) 연약한 지체 보호

　적용: 신앙적으로 미숙한 자를 위한 보호 체계 마련하기.

　실천: 책임 있는 지도자와 공동체 돌봄 구조 운영하기.


4) 하나님의 보호 신뢰

　적용: 스스로의 힘뿐 아니라 하나님이 주시는 보호를 의지하기.

　실천: 보호와 인도하심을 위한 정기적인 중보 기도하기.


## 5. 결론

　아가서 8장 9절은 순결과 경계를 지키는 자에게 주어지는 존귀와, 연약한 자를 보호하려는 공동체의 의무를 동시에 강조합니다.

　이는 개인의 신앙과 공동체의 돌봄이 함께 어우러져야 함을 보여줍니다.

# 아가서 8장 10절

אֲנִי חוֹמָה וְשָׁדַי כַּמִּגְדָּלוֹת אָז הָיִיתִי בְעֵינָיו כְּמוֹצְאֵת שָׁלוֹם:

직역: "나는 성벽이요, 나의 가슴은 망대들 같으니, 그때에 나는 그의 눈에 평화를 얻은 자
      같았도다."
해석적 의역: "나는 성벽처럼 굳게 지켜왔고, 내 가슴은 망대처럼 당당했다. 그래서 나는 그의
      눈에 안정과 평안을 주는 자가 되었다."

## 1. 핵심 어휘 해설

**אֲנִי חוֹמָה** - "나는 성벽이다"
  스스로를 성벽에 비유하여 순결과 경계, 자기 보호를 표현함.

**וְשָׁדַי כַּמִּגְדָּלוֹת** - "나의 가슴은 망대들 같다"
  망대는 높고 견고하며 위엄 있는 구조물로, 성숙과 당당함을 나타냄.

**אָז הָיִיתִי בְעֵינָיו** - "그때에 나는 그의 눈에"
  신랑의 시선에서 인식된 신부의 가치와 모습임.

**כְּמוֹצְאֵת שָׁלוֹם** - "평화를 얻은 자처럼"
  שָׁלוֹם: 평화.
  단순한 전쟁의 부재가 아니라 온전함, 완전함, 만족을 의미함.

## 2. 전체 구조 요약표

| 구절 | 히브리어 구절 | 직역 | 문학적/신학적 의미 |
|---|---|---|---|
| 8:10 | אֲנִי חוֹמָה וְשָׁדַי | 나는 성벽이다 | 순결과 경계의 자기 선언 |
| | וְשָׁדַי כַּמִּגְדָּלוֹת | 나의 가슴은 망대들 같다 | 성숙과 위엄, 당당함의 상징 |
| | אָז הָיִיתִי בְעֵינָיו | 그때에 나는 그의 눈에 | 관계 속에서의 인정과 평가 |
| | כְּמוֹצֵאת שָׁלוֹם | 평화를 얻은 자처럼 | 온전함과 만족, 안정의 상태 |

## 3. 신학적 의미와 교훈

1) 스스로의 정체성 확립

　신부는 자신을 성벽이라 고백하며, 스스로 지켜낸 순결과 정체성을 자랑스럽게 선포한다.

2) 성숙의 아름다움

　망대와 같은 가슴은 육체적 성숙뿐 아니라 내적 성숙과 품격을 상징한다.

3) 사랑 속의 평안

　신랑의 눈에 '평화를 주는 자'로 보였다는 것은 사랑이 안전함과 만족을 제공한다는 뜻이다.

4) 영적 적용

　하나님과의 관계에서도 성도는 스스로를 지키고 성숙함으로써, 하나님의 눈에 기쁨과 평안을 주는 존재가 된다.

## 4. 현대교회와 공동체에 주는 적용

1) 자기 경계 확립

　적용: 신앙과 삶의 기준을 분명히 세우기.

　실천: 신앙적 원칙과 도덕적 경계를 글로 기록하고 지키기.

2) 성숙을 통한 영향력

　　적용: 성숙한 성품과 신앙으로 공동체에 안정감을 주기.

　　실천: mentorship, 상담, 본이 되는 삶 실천하기.


3) 관계에서 평안의 통로 되기

　　적용: 모든 관계 속에서 안전함과 신뢰를 제공하기.

　　실천: 비난보다 격려, 불안보다 안정감을 주는 대화 훈련하기


4) 하나님의 기쁨이 되는 삶

　　적용: 하나님께서 보시기에 온전한 자 되기.

　　실천: 말씀과 기도 속에서 하나님의 시선과 뜻을 묵상하기.


## 5. 결론

　아가서 8장 10절은 신부가 자기 정체성과 성숙을 자랑스럽게 선언하며, 사랑 안에서 참된 평안을 누리고 전하는 모습을 보여줍니다.

　이는 성도도 하나님 앞에서 지켜낸 순결과 성숙을 통해 그분의 기쁨과 평안의 통로가 되어야 함을 가르칩니다

# 아가서 8장 11절

כֶּרֶם הָיָה לִשְׁלֹמֹה בְּבַעַל הָמוֹן נָתַן אֶת־הַכֶּרֶם לַנֹּטְרִים

אִישׁ יָבִא בְּפִרְיוֹ אֶלֶף כָּסֶף:

직역: "'솔로몬이 바알 하몬에 포도원이 있었는데, 그가 그 포도원을 지키는 자들에게 맡겼고, 각 사람은 그 열매로 은 천 개를 가져오게 하였도다."

해석적 의역: "솔로몬이 바알 하몬에 포도원을 가지고 있었는데, 그 포도원을 관리인들에게 맡겨 각자 그 소출로 은 천 세겔씩을 바치게 하였다."

## 1. 핵심 어휘 해설

כֶּרֶם הָיָה לִשְׁלֹמֹה - "솔로몬에게 포도원이 있었다"

포도원은 풍요, 생산, 사랑의 비유로 자주 사용됨.

בְּבַעַל הָמוֹן - "바알 하몬에"

위치명으로, '많은 무리를 거느린 주'또는 '풍성함의 주'라는 뜻을 가질 수 있음.

נָתַן אֶת־הַכֶּרֶם לַנֹּטְרִים - "그 포도원을 지키는 자들에게 맡겼다"

포도원 관리 위임은 책임과 수탁의 의미를 담음.

אִישׁ יָבִא בְּפִרְיוֹ אֶלֶף כָּסֶף - "각 사람은 그 열매로 은 천 개를 가져왔다"

풍성한 결실과 값진 대가를 나타냄.

## 2. 전체 구조 요약표

| 구절 | 히브리어 구절 | 직역 | 문학적/신학적 의미 |
|---|---|---|---|
| 8:11 | כֶּרֶם הָיָה לִשְׁלֹמֹה | 솔로몬에게 포도원이 있었다 | 풍요와 사랑의 비유 |
| | בְּבַעַל הָמוֹן | 바알 하몬에 | 풍성함과 번영의 상징적 지명 |
| | נָתַן אֶת־הַכֶּרֶם לַנֹּטְרִים | 포도원을 지키는 자들에게 맡겼다 | 위임과 책임의 개념 |
| | אִישׁ יָבִא בְּפִרְיוֹ אֶלֶף כָּסֶף | 각 사람은 열매로 은 천개를 가져왔다 | 풍성한 결실과 귀중한 가치 |

## 3. 신학적 의미와 교훈

### 1) 하나님의 소유와 위임

포도원은 하나님의 백성과 사역을 상징하며, 주께서 이를 맡기신 종들은 충성스럽게 열매를 맺어야 한다.

### 2) 관리인의 책임

위임받은 자는 맡겨진 것을 보존하고 풍성하게 해야 하며, 주인께 그 결실을 드리는 것이 본분이다.

### 3) 풍성한 열매의 가치

은 천 개는 풍성한 수확의 가치를 보여주며, 하나님께 드려지는 헌신과 결실의 존귀함을 나타낸다.

### 4) 영적 적용

우리의 사역과 관계, 재능은 하나님의 위임 재산이며, 그분께 돌려드릴 풍성한 열매를 위해 충성해야 한다.

## 4. 현대교회와 공동체에 주는 적용

1) 위임받은 사역의 충성
   적용: 맡겨진 봉사와 직분에 책임감을 가지고 임하기.
   실천: 주기적으로 자신의 사역 열매를 점검하고 보고하기.

2) 공동체의 재정과 자원 관리
   적용: 하나님 나라의 자원을 선하게 관리하고 효율적으로 사용하기.
   실천: 투명한 재정 운영과 정기적인 보고 체계 마련하기.

3) 풍성한 열매 맺기
   적용: 말씀과 기도로 삶을 가꾸어 영적 결실을 맺기.
   실천: 제자 양육, 전도, 구제 등 구체적 사역에 참여하기.

4) 하나님께 드리는 귀한 결실
   적용: 세상 가치보다 하나님의 영광을 우선시하기.
   실천: 헌신과 봉사를 '은 천 세겔'에 비유하며 기쁨으로 드리기.

## 5. 결론

아가서 8장 11절은 포도원의 주인과 관리인 관계를 통해, 하나님께서 주신 사명과 위임에 대한 충성과 결실의 중요성을 보여줍니다.

성도는 하나님의 '포도원'을 잘 가꾸어 귀한 열매를 그분께 드리는 삶을 살아야 합니다.

# 아가서 8장 12절

כַּרְמִי שֶׁלִּי לְפָנָי הָאֶלֶף לְךָ שְׁלֹמֹה וּמָאתַיִם לְנֹטְרִים אֶת־פִּרְיוֹ:

직역: "나의 포도원은 내 앞에 있거니와, 그 천은 당신 것이니이다, 솔로몬이여. 그러나 이백은
그 열매를 지키는 자들의 것이니이다."
해석적 의역: "내 포도원은 내 앞에 있습니다. 솔로몬이여, 그 천은 당신의 것이고, 그 열매를
지킨 이들의 몫인 이백은 그들에게 돌아갑니다."

## 1. 핵심 어휘 해설

**כַּרְמִי שֶׁלִּי לְפָנָי** - "나의 포도원은 내 앞에 있다"

소유권과 책임의 강조. '내 앞에'라는 표현은 주인의 직접적인 관리와 관심을 나타냄.

**הָאֶלֶף לְךָ שְׁלֹמֹה** - "그 천은 당신 것이니이다 솔로몬이여"

앞 구절(8:11)과 연결되어 '천'은 포도원 소출의 주인에게 돌아갈 몫을 뜻함.

**וּמָאתַיִם לְנֹטְרִים** - "이백은 지키는 자들에게"

포도원 관리인의 보상. 수고에 대한 정당한 대가를 말함.

**אֶת־פִּרְיוֹ** - "그 열매"

실제 수확물을 의미하며, 영적으로는 사역의 결실을 상징함.

## 2. 전체 구조 요약표

| 구절 | 히브리어 구절 | 직역 | 문학적/신학적 의미 |
|---|---|---|---|
| 8:12 | כַּרְמִי שֶׁלִּי לְפָנָי | 나의 포도원은 내 앞에 있다 | 소유와 직접 관리, 주인의 관심 |
| | הָאֶלֶף לְךָ שְׁלֹמֹה | 그 천은 당신 것이니이다, 솔로몬이여 | 주인에게 돌아가는 합당한 몫 |
| | וּמָאתַיִם לְנֹטְרִים | 이백은 지키는 자들에게 | 관리자의 정당한 보상 |
| | אֶת-פִּרְיוֹ | 그 열매 | 수확과 결실, 영적 열매 |

## 3. 신학적 의미와 교훈

1) 하나님의 소유와 청지기직

모든 것은 하나님의 것이며, 우리는 맡은 것을 관리하는 청지기임을 인식해야 한다.

2) 주인의 권리 인정

하나님께 합당한 영광과 몫을 돌리는 것은 성도의 기본 사명이다.

3) 수고에 대한 정당한 보상

하나님은 자신의 일을 맡은 자에게 보상을 주시는 공의로운 분이시다.

4) 책임 있는 관리

직접 관리와 관심은 맡겨진 일에 대한 헌신과 열정을 요구한다.

## 4. 현대교회와 공동체에 주는 적용

1) 하나님의 소유권 인정

적용: 사역과 자원, 인생 전반이 하나님의 것임을 고백하기.

실천: 기도와 예배 때 소유권 고백을 습관화하기.

2) 사역의 결실을 하나님께 드림
  적용: 모든 열매가 하나님께 영광이 되도록 드리기.
  실천: 성취나 성과를 하나님께 감사로 돌리는 예배 드리기.

3) 봉사자와 동역자 격려
  적용: 함께 수고한 자들의 몫을 인정하고 축복하기.
  실천: 교회 사역 후에 감사 인사와 격려의 시간을 마련하기.

4) 맡겨진 것에 대한 적극적 관리
  적용: 방임이 아닌 적극적인 돌봄과 책임으로 사역 감당하기.
  실천: 정기적으로 맡은 사역이나 부서의 상태를 점검하기.

## 5. 결론

아가서 8장 12절은 포도원 소유자와 주인의 몫, 관리인의 보상이 조화를 이루는 장면을 보여주며, 하나님의 소유권, 우리의 청지기적 책임, 그리고 보상의 공의라는 세 가지 원리를 강조합니다.

성도는 하나님께 합당한 몫을 드리고, 맡은 것을 성실히 관리하며, 함께 수고한 이들을 귀히 여기는 삶을 살아야 합니다.

# 아가서 8장 13절

הַיוֹשֶׁבֶת בַּגַנִּים חֲבֵרִים מַקְשִׁיבִים לְקוֹלֵךְ הַשְׁמִיעִינִי:

직역: "동산에 거하는 여인이여, 친구들이 네 목소리를 듣고 있다. 내게 들려다오."
해석적 의역: "동산에 거하는 나의 사랑아, 친구들이 네 음성에 귀 기울이고 있으니, 나도 그 소리를 듣게 해다오."

## 1. 핵심 어휘 해설

**הַיוֹשֶׁבֶת בַּגַנִּים** - "동산에 거하는 여인"

이 표현은 평화와 생명, 풍성함의 장소에 있는 신부를 묘사하며, 안전과 친밀함의 상징이 된다.

**חֲבֵרִים** - "친구들"

신랑과 신부의 관계를 기뻐하고 그 교제를 함께 즐기는 자들을 의미하며, 공동체적 차원의 기쁨을 반영한다.

**מַקְשִׁיבִים לְקוֹלֵךְ** - "네 목소리를 듣고 있다"

이 말은 주목과 관심을 의미하며, 신부의 말과 노래, 또는 기도의 아름다움을 가리킨다.

**הַשְׁמִיעִינִי** - "내게 들려다오"

이 말은 간청의 어투로, 신랑이 신부의 음성을 간절히 듣고자 하는 사랑의 요청이다.

## 2. 전체 구조 요약표

| 구절 | 히브리어 구절 | 직역 | 문학적/신학적 의미 |
|---|---|---|---|
| 8:13 | הַיוֹשֶׁבֶת בַּגַּנִּים | 동산에 거하는 여인이여 | 평화와 풍성함 속에 거하는 신부의 모습 |
| | חֲבֵרִים | 친구들 | 관계와 기쁨을 함께 나누는 공동체 |
| | מַקְשִׁיבִים לְקוֹלֵךְ | 네 목소리를 듣고 있다 | 사랑과 관심, 기도의 아름다움 |
| | הַשְׁמִיעִינִי | 내게 들려다오 | 사랑의 초청과 친밀한 교제의 요청 |

## 3. 신학적 의미와 교훈

1) 그리스도의 교회에 대한 사랑

   그리스도는 교회의 목소리, 곧 예배와 기도, 찬양을 기뻐하시며 듣기를 원하신다.

2) 공동체의 증언

   믿음의 교제와 사랑의 나눔은 공동체 전체에 기쁨과 위로를 준다.

3) 기도의 초청

   하나님은 언제나 성도의 음성을 기다리시며, 기도를 통해 더 깊이 교제하기를 원하신다.

4) 영적 풍성함의 자리

   신자는 하나님과의 교제 속에서 평화와 생명력이 풍성한 '동산'에 거해야 한다.

## 4. 현대교회와 공동체에 주는 적용

1) 예배와 찬양의 풍성함

   적용: 하나님께서 기뻐하시는 아름다운 목소리를 공동체 예배에서 올려드리기.

   실천: 찬양과 기도를 준비된 마음으로 드리는 습관 갖기.

2) 공동체적 기쁨 나누기

    적용: 하나님의 사랑과 은혜를 다른 성도들과 적극적으로 나누기.

    실천: 간증 모임이나 기도 모임을 통해 서로의 이야기를 들려주기.

3) 기도의 응답으로서의 친밀함

    적용: 하나님께 나아가 음성을 들려드리는 기도를 생활화하기.

    실천: 매일 일정 시간을 정하여 기도와 묵상 시간을 확보하기.

4) 영적 동산 가꾸기

    적용: 하나님과의 관계를 지속적으로 돌보고 풍성하게 하기.

    실천: 말씀과 기도로 하루를 시작하고 마무리하는 규칙 세우기.

## 5. 결론

아가서 8장 13절은 신랑의 애정 어린 요청을 통해 신부의 목소리, 곧 교회의 예배와 기도가 얼마나 소중한지 보여줍니다.

이는 그리스도와 교회의 친밀한 교제의 모습을 드러내며, 공동체 속에서 하나님과의 사랑의 대화를 지속적으로 이어가야 함을 교훈합니다.

# 아가서 8장 14절

בְּרַח דּוֹדִי וּדְמֵה־לְךָ לִצְבִי אוֹ לְעֹפֶר הָאַיָּלִים עַל הָרֵי בְשָׂמִים:

직역: "달려가소서, 나의 사랑이여, 너는 노루나 어린 사슴처럼 향기로운 산들 위에서
　　　그러하소서."

해석적 의역: "어서 오세요, 나의 사랑하는 이여! 노루나 어린 사슴처럼 가볍고 빠르게 향기로운
　　　산들 위로 달려오세요."

## 1. 핵심 어휘 해설

**בְּרַח דּוֹדִי** – "달려가소서, 나의 사랑이여"

이는 열정적이고 간절한 초청의 표현으로, 재회의 기쁨과 갈망을 나타낸다.

**וּדְמֵה־לְךָ** – "너는 …처럼 되소서"

이는 요청형 동사로, 비유와 소망이 결합된 문학적 표현이다.

**לִצְבִי לְעֹפֶר הָאַיָּלִים** – "노루와 어린 사슴"

이는 민첩함, 자유, 사랑의 생동감을 상징하며, 고대 근동 문학에서 사랑하는 자의
이미지를 자주 표현하는 동물들이다.

**הָרֵי בְשָׂמִים** – "향기로운 산들"

이는 풍성함과 즐거움, 사랑의 절정을 나타내며, 영적 해석에서는 하나님과의 교제의
충만함을 상징한다.

## 2. 전체 구조 요약표

| 구절 | 히브리어 구절 | 직역 | 문학적/신학적 의미 |
|---|---|---|---|
| 8:14 | בְּרַח דּוֹדִי | 달려가소서, 나의 사랑이여 | 사랑하는 이의 재회를 갈망하는 간청 |
| | וּדְמֵה־לְךָ לִצְבִי | 너는 노루처럼 되소서 | 민첩함과 생동감의 비유 |
| | אוֹ לְעֹפֶר הָאַיָּלִים | 혹은 어린 사슴처럼 | 순수하고 자유로운 사랑의 상징 |
| | עַל הָרֵי בְשָׂמִים | 향기로운 산들 위에서 | 사랑과 기쁨의 절정, 영적 교제의 완성 |

## 3. 신학적 의미와 교훈

1) 재림의 소망

   신랑을 기다리는 신부의 초청은, 성도가 그리스도의 다시 오심을 간절히 기다리는 마음을 상징한다.

2) 사랑의 민첩함

   하나님과의 관계에서는 지체함이 아니라 신속히 반응하는 순종과 사랑이 중요함을 보여준다.

3) 충만한 교제

   향기로운 산은 하나님과의 친밀하고 기쁨이 넘치는 교제를 예표하며, 영원한 나라의 기쁨을 미리 맛보게 한다.

4) 결말 속의 시작

   아가서의 마지막 구절이 초청으로 끝나는 것은, 사랑과 교제가 영원히 계속될 것임을 암시한다.

## 4. 현대교회와 공동체에 주는 적용

### 1) 재림을 기다리는 마음
적용: 신앙 생활의 목표를 '그리스도의 다시 오심'에 두기.
실천: 종말론적 소망을 담은 찬송과 말씀 묵상을 정기적으로 실천하기.

### 2) 신속한 순종
적용: 하나님의 부르심에 즉각 반응하기.
실천: 말씀을 들을 때 지체하지 않고 바로 순종하는 훈련하기.

### 3) 영적 향기의 자리
적용: 교회와 가정이 하나님 앞에 향기로운 예배의 산이 되게 하기.
실천: 예배 전 기도와 준비를 통해 마음을 향기롭게 가꾸기.

### 4) 지속적인 교제
적용: 하나님과의 관계가 한순간이 아닌 지속적인 사랑으로 이어지게 하기.
실천: 하루 중 여러 번 하나님께 사랑과 감사의 말을 올려드리기.

## 5. 결론

아가서 8장 14절은 사랑의 절정에서 끝맺으며, 신랑과 신부의 만남을 기다리는 간절한 초청을 담고 있습니다.

이는 궁극적으로 그리스도의 재림을 사모하는 교회의 고백이자, 하나님과의 영원한 사랑의 교제를 예표합니다.

아가서를 마치며

# 아가서를 마치며

## 1. 사랑 이야기의 완성

아가서의 시작과 끝
시작: 신랑과 신부의 첫사랑의 설렘(1:2)
끝: 변치 않는 사랑의 언약(8:6-7)

이야기의 흐름
사랑을 발견하고
사랑을 확인하며
사랑 안에서 성숙해지고
사랑으로 하나 되는 여정

우리의 여정
아가서를 통해 하나님의 사랑의 깊이와 넓이를 배웠습니다.(엡 3:18-19)
이제는 그 사랑을 삶 속에서 증거하는 자리로 나아가야 합니다.

## 2. 아가서 전체 주제별 정리

1) 사랑의 시작 - 주님의 부르심
"그의 입맞춤으로 내게 입맞추기를 원하니…" (1:2)

하나님과의 관계는 '부르심'에서 시작됩니다.
그리스도의 사랑이 먼저 우리를 찾아오셨습니다.(요일 4:19)

2) 사랑의 갈망 - 주님을 찾는 길
　"내 마음에 사랑하는 자가 밤에 나를 찾았으나…"(3:1)

　　때로 하나님이 느껴지지 않는 밤이 있습니다.
　　그러나 그 시간은 사랑의 갈망을 깊게 만드는 은혜의 훈련입니다.

3) 사랑의 만남 - 언약적 연합
　"나는 나의 사랑하는 자에게 속하였고, 내 사랑하는 자는 내게 속하였도다"(6:3)

　　신랑과 신부의 사랑은 상호 헌신과 전적 소속의 관계를 보여줍니다.
　　구원은 단지 죄 사함이 아니라 하나님과의 연합입니다.

4) 사랑의 성숙 - 시험과 회복
　　오해와 거리, 시련이 있었지만 그 사랑은 꺼지지 않았습니다.
　　신앙의 성장은 감정의 변화 속에서도 변치 않는 헌신을 배우는 과정입니다.

5) 사랑의 완성 - 꺼지지 않는 불
　"많은 물도 이 사랑을 끄지 못하겠고, 홍수라도 삼키지 못하나니…"(8:7)
　　하나님의 사랑은 어떤 상황도 꺼뜨릴 수 없습니다.(롬 8:38-39)

3. 삶의 적용

1) 주님의 사랑을 '매일' 기억하기
　　매일 아침 말씀과 기도로 사랑의 언약을 새롭게 고백합니다.
　　하루의 시작을 "주님, 오늘도 당신의 사랑 안에 살겠습니다"로 열어 보십시오.

2) 사랑의 방식으로 관계 맺기
　　가정: 인내와 친절로, 실수와 상처를 덮는 사랑(고전 13:4-7)
　　교회: 형제를 위해 희생하는 사랑(요 15:13)
　　세상: 주님의 향기를 전하는 사랑(고후 2:15)

3) 재림의 신부로 준비하며 살기.

　"내 사랑하는 자여, 너는 빨리 오라" (8:14) - 재림을 사모하는 고백

　신랑을 기다리는 신부처럼 거룩과 순결로 자신을 준비합니다.


　4) 시험 속에서도 사랑을 선택하기.

　하나님이 나를 붙들고 계심을 믿고 사랑의 시선을 놓지 않습니다.

　상처와 오해 속에서도 '끝까지 사랑하신' 주님을 본받습니다.(요 13:1)


4. 강의 결론 - 사랑의 노래는 여기서 끝나지 않는다.


　아가서는 한 권의 책이지만, 하나님의 사랑 이야기는 우리의 삶 속에서 계속됩니다.

　이 말씀은 '과거의 공부'가 아니라, 미래의 삶의 지침입니다.

　오늘 이후에도 이 노래가 우리의 기도와 삶과 사역에서 울려 퍼지길 바랍니다.


5. 마무리 도전과 권면


　사랑을 아는 데서 멈추지 말고, 사랑을 살아내십시오.

　사랑을 받는 데서 멈추지 말고, 사랑을 흘려 보내십시오.

　사랑의 감정에만 머물지 말고, 사랑의 헌신으로 나아가십시오.


6. 마무리 기도


　하나님,

　아가서를 통해 하나님의 깊고, 넓고, 높고 긴 사랑을 알게 하심을 감사드립니다.

　저희가 그 사랑을 단지 머리로만 아는 자가 아니라,

　삶으로 살아내는 자가 되게 해 주세요.

　신랑 되신 주님께서 오실 날을 사모하며,

　거룩하고 순결한 신부로 준비하는 신령한 신부가 되게 해 주세요.

　그날까지, 주님만 사랑하며 주님의 사랑을 전하는 인생이 되기를 기원합니다.

　예수님의 이름으로 기도 드립니다. 아멘.